Herbert H. G. Engel
Der Sphärenwanderer

Herbert H. G. Engel

Der Sphärenwanderer

Reisen, Begegnungen und Offenbarungen
in anderen Dimensionen

3. verbesserte und erweiterte Auflage

ANSATA-VERLAG
Paul A. Zemp
Rosenstraße 24
CH-3800 INTERLAKEN
Schweiz
1988

Das Bild auf dem Schutzumschlag
stammt von Paul Struck
(Foto: Ursula Edelmann)

Schutzumschlaggestaltung: Paul A. Zemp
Gesamtherstellung: Zobrist & Hof AG, CH-Liestal
ISBN 3-7157-0047-5

Inhalt

Erster Teil: Reisen und Begegnungen

Zweiter Teil: Offenbarungen

Erster Teil
Reisen und Begegnungen

Ende und neuer Anfang

Es war im April des Jahres 1945. Seit Tagen wurden wir, die restlichen Soldaten eines geschlagenen Heeres, durch Wälder und zerstörte Landschaften gehetzt. Ich lag feldmarschmäßig gekleidet auf einem Bettgestell im oberen Stockwerk eines Bauernhauses in einem Waldgebiet nahe der Stadt Falkenstein im Vogtland. Man hatte uns – körperlich und seelisch erschöpfte Menschen eines letzten Aufgebotes des zusammenbrechenden Kriegswahnsinns – in diesem Haus eine kurze nächtliche Ruhepause gegönnt.

Dunkle Nacht lag über dem kleinen Ort, und noch dunkler sah es in mir selbst aus. Erst heulte es mit hohem Ton, dann abschwellend heran – dann krachte es und blitzte rosarot auf, diesmal dicht hinter dem Haus, und beleuchtete einen Moment die hellgetünchte Decke des ausgebauten Dachgeschosses.

Wieder und wieder – Heulen, Abschwellen und Krachen.

«Sollen wir nicht lieber in den Keller gehen?» fragte mich mein Kamerad Helmut von der anderen Zimmerecke her.

Ich lag, mit verschränkten Armen auf dem Rücken, auf meiner Matratze – und jeder Lichtblitz von draußen ließ in mir bildhaft die Erinnerung an ein früheres Geschehen aufleuchten.

Es war eine Abrechnung, die wie eine erstickende Wasserwoge auf mich zurollte.

«Wenn Du willst – geh hinunter», sagte ich matt, «ich bleibe hier.»

Mein Kamerad brummte etwas, es klang wie: «Na, wenn Du meinst, die treffen uns nicht ...»

Vor meinem inneren Auge stand das Schreckbild einer Vision, die ich mit siebzehn Jahren gehabt hatte. Damals unverständlich für mich – war sie heute Tatsache geworden.

Die Zimmerdecke dieses Bauernhauses unweit Falkenstein leuchtete immer wieder rot auf, und in mir tobte es wie in einer flammenden Hölle.

Wirre Gedanken kamen und gingen. Warum mußte ich hier in den letzten Tagen des Kriegswahnsinns auf den Schlußakt des Dramas warten?

«Warum hast Du nicht geglaubt, was Du hättest wissen müssen?» fragte ich mich zum hundertsten Male.

«Warum hast Du nicht auf die Warnung geachtet, als Du in einer Vision, zwei Jahre vor Kriegsbeginn, den irrsinnigen Initiator dieses Unterganges von tödlichen Lanzen durchbohrt, auf einem Denkmalpodest in höllischer und finsterer Landschaft sterben sahst?»

«Du, der Du von Zeit zu Zeit die genauen Daten Deiner Rückkehr von tödlichen Frontereignissen bekamst. – Ja, was soll aus Dir werden, der Du, viele Male gewarnt, den Glauben an ein todgeweihtes Regime noch nicht ablegen konntest?»

Ich spann die bitteren Selbstvorwürfe weiter. Seit meinem zwölften Lebensjahr hatte ich eine sich immer wieder sporadisch bemerkbar machende jenseitige Führungskraft verspürt. Am letzten Tag meiner Wehrdienstzeit, im Jahre 1937, hatte ich während einer kurzen Dienstruhepause, in der Kaserne auf meinem Bett liegend, eine erschreckende Vision vom Untergang des Hitlerreiches. Damals glaubte ich, wie viele junge Leute, an den Diktator. Ich war der diesseitigen Welt und ihren Wünschen mehr zugewandt als der Lichtgestalt von der anderen Seite. Und nun?

«Hast Du nicht Deinen Mentor, den Helfer von der anderen, der transzendenten Seite, schockiert und beleidigt?» fragte ich mich immer wieder. «Hast Du vielleicht durch Deinen Unglauben Gott beleidigt? – Nein!» kam die unsichere Erwiderung meiner Gedanken, «Gott wird durch solche kleinen Geister wie Dich nicht beleidigt – Er ist erhaben – aber ich, ich bin am Ende!»

Seit Wochen war ich auf der Landstraße unterwegs. Zuerst mit anderen Leidensgenossen und nun allein.

Mein Weg führte nach Hamm über Ahlen und Sendenhorst; dann über Münster und Osnabrück in Richtung Hunteburg.

Der Himmel war blau, und die Sonne strahlte. Es war das einzige Angenehme in der grenzenlosen Trostlosigkeit von 1945. Ich führte sonderbare Selbstgespräche. Der Sinn oder die Sinnlosigkeit des Geschehens wühlte in meinem Innern immer neue Bilder auf.

«Du sollst nicht an eine Sinnlosigkeit glauben!» befahl mir eine seltsame Stimme. Dabei trat ein hell strahlender Punkt vor mein Auge – eine Art inneres Gesicht, ein Phänomen, das mich seit dem Tode meines Vaters immer wieder verwundert hatte.

Oft führte mein Weg stundenlang durch menschenleere Landschaften. Gedanken kamen: «Welchen Wert und Sinn hat dieses Leben?» – Es war, als ginge jemand unsichtbar neben mir und zwänge mir Gedanken auf, die mir zum Teil nicht gefielen. So etwa, daß es nicht von ungefähr käme, wenn ein Mensch in seinem Leben leide – er habe es aus früheren Leben nicht besser verdient.

Ich begehrte auf, daß es keine Beweise für eine Wiederverkörperung gäbe und zudem viele Menschen, auch Nicht-Regierende, schuldig an den Zuständen hier auf Erden wären. – Ich verwahrte mich, mitschuldig am jetzigen Zustand zu sein. – Prompt kam die Antwort, ich sei wohl jetzt nicht mitschuldig – wäre es aber in früheren Inkarnationen um so mehr gewesen und müßte deshalb jetzt noch ein Teil davon abtragen.

Mein Weg führte über eine hügelige, schöne Landschaft. In einem flachen Tal lag ein reizvolles Dorf. Keine Ruinen waren zu sehen. Gelb leuchteten die Felder von reifendem Korn. Es war ein äußerst friedvoller Anblick, scheinbar im Widerspruch zu der Friedlosigkeit in unserem Land.

Auf einem Hügel stand ein riesiges hölzernes Kreuz. Ich verließ den Weg und ruhte mich, unweit vom Kreuz, auf der Wiese aus.

Der Anblick der hochsommerlichen Landschaft, mit dem Grün ferner Wälder am Horizont und dem freundlichen Dorf unter mir, war schön und ließ mich fast alle Sorgen vergessen, als mich plötzlich etwas wie die Hitze eines strahlenden Feuers durchströmte – oder entstand diese körperliche Empfindung, weil ein nahezu unbeschreibliches Phänomen meinen Blick bannte?

Jedenfalls teilte sich vor mir die Landschaft, wie durch einen dunklen Faden zerrissen, und sofort entstand auch in der Waagerechten ein weiterer langer, dunkler Strich. Dieses Phänomen zeigte sich etwa zwanzig Meter vor mir, und die Landschaft

11

verschwand dahinter in einem farblosen Hellgrau. Dann begann von der linken oberen Ecke dieses seltsamen Fadenkreuzes ein Punkt zu laufen, der eine dunkle Spur hinterließ. Es sah aus, als ob die entstehende Kurvenzeichnung links oben noch ein Strich sei – beim Herunterlaufen löste sich die Spur in feinste, spinnwebdünne Einzelfäden auf. Als sich die Kurve dem waagrechten dunklen Strich näherte, wurde es wieder ein kompakter Strich – und lief dann in Kurvenform nach oben rechts. Das Ganze ergab eine geradezu ideale Darstellung der Sinuswelle eines Wechselstroms im Negativbereich.

Beschreibbar ist es kaum, aber die Vision, die etwa zehn Sekunden gedauert haben mag und mich dann völlig perplex, wie nach einem Erdbebenerlebnis, zurückließ – diese Vision hatte mir *alle* Fragen beantwortet, die ich in mir trug.

Wie das vor sich ging, weiß ich nicht, aber danach hatte ich ein Bewußtsein in mir, als ob ich ein dickes Werk über alle irdischen und transzendenten Fragen, die den Sinn des Seins betreffen, gelesen hätte – und ich brauchte später Monate, um alles zu Papier zu bringen, was mir damals in Sekunden vermittelt worden war.

Natürlich interessierte es mich brennend zu erfahren, durch welche Kraft oder auf wessen Initiative mir solch eine Erfahrung in dieser Vision sozusagen aufgezwungen wurde.

Ich mußte an mein erstes derartiges Erlebnis in meinem zwölften Lebensjahr denken, das mir damals wie ein Traum erschien.

Ich fand mich nachts plötzlich, schneeweiß bekleidet, an der Hand eines würdigen Erwachsenen, eines Mannes, der auch ein strahlend weißes Kleid trug, in einer leuchtend hellblauen Atmosphäre vor einem gewaltigen Gebäude, das wie ein Dom aussah.

Wir gingen mit vielen anderen weißgekleideten Erwachsenen, die je ein Kind an der Hand führten, in einen riesigen Vorraum, der prächtig, wie in einem Schloß, mit Mosaiken in blau, grün und gold an den Wänden und der Decke sowie mit herrlichen Fliesen auf dem Boden ausgestattet war.

Vom Vorraum traten wir alle in einen wunderbaren Kuppelbau, der noch prächtiger schien und an dessen Rund der Wände kleine

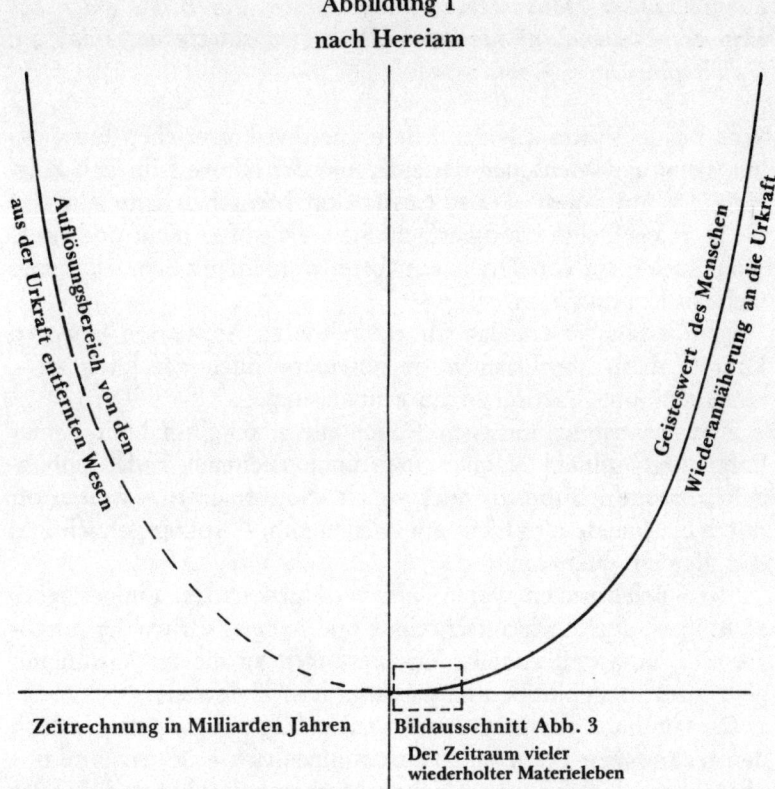

Abbildung 1
nach Hereiam

Auflösungsbereich von den
aus der Urkraft entfernten Wesen

Geisteswert des Menschen
Wiederannäherung an die Urkraft

Zeitrechnung in Milliarden Jahren

Bildausschnitt Abb. 3
Der Zeitraum vieler
wiederholter Materieleben

*weiße, etwa handhohe Podeste standen, die mit je einem weißge-
kleideten Mann besetzt waren.*

*Ein jeder von uns wurde zu einem dieser Weißgekleideten ge-
führt, und ich trat mit Schauern der Ehrfurcht vor einen der
Erhabenen hin. Er legte mir die Hand aufs Haupt und sagte mit
sonorer Stimme: «Du sollst für Gott Menschen sammeln!»*

*Auch alle anderen Kinder wurden, wie ich hören konnte, mit
einem Spruch gesegnet; verstanden aber habe ich nur den von
meinem Erhabenen.*

*Dann wurde ich wieder durch den Vorraum hinaus ins Freie
geführt. Durch helles blaues Licht sank ich sehr schnell abwärts.
Endlich sah ich durch Wolkenwirbel hindurch meine irdische*

13

Heimat, unser Haus – dann sah ich mich, durch das Dach des Hauses schauend, in meinem Bett liegen, stürzte auf mich zu, erhielt einen Stoß – und erwachte.

War meine Vision mit der Kurve, die den kosmischen Entwicklungsgang des Menschen darlegte, nun der Hinweis für den Fortgang des Auftrages: «Du sollst für Gott Menschen sammeln?»

Die Frage stellte ich mehrfach. Sie wurde aber nicht und sollte wohl auch nicht von dem beantwortet werden, mit dem ich immer mehr in Kontakt kam.

Es war ein Wesen, das ich nur selten zu Antworten bewegen konnte, dann aber kamen sie unwiderstehlich auf mich zu – manchmal mit drastischen Zurechtweisungen.

Zuweilen sah ich ihn auch. Da ich mir später einmal mit meiner Frage nach seinem Namen einen unangenehmen Tadel einhandelte, nannte ich ihn für mich zuerst «Sonnengeist» – weil er oft durch ein blendendes Licht auf mich zukam –, später gab ich ihm den Namen «Hereiam».

Seine Belehrungen waren sehr verschiedenartig. Einiges, aber nicht alles, durfte ich aufschreiben und habe es oft wieder durchgelesen. Es waren zumeist Erläuterungen zu meiner Vision mit dem Koordinatenkreuz und der negativen Halbwelle.

Damals habe ich mich manchmal gefragt, ob ich nur deshalb den technischen Beruf eines Elektroingenieurs erlernen mußte – obwohl ich doch so ein schlechter Mathematiker bin und mir das Studium so sauer geworden ist –, um eines Tages das Bild des Koordinatenkreuzes und der Halbwelle als Sinnbild der menschlichen und kosmischen Entwicklung verstehen zu können.

Ich hatte ja infolge des naturwissenschaftlichen Teils des Studiums, ebenso wie viele andere Zeitgenossen, erhebliche Zweifel an den transzendenten Wahrheiten bekommen.

Die aber sind mir inzwischen durch drastische Erlebnisse in der Transzendenz, durch «Hereiam» und andere Betreuer aus dem Jenseits genommen worden.

Jedoch will ich der Reihe nach erzählen und chronologisch weitergehen.

14

Mit der Koordinatenkreuz-Vision fing es in der für mich trüb-seligsten und hoffnungslosesten Zeit an. Einer Zeit, die nach dem Zusammenbruch des Hitlerreiches für alle damals aktiven Menschen ebenso ein Ende wie ein neuer Anfang war.

Das hier Nachfolgende war eine der ersten Belehrungen, die ich von ihm, der manchmal wie aus einer brennenden Sonne auf mich zukam, erhielt.

Ich lag des Nachts in einer Scheune, als seine Erklärungen so begannen:

«Wenn ihr Menschen wüßtet, wie lächerlich wir euch finden, wir, an die ihr euch zumeist nur in der Not wendet; dann würdet ihr in den satten und guten Zeiten eurer Welt euch vielleicht ein wenig mehr um echtes Wissen über euren Ursprung bemühen.

Du, der Du das hörst, bist nicht ausgenommen. Du warst einst auch nicht besser – doch Du hast das Bild des kosmischen Kreuzes gesehen.»

«Laß Dein albernes, überlegenes Lächeln!» fuhr mich eine Stimme an, von der ich nicht sagen kann, ob sie von Hereiam selbst kam.

Dann fuhr Hereiam fort: «Natürlich ist der in Not befindliche Mensch nicht so sehr an dem Ursprung seines Seins als an der Beseitigung seiner Not interessiert. Aber – wer nicht weiß, wie er in eine Grube fiel, wird auch ein zweites Mal und dann vielleicht noch weit gefährlicher in eine Grube fallen, wenn er nicht die Ursache seiner Fehlhandlung kennen und sie beseitigen lernt. Gewiß ist die Not dieser Erde keineswegs schnell – und vielleicht nie ganz – zu beseitigen. Aus kosmischer Sicht jedoch kann sich manches ändern, wenn mehr Menschen die Ursache der immer wiederkehrenden Not auf dieser Erde endlich erkennen würden. Zumindest kann sich der einzelne das Ertragen des Unabwendbaren erleichtern, wenn die quälende Frage beantwortet ist: ‹Warum das alles?› – Wer weiß, wofür er eine bestimmte Last tragen muß, hat es leichter, da ihm damit auch das Ende der Belastung sichtbar wird.»

«Was seid ihr doch entsetzlich beschränkt», fuhr Hereiam fort. «Ihr hattet Weise, hattet Religionsstifter, hattet Philosophen und

etliche sich ehrlich um euch Menschen abmühende Denker. Aber ihr habt die Religionsstifter nach ihren gerade nicht immer überzeugenden Jüngern und Nachfolgern beurteilt, habt die Weisen oft verlacht, wolltet eure sogenannte Zivilisation damit keinesfalls belasten.

So ist denn das Wissen um euer wahres Wesen niemals dauerhaft in eure Gehirne eingedrungen. Selten habt ihr begriffen, daß diese Welt nicht so ist, wie ihr es immer meint. Es wird geschwätzt und geschrieben, wenn Außerordentliches zu berichten ist, von Symbolik geredet, wo von Tatsachen zu sprechen wäre. Es wird geredet von Kausalität und Ordnung der Naturgesetze, und man meint damit seine eigene Anschauung und sein Wissen, das noch gar zu mangelhaft ist. Eure Physiker scheinen bald weiter als manche Theologen und dem wirklichen Aufbau der Materie als Kraftkonzentration näher zu sein als eure Geistesgelehrten.

Immer wenn ihr Menschen in Not seid, seid ihr aufgeschlossen, dann ruft ihr nach dem — Übergeordneten. Dann glaubt ihr, daß es dies gibt, aber sonst? Ihr Menschen solltet eigentlich wissen, daß ihr alle aus einem zentralen Licht kommt und dorthin wieder zurückkehrt.

So — und jetzt höre, wie es zustande kam, daß dieses dir gezeigte Koordinatenkreuz, das Bild des kosmischen Kreuzes, für jeden einzelnen Menschen gültig ist.» —

Mit diesen Worten schien sich auf einmal mein Bewußtsein in einer seltsam schmerzvollen Weise zu verwandeln. Mir war, als würde ich in ein anderes Wesen mit einem ganz anderen Bewußtseinsinhalt hineingepreßt. Ich fühlte mich, als sei ich selbst — Hereiam. Mich erfüllte Angst wegen der fast erschreckenden Ausweitung, körperlich und geistig — und etwas Unbeschreibbares kam über mich.

Ich sah ein Weltall — ganze Galaxien! Es war eine fürchterliche Trauer in mir, und es war, als hörte ich überall Schluchzen verlassener, kindlicher, armseliger Wesen. Begriffe, etwa wie folgt in Worte gefaßt, bäumten sich in mir auf:

«Wir hatten verlassen die Kraft der Ursache —
um zurückzufinden, kam der Anfang, der Beginn
der Schöpfung Milliarden materieller Welten —

doch dieser Anfang war das Ende unseres Seins
in einer Welt, die voller Schönheit existiert – jetzt
wie einst – und der wir im Irrtum unseres Strebens
verloren gingen.»
Schlagartig war das «Eingenommenwerden» durch die fremde
Kraft zu Ende. Nichts mehr von Hereiam war gegenwärtig. Aber,
als würde ich von ferne kontrolliert, überfielen mich Gedanken,
und begrifflich nahm ich auf:
> *Der Anfang des «Es werde Licht» – war ein Ende für*
> *unendlich viele Verirrte. Kein Weg des Irrtums wie auf*
> *Erdenwelten – nein! – ganz anders. Ganz anders auch*
> *mußte die Rückführung vom Irrtum, von der Dunkelheit*
> *zum Licht sein.*

Später, in den Tagen meiner ziellosen Wanderung durch die
Trümmerstädte von 1945, versprach mir Hereiam von einstigen
Zeiten zu berichten – vom Fall ins Dunkel und seinen Konsequen-
zen für uns –, so daß wir Erdenmenschen es verstehen können.

Licht in dunkler Zeit

Ich versuchte damals Antworten auf manche in mir kreisenden Fragen, vor allem die Geschehnisse betreffend des zusammengebrochenen Reiches, zu bekommen.

Offenbar aber war mein – jenseitiger – Mentor bedeutend weniger von den irdischen Ereignissen beeindruckt, als ich es selbst war. Ich erntete oftmals ein buchstäblich nachsichtiges «Lächeln», wenn er mir innerlich sichtbar wurde. Es sei alles so notwendig und gehöre zur Belehrung der irdischen Menschen, das war die Tendenz der Antworten, die ich bekam. Als ich einmal eine konkrete Antwort erbat, wie lange der Zustand der Zerstörung noch daure und wann wir in Deutschland wieder normale Zustände hätten, da erhielt ich die klare Antwort: Fünf Jahre!

Ich glaubte das aber keineswegs, denn ich hatte mit etwa zehn Jahren gerechnet.

Als es dann aber um 1950 wieder einigermaßen normal in Westdeutschland zuging, war das einer der Beweise für mich, daß mein Mentor keine Traum- und Phantasiegestalt war.

Ich lebte jetzt in Goldenstedt. Seit meinem seltsamen Erlebnis mit dem Kreuz waren schon über zwei Monate dahingegangen. Die aufregenden Ereignisse waren für mich weniger geworden; im Grunde dachte ich wohl oft an die Vision in der Sommerlandschaft – aber sie systematisch durchzudenken war mir noch nicht eingefallen. Was sollte ich heimatloser Flüchtling aus einer von Krieg und Brand geschüttelten Welt auch mit solch einem großen Blick in eine universale Weite anfangen?

Da die Tage schon so kurz wurden, war ich früh schlafen gegangen.

Merkwürdigerweise aber befand ich mich ganz plötzlich auf einem bequemen Sessel in einer düsteren Weite, und ganz in der

Nähe sah ich mein Bett, in das ich mich doch soeben erst gelegt hatte.

Mir schien jetzt alles Geschehen fast selbstverständlich und nicht im geringsten aufregend. Es war auch nicht weiter störend, daß in dem Bett neben meinem Sessel jemand lag, der ab und zu schnarchte.

Der Mann im weißen Talar, der mich aus etwa acht Meter Abstand betrachtete und mit mir sprach, schien für mich eine selbstverständliche Gesellschaft zu sein.

Ich überlegte, ob mich der Mann wohl in den Sessel gesetzt hatte – in dem Zimmer, wo auch mein Bett stand. Denn ich wußte gewiß, daß es darin keinen Sessel gab.

«Die kosmische Entwicklungskurve hat jetzt wohl deinen Widerstand gegen die Erkenntnis des universalen Entwicklungsweges überwunden?» fragte der Mann freundlich.

Ich nickte stumm und fragte dann:

«Bist Du der Sonnengeist – der mir das Bild zeigte?» «Nein!» sagte er und fügte lächelnd hinzu, «den könntest Du – so wie Du jetzt bist – nicht ertragen, ich bin ein Mittler.»

«Aha, so eine Art Bote oder Sekretär», dachte ich und kam mir sofort ziemlich unverschämt vor, als ich sah, daß mich der Mann im Talar jetzt sehr ironisch und mit scharfem Blick musterte und sein bartloses Gesicht einen ernsten Ausdruck annahm.

«Du wirst Deine Zeit noch mit viel unnützem Zeug zubringen», sagte er und lächelte jetzt deutlich herablassend, worüber ich mich nun ärgerte.

«Du hast doch wohl schon verstanden, daß Du und all die andern Menschen sich am untersten waagerechten Teil der Entwicklungskurve befinden – und daß Du Dir zweckmäßig darüber Gedanken machen solltest!»

«Das schon – für mich selbst.»

«Auch für andere», setzte er hinzu.

«Wie soll ich das schon in dieser Zeit?»

«Es kommen auch andere Zeiten!» meinte er lächelnd, und er fuhr fort: «Deine Sicht der Realität muß sich erweitern. Real ist, was Wirklichkeit ist. – Zuerst war die Welt wirklich, die ihr Menschen transzendent nennt.

19

Einstmals seid ihr jetzt irdischen Menschen aus der euch trans-
zendent erscheinenden Welt gefallen. Die materiellen Welten wur-
den geschaffen, um euch in eurem Fall aufzufangen und zur
wirklichen Lebenswelt zurückzuführen. Das Primäre also ist die
euch unwirklich erscheinende transzendente Welt, und das Sekun-
däre ist die euch fälschlicherweise als einzige Wirklichkeit erschei-
nende materielle Welt.»

«Ich sehe es ein», sagte ich.

«Denke darüber nach – mache Dir ein ausführliches Bild über
alles!»

Als der Mann im weißen Talar das gesagt hatte, wurde er für
mich undeutlich. Nebel zogen um mich wie dicke Schwaden und
versperrten jede Sicht. Dann auf einmal wich unter mir der Sessel
hinweg, und im nächsten Moment fand ich mich im Bett wieder.
Der schnarchende Mensch war ich selbst gewesen.

Ich bildete mir nicht erst ein, es mit einem der üblichen Träume zu
tun gehabt zu haben. Dazu war der Vorgang zu deutlich gewesen.

Die Theorie, die ich als Denkmodell, sozusagen als «Auftrag»,
entwickelte und auch später in Manuskriptform festhielt, stand
bildhaft vor mir.

Seltsame Erfahrungen

Seither waren fünf Jahre vergangen. Normale Zustände, wie mir von meinem jenseitigen Betreuer angekündigt, waren inzwischen tatsächlich weitgehend eingetreten. Ich fuhr mit der Bahn oft nach Köln zu einem älteren Ehepaar, das sich mit wissenschaftlichen Forschungen spiritualistischer Art befaßte. Ich bemühte mich, die Auflagen über meine Lebensführung, die ich von den jenseitigen Betreuern erhalten hatte, zu beachten. Diese betrafen, mit dem Hinweis auf Christus, diszipliniertes Denken und Handeln sowie das Fallenlassen allen materialistischen Wirkens. Ich bemühte mich, diese Gebote zu erfüllen.

Eines Abends lag ich im Bett und wollte, wie üblich, das Vaterunser beten. Doch – zu meinem schnell ansteigenden Entsetzen – brachte ich plötzlich keinen Gedanken an den Text zustande. Mir wurde glühend heiß. Verlor ich den Verstand? Ich kämpfte die Angst nieder, denn sofort wurde mir klar, daß es sich um einen bösartigen Einfluß luziferischer Kräfte handeln müsse. Ich fühlte mich sowieso seit längerer Zeit in merkwürdiger Weise angesprochen. Häufig sah ich, auch schon auf dem Weg zu den Sitzungen in Köln, auffällig leuchtende Kreise und Wirbel vor mir. Meistens traten sie in hellblauer Farbe auf, es waren aber zuweilen auch graue Nebel dabei.

Nach energischer Abwehrreaktion, bei der ich den Namen Jesus Christus anrief, fiel die Lähmung des Verstandes ab.

Jedoch wählte sich die Kraft, die mich beeinflussen wollte, am nächsten Tag eine andere Methode. Kaum hatte ich nämlich den ersten Satz des Vaterunsers gedacht – war ich buchstäblich weg und merkte das erst am nächsten Morgen.

Als dies auch am nächsten Tag, vielmehr am Abend, so eintraf, griff ich zu der Methode, mein Gebet stehend vor dem offenen Fenster zu sprechen.

Das führte ich so einige Tage durch – aber diese luziferische Kraft ließ sich etwas Neues und recht unangenehm Attraktives einfallen.

Ich wachte mitten in der Nacht auf, weil ich den Eindruck hatte, daß eine schwere Last auf meinem Körper lag. Ich wollte mich auf die Seite drehen – konnte aber kein Glied rühren. Nach mehrmaligen Versuchen merkte ich, daß ich scheinbar völlig gelähmt war. Nun öffnete ich die Augen. Das Zimmer war dunkel, und die beiden Fenster konnte ich grauschimmernd sehen – aber auf meinem Bauch saß ein tiefschwarzes Wesen, etwa wie ein Pavian geformt und ungefähr auch von dessen Größe. Das Grauenerregendste aber waren die fleischrot glühenden Augen dieses Wesens. Entsetzt machte ich die Augen zu. Ich konnte absolut nichts anderes tun. Die Augenlider waren das einzige, was an mir nicht bewegungslos war. Ich rief im Geiste Jesus Christus an. Ich bat meinen Schutzgeist um Hilfe – aber das Gewicht auf meinem Körper blieb. Atmen konnte ich nur mühsam, wie ein Schwerkranker.

Nach ein paar Minuten öffnete ich wieder die Augen. Da hatte sich das greuliche Viech mit dem Kopf tief zu mir geneigt und sah mir aus nur handbreiter Entfernung in meine Augen. Ich schloß sie sofort wieder und betete konzentriert und nachdrücklich weiter zu Jesus Christus.

Es mochten etwa fünf Minuten, die mir wie Stunden schienen, vergangen sein, als das Gewicht auf meinem Körper nachließ. Ich wartete noch ein Weilchen, drehte mich dann vorsichtig und leise um, griff nach der Nachttischlampe und schaltete sie ein.

Als ich nichts sah, das auf das Wesen hindeutete, sprang ich aus dem Bett, schaltete alle Deckenleuchten ein und untersuchte das ganze Zimmer, zunächst natürlich unter dem Bett. Ich wußte aus dem Buch von Aksakoff, das solche Materialisationen ein zähes Leben haben können. Nirgends aber war eine Spur von dem gräßlichen Wesen zu finden.

Ich brachte es jedoch erst gegen Morgen fertig, wieder ein wenig zu schlafen.

Mir wurde klar, so etwas wie dem Hüter der Schwelle begegnet zu sein. In verschiedensten Variationen haben sich Esoteriker mit solchen höllischen Materialisationen herumschlagen müssen. Dies nun selber erleben zu müssen fand ich wenig reizvoll, aber ich wußte, daß ein Nachgeben, ein Aufgeben des Weges geistiger Suche, eventuell viel üblere Folgen als ein energisches Durchsetzen haben konnte. Es handelt sich allerdings in erster Linie um eine Überwindung des eigenen Dunkels im Ich.

Nur wenige Tage danach erwachte ich und sah – oder besser gesagt: wurde mir plötzlich bewußt –, daß ich mich in einer Gegend befand, in der heller Tag war – während ich doch meinte, am späten Abend zu Hause ins Bett gegangen zu sein.

Irgendwie aber war ich mir nicht so total bewußt wie am Tage. Meine kritischen Überlegungen später gingen dahin, daß ein Mensch, der aus dem Schlaf heraus sich plötzlich in einer völlig fremden Umgebung sieht, doch mindestens erschreckt sein und vielleicht auch in Panikstimmung geraten müßte.

Nichts dergleichen befiel mich. Ich kam mir seltsam vor – wie ferngesteuert, was sich auch wirklich kurz danach als zutreffend erwies; aber im übrigen fand ich dieses Erlebnis gleich nach dessen Bewußtwerdung ganz interessant.

Mir fiel ein, daß ich ein ganz ähnliches Erlebnis im Alter von zwölf Jahren hatte. Damals wurde ich in eine Art Einweihungstempel geführt und glaubte als Kind an einen lebhaften Traum. Später wurde mir klar, daß es sich aber um eine echte Astralwanderung gehandelt hatte. – Während dieser Gedanken ging ich wie selbstverständlich auf einem Weg zwischen einer lichten Waldlandschaft und einem umzäunten Gebiet, das aber anscheinend nur von ganz normalem Bodenbewuchs wie eine Heidelandschaft und einigen überdimensionalen Baumstümpfen wie von mächtigen Mammutbäumen besetzt war.

Kein Mensch war zu sehen. Ich dachte aber: «Wenn ich schon zu einer solchen Exkursion von irgendeinem maßgeblichen Geist – vielleicht dem Schutzgeist – eingeladen worden bin, dann will ich auch wissen, wo ich mich hier befinde.»

Der Gedanke an meinen Körper, der jetzt im Bett schlief, störte mich nicht. Ich gelangte aber später, bei kritischer Betrachtung, zu der Überzeugung, daß man mir alle Angst und Sorge um meinen Zustand wegsuggeriert hatte, denn normal war diese Sorglosigkeit wohl kaum.

Ich sah zum Himmel hinauf; der war blau wie im Hochsommer, es war aber keine Sonne sichtbar. Trotzdem leuchtete alles wie im hellsten Sonnenschein. Nach einem Weg von wohl einigen Minuten – so kam es mir jedenfalls vor – führte rechts ein breiter Fußweg in einen lichten Wald, der in meiner Erinnerung ein Mischwald aus Nadel- und Laubbäumen war. Die Bäume zeigten keine Besonderheiten gegenüber den üblichen Bäumen, und der Boden war mit Gras bedeckt wie in jedem Wald.

Ich ging wohl an die hundert Meter den Weg nach rechts, als ich zwischen den hohen Bäumen auf einer großen Lichtung ein Haus, wie ein Zweifamilienhaus, umgeben von Rasenflächen und Blumenrabatten, stehen sah.

Der Weg führte jetzt unter einigen Dutzend Bögen aus Rundeisen, die weiß gestrichen waren und je zwei Kletterrosen mit vielen Blüten als Stütze dienten, entlang. Die roten Rosen dufteten. Ob ich Bienen auf den Blüten sah, kann ich nicht sagen. Als ich den langen Rosengang durchschritten hatte, kam ich auf den weitflächigen Rasen vor dem Haus, das vor den großen Waldbäumen im Hintergrund überaus malerisch anzusehen war.

Zunächst aber kam ich an zwei dicken Pfählen vorbei, zwischen denen eine starke Wäscheleine gespannt war. Aufgehängt auf der Leine befanden sich einige Wäschestücke wie Tischtücher, eine Decke, und ich glaube, es waren auch ein paar Kleidungsstücke dabei.

Ich blieb stehen und sah mir die Sachen an. Ich wunderte mich ausgiebig, daß die Textilien genau so aussahen, wie ich es vom Leben in der Welt der Materie kannte. Ich faßte die Decke an, die Wäschestücke. «Unfaßlich», dachte ich – «wie auf der Erde», und ich wußte doch, da lag mein Körper, während ich unterwegs war.

Dann ging ich weiter.

Unmittelbar vor dem Haus, das von niedrig wachsenden Rosen umgeben war, sah ich eine jüngere, dunkelhaarige Frau stehen, die einen Kinderwagen vor sich hin und her schob, so wie man es tut, um ein Kind einzuschläfern. Ich ging auf die junge Frau zu und fragte sie schließlich, ob sie mir sagen könne, wie diese Gegend hier heiße.

Die Frau schüttelte den Kopf und sagte:

«Diese Gegend hier hat keinen Namen.» Damit gab ich mich aber nicht zufrieden.

«Gibt es hier nicht eine Stadt in der Nähe?» fragte ich.

«Nein, es gibt hier keine Stadt», sagte sie nun.

Ich überlegte, wie man wohl am besten zu einer vernünftigen Auskunft käme, und fragte schließlich, was sie hier tue.

Statt einer Anwort schaute die Frau mit dem Blick ihrer dunklen Augen auf das Baby im Wagen und dann wieder auf mich.

Ich sagte nun: «Dieses Land hier muß doch aber irgendeinen Namen oder eine Bezeichnung haben.»

Daraufhin sagte die Frau etwas, was mir noch lange in den Ohren nachklang, sie sagte:

«Es gibt keinen Namen, aber − es ist das Land der noch sündhaften Menschen.»

Ich kann keinesfalls sagen, daß mir bei dieser Antwort etwa feierlich zumute wurde. Ich war immer ein Mensch, der eher zur Ironie neigte, und habe auch bei meinen Vorgesetzten beim Militärdienst und anderen hin und wieder Anstoß erregt, weil mein inneres Grinsen über einen von anderen ernst genommenen Anlaß manchmal allzu sehr nach außen sichtbar wurde.

Jedenfalls sah mich die Frau auf einmal sehr ernst und scharf an, während ich sie noch ob ihrer Auskunft freundlich betrachtete. Dann plötzlich bekam ich einen Ruck nach rückwärts, und ehe ich mich versah, wurde ich mit zunehmender Geschwindigkeit, immer rückwärts, durch den Rosengang hindurch auf das Gelände vor den Hochwald gezogen. Dann schien es plötzlich abwärts zu gehen. Es wurde nachtdunkel um mich, und mit einem erheblichen Stoß erwachte ich − und lag in meinem Bett.

Ob wohl die undisziplinierte Weise meines Gesichtsausdruckes die Ursache war, daß die junge Frau mich so scharf ansah und mich durch ihren sicher viel besser geschulten Willen zurück in die Welt des Materiellen katapultierte?

Jedenfalls war ich sicher, daß es sich nicht um einen lebhaften Traum gehandelt hatte. Die Begleitumstände zeigten mir das deutlich an. Eine Himmelwelt hatte ich auf diese Weise noch nicht erlebt. Auf jeden Fall aber waren mir einige falsche Vorstellungen von jenseits der Materie korrigiert worden. Wie das ganze zustande gekommen war, das blieb mir aber noch ein großes Rätsel.

Ein Spaziergang am Meer

Wenige Tage oder besser gesagt Nächte darauf geschah ähnliches. Ich wurde mir selbst erst voll bewußt, als ich zusammen mit einem freundlichen jungen, mir gleichenden Mann an einem fernen Meeresstrande spazierenging. Er war blond und blauäugig, das Haar halblang. Die auf den leuchtendgelben Sandstrand hinauf- und zurückflutende mäßige Brandung verursachte mit ihren vor- und zurückrollenden Kieseln und dem schaumig kristallen brausenden, glasklaren Wasser ein gleichmäßiges und beruhigendes Geräusch, wie man es von den Ufern der Meere kennt.

Ich hatte während unseres Spazierganges unter einem intensiv blau strahlenden Himmel und vor einem unwirklich, wie aus sich selbst saphir-blau leuchtenden Meer das Bewußtsein, daß mein Begleiter, in einer lange zurückliegenden Inkarnation, einstmals mein Bruder gewesen sei. Es muß zur Zeit gewesen sein, als die Germanenstämme ihre Blüte erlebten.

Wir unterhielten uns über allerlei. Den ganzen Inhalt des Gespräches habe ich nicht mehr im Gedächtnis. Ich beklagte mich über die Schwierigkeiten und üblen Erscheinungen des irdischen Lebens. Er tröstete mich mit dem Hinweis, daß die Zeit auch mich einmal von dem Erdengang erlösen werde. Wir lachten noch über einige Dinge, die ich ihm erzählte: etwa, was der Durchschnittsmensch, der sich von allen religiösen Inhalten losgesagt hat, vom Fortleben nach dem Tode hält, oder wie sich manche Menschen in ihren religiösen Vorstellungen ein Bild vom Himmel machen.

Dabei sagte ich ihm mehrmals, es sei mir unbegreiflich, wie ich dazu komme, daß mein Körper in irdischer Nacht schlafe – und ich hier mit ihm in einer wunderschönen Umgebung an einem Meeresufer spazierengehen könnte.

Er erklärte mir dann, daß dies einfach die Folge meines Dranges nach Erkenntnis der wahren Lebenszusammenhänge sei und daß die den Menschen zu geistiger Entwicklung verhelfenden Geistes-

führer und jenseitigen Freunde dann fördernd eingreifen können. Er sagte mir auch, daß man mich schon lange betreue, was ich ja wüßte, und mich nun häufiger zu Besuchen in Jenseitssphären abholen werde.

Ich müßte nur die Gesetzmäßigkeiten geistiger Lebensweise ein wenig beachten, es brauche aber dabei keine Spannungen zu den echten irdischen Bedürfnissen zu geben. «In Maßen leben» — solche und ähnliche Hinweise gab er mir viele, während wir immer weiter über den hellgelben Sandstrand gingen, auf dem die glitzernden Wasser der Brandung sprudelten und ab und zu leuchtende Kiesel höher hinaufrollen ließen.

Ich schaute immer wieder auf das blauleuchtende Meer unter einem Himmel, der nicht mattblau wie auf der Erde, sondern strahlend wie eine blaue Sonne in seiner gewaltigen Rundung über dieser unglaublich schönen Landschaft stand.

Der Strand war breit wie viele irdische Meeresstrände und wurde zum Land hin von mäßig hohen Dünen begrenzt. Hinter den Dünen sah ich in der Ferne hohe Baumkronen emporragen, und seitlich in unserer Richtung, in der wir spazierten, erblickte ich die Dächer von Häusern eines anscheinend recht großen Dorfes. Ich konnte aber nicht mehr dort hineinschauen. Jeder meiner Besuche durfte offensichtlich nur eine begrenzte Zeit dauern, und es war mir auch viel wichtiger, mich jetzt mit meinem früheren Erdenbruder zu unterhalten – da ich ja viele Probleme zu klären hatte. So erfuhr ich, daß aus bestimmten Gründen ganz kleine, auf Erden früh verstorbene Kinder hier in bestimmten Bereichen großgezogen werden. Ich erfuhr auch, daß erhebliche Unterschiede im Aussehen der jenseitigen Länder, die hier Sphären genannt werden, bestehen. Ja, auch die Ähnlichkeit mit irdischen Zuständen, Lebensweisen und Tätigkeiten ist in manchen Sphären frappierend. Alles diene der geistigen Vervollkommnung der Menschen, und jeder komme dahin, wohin es ihm möglich sei – wenn er nur wolle. Nur müsse so mancher seine falschen Vorstellungen dabei ablegen.

Mein Begleiter trug ein helles, fast weißes Gewand. Ich sagte Gewand, weil es weder den Vorstellungen von der Bekleidung eines Geistes noch der irdischen Kleidung entsprach. Es war eine

28

Art Hose, weiche Schuhe aus weißem Stoff und ein mittellanger Kittel. Es sah wie eine Sommerkleidung in den warmen Jahreszeiten aus, sehr leicht und gut anzusehen. Ich trug während dieses Besuches übrigens die gleiche Kleidung.

Dann sagte mir mein Begleiter, daß ich in meinen irdischen Körper zurückmüsse. Mit freundlich lachendem Gesicht stand er vor mir und sagte:

«Wir wollen jetzt ein kleines Experiment machen, damit Du nach dem Erwachen im Körper nicht glaubst, daß Du nur geträumt hast.» Er bückte sich zu den Kieseln unter unseren Füßen hinunter – wir standen ja unmittelbar an der Grenze des hin- und zurückflutenden Wassers – und hob eine Handvoll glänzender Kieselsteine auf. Er gab mir die Steinchen in meine hingehaltenen hohlen Hände und umschloß diese mit seinen eigenen. Dann sagte er: «Jetzt gehe.» – Dabei drückte er mich von sich nach rückwärts leicht hinweg.

Im selben Moment wurde ich von einer Kraft, wie schon vor ein paar Tagen, mit zunehmender Schnelligkeit rückwärts hinweggezogen. Es wurde dunkel um mich. Mit einem Stoß im Körper erwachte ich, und – es war eigentlich verwunderlich, daß mir das möglich war – ich richtete meinen Oberkörper im Bett sofort auf, hatte beide Hände, wie eben noch, geschlossen und war sofort hellwach.

Das Zimmer schien mir strahlend hell, obwohl es früher Morgen war.

Ich öffnete die Hände – und die Kieselsteine prasselten, mit typischem Geräusch fallender Steine, auf meine Bettdecke. Im gleichen Augenblick wurde das helle Zimmer erheblich dunkler. Es war, als ob die Sonne plötzlich zugedeckt würde – und die Steinchen auf meiner Bettdecke lösten sich vor meinen Augen in einen feinen Nebel auf – und waren verschwunden.

Als ich mich von meinem Erstaunen erholt hatte, stellte ich fest, daß der Himmel grau verhangen war.

Das helle Zimmer war also eine Täuschung. – Dann kam mir der Gedanke, daß ich wohl so etwas wie ein Astrallicht gesehen hätte, wodurch die Kieselsteine sich auch noch auf unserer irdischen Welt manifestieren konnten. Aber diese mußten sich auflösen, als das astrale Licht sich zurückzog.

Es war fünf Uhr morgens auf der Erdenwelt, und ich war um einiges klüger geworden. Ein Gefühl der Dankbarkeit für die jenseitigen Belehrungen ließ mich jetzt nicht mehr schlafen.

Ein Vorwurf aus fremder Welt

Im März 1950 hatte ich geheiratet. Man bekam jetzt alles für sein Geld und ohne Bezugsscheine. Es waren fast himmlische Zustände. Kurze Zeit später zogen wir von Honnef in eine Mietwohnung nach Rhöndorf um.

In dieser Wohnung unter dem Dach, mit einer schönen Aussicht auf den Rhein einerseits und das Siebengebirge im Hintergrund auf der anderen Seite, begann ich meine Notizen über die bemerkenswertesten spirituellen Erlebnisse auszuwerten. Ich schrieb das alles aber nicht als einen Bericht nieder, was ich vielleicht schon besser damals getan hätte – sondern verfaßte ein Lehrbuch zur gedanklich logischen Erarbeitung des Lebenssinnes. Ich nannte diese Abhandlung «Die Kurve in die Unendlichkeit».

Ich wagte es ganz einfach nicht, meine Erlebnisse so zu erzählen, wie sie stattgefunden hatten. Man muß bedenken, daß es für jeden Menschen damals ausgesprochen gefährlich war, von Visionen, Erscheinungen, Auditionen oder gar Begegnungen mit Geistern zu berichten. Wagte das, wohlgemerkt in Deutschland – in England oder den USA war das schon nicht mehr riskant –, ein Mensch von Rang und Namen, so konnte er sicher sein, nicht mehr ernst genommen zu werden. Er riskierte Beruf und Zukunft. Wagte es ein einfacher Mann, und ließ er sich nicht warnen – so war irgendwann eine Vorladung zum Amtsarzt fällig.

Ich wollte also nicht Beruf und die endlich ohne Diktatur erlangte Freiheit gefährden und schrieb meine Erfahrungen in der Tarnung logischer Abhandlungen nieder.

Später wunderte es mich nicht mehr, daß meine Betreuer von der «anderen Seite» mit diesem meinem Schreibeifer nicht ganz einverstanden waren. Man sagte mir nichts, aber eines Abends passierte etwas Merkwürdiges.

Ich saß an einem kleinen Tisch dicht an der Zimmerwand vor einem niedrigen Regal mit Büchern, die mir in den letzten Mona-

ten von meiner Schwester aus Berlin gesandt worden waren – es waren die Reste der väterlichen Bibliothek – und schrieb. – Da verschwand plötzlich alles vor meinen Augen, und ich sah mich mit meinem Stuhl, dem Tisch und meinem Schreibzeug in einer wüstenartigen Landschaft wieder. Gelber Sand – endlos – vor mir; links von mir sah ich in etwa hundert Meter Entfernung weißleuchtende Bauten eines Dorfes mit flachen Dächern – hinter mir aber konnte ich die nicht verschwundene Seite des Zimmers wahrnehmen, und ich hörte auch die geschäftige Tätigkeit meiner Frau Josy in der Küche.

Von rechts sah ich, im selben Augenblick als diese Vision auftauchte, zwei Beduinen in langen weißen Gewändern, in ein Gespräch vertieft, auf das Dorf zugehen. Die beiden kamen langsam, ganz dicht an meinem Tisch vorbei, und gerade als sie mit mir auf gleicher Höhe waren und mit ihren Gewändern fast meinen Tisch streiften, stieß der mir zunächst gehende Mann den andern mit der Hand leicht in die Seite, unterbrach sein Gespräch, deutete mit der Hand auf mich und sagte im Weitergehen:

«Da sitzt er ja, der Märchenerzähler.»

Die beiden Beduinen gingen weiter, keiner schaute sich um – und das Bild verblaßte. Dann sah ich das Zimmer wieder vollständig.

Erbost über die Worte, war ich an diesem Abend nicht mehr fähig weiterzuschreiben.

Dann kam mir der Gedanke, daß die beiden mich vielleicht aus einer früheren Inkarnation im afrikanischen Bereich als «Märchenerzähler» kannten. Aber ausgerechnet dies Wort anzuwenden, als ich dabei war, eines meiner wichtigsten Erlebnisse in logische Formen einer Abhandlung für die verstandesmäßige Betrachtung zu bringen – das ärgerte mich noch lange.

Ein Geist inkarniert sich

Eines späten Abends, ich lag im Bett und Josy schlief bereits, sah ich auf einmal im Dunkel des Zimmers, in etwa zwei Meter Entfernung vor mir, ein meergrünes Licht entstehen, das sich rasch zur Büste einer älteren männlichen Person entwickelte. Es war das in allen Einzelheiten deutliche Bild eines Mannes, der etwa aussah, wie man sich einen nachdenklichen Professor vorstellt. Er hatte leicht wirre Haare und schaute unentwegt, aber ohne Starrheit, an mir vorbei nach links. Diese Gestalt war, einschließlich der undefinierbaren Bekleidung in leuchtendem hellen Grün, etwa bis zur Taille sichtbar. Als die Erscheinung, die immer mehr materielle Gestalt angenommen hatte, sich mir schwebend näherte, wurde mir die Sache unangenehm.

Falls Josy jetzt aufwachte, so fürchtete ich, würde sie erschrecken – sie hatte bisher von mir nur wenig über solche Dinge erfahren.

Ich reagierte also abwehrend. Das hatte aber keinen Erfolg. Jedoch meldete sich jetzt mein jenseitiger Betreuer und sagte mir mit beruhigender Stimme, ich solle gegen den Neuankömmling in meiner Nähe nichts unternehmen – er wolle sich zwischen mir und Josy inkarnieren.

Ich sagte Josy nichts, denn ich wußte ja, daß sie im vierten Monat schwanger war. Wir hatten Winteranfang, und nun kam jeden Abend, wenn Josy eingeschlafen war, diese grünleuchtende Erscheinung. Je mehr sich die Zeit der Geburt des jetzt von mir erwarteten Jungen näherte, umso mehr verlor die nächtliche Erscheinung an Deutlichkeit. Gegen Ende Februar 1951 war es nur noch ein grüner Leuchtstreifen, der mir auf der Seite, wo Josy schlief, als Nebel erschien und nach einigen Minuten wieder verschwand.

Die mir von meinem jenseitigen Betreuer gegebene Erklärung besagte, daß einigermaßen entwickelte Jenseitige bei einer Neu-

Inkarnation nicht sofort nach der Zeugung an die zukünftige Mutter gebunden sind, sondern, je nach Entwicklungsstand, noch einige Zeit der Freiheit genießen. Der Unterschied im Entwicklungsstand der sich auf dieser Erde Inkarnierenden ist allerdings nicht so groß, daß irgend jemand Ursache hätte, sich darauf etwas einzubilden. Wer auf der Erde erscheinen muß, um zu lernen – der hat es dringend nötig! Wirklich groß im Geiste sind nur jene Meister, die uns in Jahrhundertabständen freiwillig aufsuchen, um die allgemeine geistige Entwicklung voranzutreiben.

Am Sonntag, den 22. April 1951 schrieb ich am frühen Morgen in meinen Taschenkalender:

3.25 Uhr, Junge geboren.

Helfender Eingriff aus der Transzendenz

Auf meiner Wanderung – oder besser gesagt Flucht – nach Westen im Jahre 1945 war mir mit aller Deutlichkeit von der anderen, der kosmischen Seite unseres Lebens – was ganz irrtümlich nur auf das irdische Dasein bezogen wird – gründlichst beigebracht worden, daß der Mensch nicht nur durch die Materie lebt und sich glücklich fühlen kann.

Anscheinend kam jetzt mit aller Gewalt eine Phase der Erinnerung an diese Tatsache auf mich zu. Meine Besuche bei dem Ehepaar in Köln hatte ich weiter fortgesetzt. Durch meine Mitgliedschaft in der Gesellschaft für wissenschaftlichen Spiritismus war ich in deren Mitteilungsblatt auf Berichte gestoßen, die mir die Echtheit meiner Erlebnisse mit der Transzendenz bestätigten. Ich konnte nun, da ich wie alle Menschen in der neuen Bundesrepublik am Aufbau der Wirtschaft teilnahm, eigentlich recht glücklich sein. Aber – je mehr die Zufriedenheit mit den materiellen Gütern wuchs, umso mehr wurde mir bewußt gemacht, daß wir Menschen alle – und ich anscheinend besonders reichlich – auf der Erde zwecks Belehrung leben. Mein Gesundheitszustand, der natürlich rein irdisch gesehen von den Kriegsnachwirkungen abhing, nahm immer kritischere Formen an. Mein Blutdruck sank erheblich. Besuche beim Arzt, schon in Honnef, und Verschreibung von Medikamenten hatten kaum oder gar keinen Erfolg. Ich wurde sozusagen aus Angst vor dem Versagen meines Körpers auf die Seite der wirklichen Stütze und Ursache allen Lebens hingetrieben. Der einzige Unterschied in meinem Verhalten zu dem, was dann die meisten Menschen tun, war bei mir wohl eine durch Erfahrung mit der Transzendenz bedingte Freiwilligkeit. Keinen Abend ließ ich vergehen, ohne mich der anderen Seite, der uns irdischen Menschen unsichtbaren universalen Welt, zuzuwenden. Um Fragen und Mißdeutungen zu vermeiden, geschah dies meist nach dem Zubettgehen.

Da, eines späten Abends, nach langem Ringen um den spürbaren Kontakt – ein Vorgang, der nur zu umschreiben, aber nicht zu erklären ist –, kam ich in einen Zustand, als sei ich aus dem Körper heraus gegen eine Wand getrieben und stände nun mit dem Rücken an dieser Wand, ohne Ausweichmöglichkeit. Vor mir aber baute sich eine mattschwarze Fläche auf. Die Silhouette eines großen, hochgewachsenen Mannes mit einer grellweißen Aura kristallisierte sich zunehmend heraus. Mir würgte es in der Kehle, der Atem schien mir zu stocken – und das von dem stechenden, weiß strahlenden Leuchtband umgebene dunkle Bild einer wie zum Schutz vor dem brennenden Licht für den Beschauer abgedeckten Person nahm immer noch an Deutlichkeit zu.

Da brach in mir so etwas wie eine Abwehr zusammen, und ich verstand den Vorgang.

«Ja, schaue mich an – vielleicht darf ich hoffen – angenommen zu werden – vielleicht – mein Herr, mein Christus!»

An meinem körperlichen Zustand änderte sich nichts, und ich war zum zweiten Mal in meinem Leben so weit, für alle Fälle, wie schon im Kriege für den Fall der Nichtwiederkehr – damals für meine Mutter –, eine letztwillige Verfügung für das geringe Eigentum zu verfassen.

In der Nacht vor dem 28. Juli 1951 hatte ich einen Traum, der mir wegen des nicht-logischen Vorganges zunächst nicht bedeutsam schien. Mein verstorbener Vater, der 1931 in die Jenseitswelt ging, erschien mir und hielt in den Händen ein Pergamentpäckchen, das er mit dem Blick auf mich öffnete. Das Päckchen enthielt ein – menschliches Herz.

Ich fragte ihn daraufhin, ob ich mit meinem Herzen noch lange leben könne. Darauf sagte mein Vater:

«Nein, mit Deinem Herzen nicht!»

Dann schaute er auf das Herz in dem geöffneten Pergament, lächelte mir zu und sagte:

«Das würde ein berühmter Arzt auf der Welt werden, der ein krankes Herz gegen ein gesundes in der Menschenbrust austauschen könnte.»

*Daraufhin entschwand der Traum, der mir erst 24 Stunden
später mit seiner Bedeutung wieder einfiel.*

*Josy fuhr an diesem Tag mit unserem kleinen Leonhard nach
Königswinter. Am 26. Juli waren in der Familie ihres Bruders ein
Namenstag und ein Geburtstag gewesen, und heute, am 28.,
wollte man feiern.*

*Ich kam wenig später, am frühen Vormittag, mit dem Fahrrad
in Königswinter an. Mir war wie einem Schwerkranken zumute.
Mein Kreislauf war überaus schwach, aber ich wollte mich keinesfalls gehenlassen und war deshalb sehr langsam gefahren. Bei Josy
und der Familie ihres Bruders angekommen, ließ ich das Fahrrad
dort und wanderte langsam das Siebengebirge hinauf, immer in
der Hoffnung, daß die Nähe der Natur mir mehr als die unwirksa-
men Medikamente helfen könnte.*

*Schließlich kam ich in die Nähe der Löwenburg und ging in
träumerischer Verfassung auf einen Seitenausleger des Berges, in
halber Höhe der Löwenburg.*

*Kein Fußweg führte zu diesem Teilstück des Berges, der von
hohem Gras und Büschen besetzt war. Man hatte aber von dieser
Stelle aus einen freien Blick auf den Rhein und die gegenüberlie-
genden Höhen des Rodderberges und des Rolandsbogens.*

*Ich setzte mich in das Gras nieder. Von diesem Moment an
entglitt mir der Zeitablauf, und nur hin und wieder war ich mir
voll bewußt.*

*Es durchschüttelte mich eine fremde Kraft, die mir den Befehl
zum Beten gab und mich einmal diese, ein anderes Mal jene
Körperstellung auszuführen zwang. Ich folgte halbbewußt und bis
ins Innerste erschüttert den Anweisungen und nahm zwei nebelhafte Gestalten neben mir war, die sich um mich bemühten. Ich
wurde magnetisiert, wie ich es früher als Knabe bei meinem Vater
beobachtet hatte, wenn er Kranke behandelte.*

*Dann, als ich in Richtung nach Süden, etwa zum Rolandsbogen,
kniete, bildete sich auf einmal, zuerst nebelhaft, dann immer
deutlicher sichtbar, ein gewaltiges, etwa zehn Meter hohes Kreuz
aus. Das Kreuz schwebte, fest in der Luft stehend, wohl dreißig
Meter vor mir und wurde immer strahlender.*

Durch die Sperre meines der Hingabe nur schwer sich öffnenden Verstandes mag es wohl bedingt gewesen sein, daß ich während dieses unglaublichen Vorganges noch Sorge hatte, mich könnte jemand beobachten. Als ich deshalb, während eines wachen Momentes, meine nebelhaften Helfer fragte, ob auch niemand komme, da sagte einer von ihnen mit etwas ironischem Unterton laut und deutlich: «Du bist mutterseelenallein!»

Dann schien sich mein Körper zeitweise aufzulösen. Ich fühlte mich als minderwertiges Subjekt einer hohen erhabenen Kraft übergeben, und es war schließlich nichts mehr an Selbstwertempfinden vorhanden, welches ich zu erhalten trachtete. –

Auf einmal strahlte das Kreuz wie hochglänzendes Silber, und im gleichen Moment erschien die Gestalt des gekreuzigten Gottessohnes in glänzend sonnenhaft-leuchtendem Gold auf dem Kreuz.

Da brach mein Ich vollständig zusammen. –

Als ich meine Stirn wieder vom Boden erheben konnte, schlug mein Herz regelmäßig und kräftig wie seit Jahren nicht mehr. Die Nebelgestalten beteten mit mir gemeinsam das Vaterunser. Es vergingen noch einige Minuten – ich kenne die Zeitspanne nicht –, bis ich die Aufforderung bekam, mich zu erheben und langsam zu gehen. Das Herz schlug kräftig, und einer der Helfer sagte zu mir, wenn es mir in Zukunft irgendwann wieder schlechter gehe, solle ich einen bestimmten Satz sagen, der sich auf mein Verhältnis zum Gotteslicht beziehe. Ich solle dies für mich behalten. Ich habe dies auch später immer wieder mit Erfolg angewendet.

Die Helfer begleiteten mich noch ein Stück des Weges, bis sie mich allein und glücklich zurückließen.

In einem Bericht läßt sich kaum wiedergeben, was eine Menschenseele bei solchen Ereignissen erlebt. Keine Art der Niederschrift trifft genau das Empfinden.

Es werden dabei Erkenntnisse vermittelt, die sich auf das eigene Ich, auf den eigenen Wert oder Unwert, auch auf den Lebensweg und auf vieles andere beziehen, die kaum in Worte oder gültige Begriffe zu fassen sind. Es hängt auch von der Aufgeschlossenheit, der Sehnsucht oder der Angst des Menschen ab, ob oder wie ein solches Geschehen weiterhin verkraftet, verstanden, verdrängt oder zukunftweisend verwendet wird.

Ein ungewöhnliches Ereignis

Die Kontakte mit meinem jenseitigen Betreuer, der die Niederschrift meiner spirituellen Erlebnisse anscheinend kritisch, aber völlig kommentarlos verfolgte, kamen in Abständen immer wieder zustande.

Vielleicht war ein nächtliches Erlebnis in dieser Zeit auf die Einwirkung des Betreuers, den ich Iream nannte, zurückzuführen.

Ich erwachte etwa gegen drei Uhr morgens. Ich schlief damals allein in einem Zimmer neben dem Raum, in dem Josy und der kleine Leonhard schliefen. Wir hatten das so eingerichtet, damit ich, um das Kind nicht zu stören, abends bei Lampenlicht noch schreiben und morgens sehr früh eine Meditationszeit einhalten konnte.

Ich lag auf dem Rücken und wunderte mich nach etwa einer halben Stunde, etwas ärgerlich, warum ich nicht einschlafen konnte. Am nächsten Vormittag hatte ich einen geschäftlichen Besuch in einem Zweigwerk der Firma, bei der ich jetzt tätig war, zu machen und mußte dazu gut ausgeschlafen sein. Schließlich griff ich nach der Stehlampe, die hinter meinem Bett stand, um sie einzuschalten. Der Blick durch das nachtgraue, gegen den Hof führende Fenster und zum dunklen Häuserblock war mir geradezu langweilig geworden. Ich drückte den Schalter – aber soviel ich auch drückte, die Lampe reagierte nicht.

Ich drehte mich ein wenig in Seitenlage, um besser mit der Hand an den Schalter zu kommen, weil ich meinte, den Schalter nicht stark genug drücken zu können. Dabei mußte ich mich mit dem linken Arm abstützen.

Nun aber spürte ich mit der linken Hand bei diesem Abstützversuch etwas Erstaunliches.

Hinter meinem Rücken lag der Körper eines kleinen Kindes, den ich sofort – warum? ich weiß es nicht – als den kleinen Leonhard erkannte.

Ich fuhr dem Kind tastend über Gesicht und Körper und hatte den Eindruck, daß der Kleine das Gesicht zu einem Lachen verzog.

Das alles spielte sich in Sekundenbruchteilen ab.

Sofort drehte ich mich rasch – auch erschrocken, weil ich nicht wußte, warum das Kind bei mir, anstatt bei Josy im Zimmer lag – ganz nach rechts hin, um schnell die Lampe einschalten zu können.

Doch ein neuer Schreck durchzuckte mich jetzt, fast wie ein Blitzschlag.

Ich fühlte – unter mir – einen Körper liegen! Schlagartig rutschten meine rechte Hand und mein Arm, wie in eine hohle Hülle, in den Arm und die Hand des Körpers unter mir. Ebenso rutschte mein Kopf mit Schulter, linker Hand und Arm in die anscheinend hohle Gestalt unter mir.

Mein unter Schrecken schneller Griff zum Lichtschalter betätigte diesen nun sofort. Das Zimmer erstrahlte im hellen Lichtschein.

Ich lag, vor Schreck schnell atmend, ganz auf der rechten Körperseite. Im Nebenzimmer quäckte der offensichtlich aufgewachte kleine Leonhard.

Über eine Stunde lang überdachte ich das eben Erlebte immer wieder und vergegenwärtigte mir alle Einzelheiten des Vorganges, der eine drastische Darstellung der Tatsache gewesen sein mußte, das der Mensch unzweifelhaft aus einem materiellen Körper – und einem Zweitkörper besteht, der sich selbständig machen kann. Für mich war es eine fast mit dem Holzhammer gegebene Demonstration der Vielfachnatur des Menschen aus Körper, Seele und Geist, wobei ich die Definitionen über Astral-, Kausal- oder sonstwas für weitere Körper den Experten auf diesem Gebiet überlasse.

Ich war mir sicher, daß meine hin und wieder empfundenen Zweifel an meinen Erlebnissen, auch an manchen Belehrungen durch die andere Seite der Lebenswelt und durch meine Betreuer eine nicht gerade angenehme, aber um so durchschlagender wirkende Zurechtweisung erfahren hatten.

Daß auch kleinste Kinder sich im Schlaf auf Astralreisen begeben können – oder geschickt werden –, wurde mir damit auch
klar demonstriert.

Das Lichtphänomen

Wie immer, wenn ein strebender Mensch eine ins Gemüt gehende harte oder zumeist deutliche Belehrung erhalten hat, die seinen weiteren Weg betrifft, nahm auch ich mir vor, mich in spiritueller Hinsicht zu bessern.

Ich hielt meine Meditationszeiten gründlicher ein.

Ablenkungen aller Art wie auch eigene störende Gedanken machten mir die Konzentration schwer.

Als dieser Mangel mich immer mehr bedrückte, bat ich die Helfer der anderen Lebenswelt um Hinweise.

Bei der dritten oder vierten Wiederholung der Meditationsversuche, die mehr ein Absitzen der Zeit als eine wirkliche Versenkung waren, kam endlich eine Hilfeleistung.

Plötzlich, als ich im Schneidersitz auf meinem Kissen saß, nahm ich wahr, daß ich hochgehoben wurde. Vor mir sah ich bei geschlossenen Augen eine sonnenbeschienene Sandfläche. Im Hintergrund bemerkte ich, etwas verschwommen, Palmen – aber vor den Palmen saß ein mich freundlich anlächelnder, ziemlich hellhäutiger Inder, mit einem hellen Turban auf dem Kopf.

Plötzlich, wie bei der Umschaltung einer Bildvorführung mit dem Projektionsapparat, war der Inder mitsamt dem Hintergrund verschwunden, und an seiner Stelle war eine sammetschwarze Wand, vor der eine große brennende Wachskerze stand.

Ebenso plötzlich war der Inder wieder da und lächelte mir kopfnickend freundlich zu. – Dann entschwand das Bild.

Nach einigem Nachdenken kam ich zu dem Schluß, daß ich eine brennende Kerze als Konzentrationspunkt für Meditationen mit offenen Augen nehmen sollte. Das tat ich dann auch mit Erfolg und habe es immer wieder angewandt, wenn in späteren Jahren die Konzentrationsfähigkeit zeitweise nachließ.

Es war kurz nach Weihnachten 1952, als ich einige Stunden des Alleinseins in der Wohnung ausnutzte – Josy machte gerade einen Besuch –, um mich der Versenkung hinzugeben. Ich zündete drei Kerzen am Weihnachtsbaum an und setzte mich auf ein Kissen nieder.

Nach einiger Zeit spürte ich eine Kraft und Geladenheit in dem Zimmer wie noch selten zuvor. Daß ich um die Kerzen herum eine weit ausgedehnte Aureole sah, störte mich nicht, denn solche, nur dem Meditierenden sichtbaren Phänomene sind nichts Besonderes. Dann aber breitete sich ein strahlend goldenes Licht im ganzen Raum aus, wie ich es noch nie erlebt hatte.

Da ich gern alle mir begegnenden Phänomene auf ihre Kontrollierbarkeit prüfe, drehte ich mich auf meinem Kissen um und betrachtete den ganzen Raum.

Alles – die Decke, der Fußboden, die Wände – leuchtete in strahlendem Goldglanze.

Die Möbelstücke, der Weihnachtsbaum – alles war in dem flüssig strahlenden Goldglanz verschwunden.

Da, auf einmal – als der intensive Glanz schon viele Sekunden angehalten hatte – kam mir der Gedanke, wie lange das wohl anhalten würde.

Ich kriegte Angst, es könnte so bleiben!! Mit einem Schlag war alles vorbei!

Ich schalt mich mit vielen Namen, unter denen der Esel auch vorkam.

Ich war noch zu unreif, um auf die Zuneigung der «Überwelt» richtig reagieren zu können.

Von Sphäre zu Sphäre

Die Frage nach der Möglichkeit des Wiedersehens mit verstorbenen Familienangehörigen wurde mir mit dem Hinweis darauf beantwortet, daß die Seele, die sich «drüben» gut entwickelt, sich nach dem irdischen Tode in längerer oder auch kürzerer Zeit in ihrem Aussehen, also ihrem Erscheinungsbild, wieder dem Zustand ihrer besten Erdenjahre nähert, sich aber beim Wiedersehen mit ihren Angehörigen das Aussehen von ehemals geben kann, damit sie erkannt wird.

Mir wurde wenige Tage später eine solche Begegnung im Astralreich erlaubt, und das ging wie folgt vor sich:

Ich wurde mitten in der irdischen Nacht wach, allerdings nicht im Körper, denn der schlief im Bett. Meine neue Umgebung war seltsamerweise ein großer Garten, der voller Obstbäume stand. Nachdem ich mich vergewissert hatte, daß ich völlig wach und meiner Person bewußt war, schaute ich zum Himmel auf. Er war blau wie bei uns im Sommer.

«Aha, also mittleres Sommerland etwa im unteren Astralreich, wo es schon ganz schön ist», dachte ich und ging in dem Obstgarten erst einmal spazieren. Mein Betreuer, der mir immer solche Erlebnisse vermittelte, war nicht zu sehen.

Ich war völlig allein.

Mir fiel auf, daß der Obstgarten völlig irdisch wirkte. Dicke Birnen und Äpfel hingen an den hochgewachsenen Bäumen. Merkwürdigerweise waren einige Äpfel fleckig, als ob sie madig wären. Es schien sich also um eine sehr erdnahe Sphäre zu handeln.

Der Garten zog sich weiträumig über einen flach abfallenden Hang hin, und ich ging durch Wiesengras, das den Boden zwischen den Obstbäumen bedeckte, aufwärts, wo ich eine weite, offene Fläche sah, auf der ein großes flaches Haus, offenbar eine Art Halle, die aus Holz gebaut war, stand.

Als ich oben ankam, sah ich, daß die flache Halle mit Girlanden geschmückt war; über dem breiten, torgroßen Eingang und auch im Innenraum erkannte ich Blumensträuße und unter der Decke hängende Girlanden.

Hinter der Halle sah ich die ersten Wohnhäuser eines Dorfes. Vor der Halle war ein großer, teils sandiger, teils mit kurzem Gras bewachsener Platz, der gegenüber der Halle und bis an den Dorfrand von Hochwald umgeben war. Aus dem Wald heraus, der zumindest hier am Waldrand aus Nadel- und wenigen Laubbäumen bestand, führte ein breiter mit Kies belegter Weg, wie es etwa in Kurorten üblich ist. Der Weg führte auf die flache Halle zu.

Ich ging in die Halle hinein. Kein Mensch war zu sehen, aber die Halle stand voller langer Tische mit rustikalen Bänken und Stühlen davor, genau wie es etwa bei Feierlichkeiten auf dem Lande üblich ist. Die Tische waren mit weißen Tischdecken belegt, und es waren auch schon Teller gedeckt, als ob irgend etwas serviert werden sollte. Blumen in Vasen schmückten das Ganze.

Als ich mir so das Innere der Halle betrachtete, nahm ich plötzlich den Lärm einer herankommenden Volksmenge wahr. Ich ging sofort aus der Halle und sah jetzt aus dem Wald, auf dem sehr breiten Kiesweg, eine Menge Leute, etwa an die fünfzig Personen, herankommen.

Man sprach laut, einige Leute sangen, ich glaube, es waren Lieder, wie man sie im Frühling singt. Vorneweg, von den ersten der Volksmenge flankiert, ging eine alte Frau am Arm eines Mannes. Ich war vor der Volksmenge, die ganz irdisch gekleidet – die Frauen in vielfarbigen Kleidern, die Männer wie irdisch üblich angezogen – auf die Festhalle zustrebte, zur Seite getreten. Erst jetzt schaute ich genauer auf das Paar vor der Volksmenge. Der Mann, der die alte Frau führte, sah zu mir herüber.

Da erkannte ich meinen vor zweiundzwanzig Jahren verstorbenen Vater, und die alte Frau, die er führte, war meine vor vierundzwanzig Jahren verstorbene Tante Olga.

Mit dem freundlichen Blick, den mein Vater mir, dem am Rande des Obstgartens Stehenden, sandte, kam mir zugleich eine klar verständliche Erklärung über den Vorgang zu: Er war dabei,

Tante Olga, eine Cousine meines Vaters, die sich im Leben sehr wenig um geistigen Fortschritt bemüht hatte, aus einer sehr tristen, wenig angenehmen Sphäre in diese Sommerland-Sphäre zu führen.

Es ist dort üblich, ähnlich wie auf der Erdenwelt, dies als Anlaß zu einem Fest zu benutzen, das nun vor sich gehen sollte. Tante Olga zeigte auch jetzt, nach vierundzwanzig Jahren, noch dasselbe Aussehen wie bei ihrem irdischen Tode, denn erst jetzt, nach ihrem Eintritt in die lichten Sphären, würde sie die Kraft gewinnen, ihre alten Vorstellungen, auch die von ihrem Alter, fallenzulassen.

Mein Vater, der schon lange in den hellen Sphären wirkte, hatte aber das Aussehen eines Siebzigjährigen angenommen, damit seine irdische Cousine – und auch ich – ihn erkennen sollten.

Leider war es mir nicht mehr vergönnt, der Feier in der Festhalle beizuwohnen. Ich, der Erdenbewohner, hatte nur für beschränkte Zeit – Astralwandererlaubnis.

Wie üblich wurde ich auf einmal rückwärts hinweggezogen, und mit einem leichten Stoß im Körper erwachte ich im Bett. Es war noch Nacht auf der Erde.

Zur Erklärung wäre noch hinzuzufügen, daß ein entwickelter Geist sehr wohl in jede Sphäre, auch in die Höllen-Sphären, hinabsteigen kann. Ein noch nicht entwickelter Geist kann jedoch erst in die lichten Sphären aufsteigen, wenn er sich entsprechend hat schulen lassen, falls er den Willen dazu hat. Auch in lichte Sphären kann ihn ein entwickelter Geist erst bringen, wenn eine solche Schulung Erfolg hatte. Helfer dazu kann man in allen, selbst in den dunkelsten Sphären finden. So wurde es mir von Iream, und das im Auftrage von Hereiam, erklärt.

Eine unerwartete Zurechtweisung

Eines Tages bekam ich eine Belehrung von meinem Mentor Iream, die schon unangenehm weit über das hinausging, was man als Schüler des Geistes mit Ergebenheit hinnimmt.

Ich war nun schon über drei Jahre in der Firma tätig, und vom Konstruktionsbüro aus hatte ich täglich mit unserer Versuchswerkstatt zu tun, wo alle Modelle der Geräte gebaut wurden, die wir Konstrukteure im Büro entwarfen. Es waren in der Versuchswerkstatt viele jüngere und auch ältere Mechaniker tätig, mit denen wir technisch eng zusammenarbeiteten.

Manche Freundschaft nahm damit ihren Anfang.

Deshalb war es mir nicht gleichgültig, als ich eines Tages Herrn K. in der Werkstatt vermißte. Er sei sehr krank, wurde mir von Kollegen gesagt.

Die Tage gingen dahin, und die Nachrichten über Herrn K.s Zustand, der nun im Krankenhaus lag, wurden immer schlechter. Er habe eine Herzkrankheit, wurde mir mitgeteilt. Diese Mitteilung rührte mich besonders. Zudem war der Mann verheiratet und hatte zwei noch unmündige Kinder.

Ich dachte daran, daß mein Vater einstmals mit Heilmagnetismus – auch in Fernbehandlung – Menschen in Fällen geheilt hatte, die von den Ärzten als hoffnungslos angesehen wurden. Ich kannte die Methode, mit der man so etwas einleitet, und dachte auch dankbar an meine eigene Heilung vor zwei Jahren.

Schließlich, als die Nachrichten aus dem Krankenhaus immer trüber wurden, kam mir der Gedanke, hier nicht tatenlos abzuwarten.

Ich setzte mich eines Abends allein in das Zimmer, in dem ich meine regelmäßige Meditationszeit hielt, und konzentrierte mich auf den Kranken. – Es brauchte meine ganze Kraft, aber ich spürte Kontakt und Wirkung, die von mir ausging. So war ich ziemlich erschöpft, aber zufrieden an diesem Abend.

Mit Spannung erwartete ich am nächsten Tag das Telefonge-
spräch unserer Bürosekretärin mit dem Krankenhaus, bei dem sie
täglich anfragte.

Das Ergebnis war: «Herrn K. geht es seit heute nacht bedeutend
besser – wir haben wieder allen Grund zur Hoffnung.»

Ich muß gestehen – ich freute mich insgeheim nicht wenig über
diese Auskunft. Mit Freude erwartete ich den Büroschluß und den
Abend.

*Zur selben Zeit wie gestern abend setzte ich mich wieder in mein
Zimmer, um erneut alle Kraft zu meiner Art von Hilfeleistung für
den Kranken einzusetzen.*

*Ich hatte mich kaum in meinem Sessel niedergesetzt, als etwas
Merkwürdiges passierte.*

*Vor mir sah ich plötzlich die Zimmerwand nur schemenhaft,
wie durchsichtig, aber frei im Raum, wie in einem Zimmer, das es
an dieser Stelle gar nicht gab. Dort stand Iream in einem weißen
Arztkittel, die Arme vor der Brust verschränkt, und schaute mich
mit ernstem Gesicht an, in dem auch etwas wie Ironie, Nachsicht
und harter Strenge zugleich aus den Augen leuchtete.*

Langsam und betont sagte er:

«Hat Dich der Erfolg bei Deinem Kranken sehr gefreut?»

*Diese Worte gingen mir durch die Seele, als ob ich durch
Eiswasser und ein Hitzebad gleichzeitig gezogen würde. Ich
begriff augenblicklich, daß ich irgend etwas gründlich falsch
gemacht haben mußte; ja, daß meine jenseitigen Lehrer mit meinem Handeln nicht einverstanden waren. Ich erkannte auch
sofort, daß Iream im Auftrage von Hereiam vor mir stand.*

Ich antwortete zögernd:

«Er hat unmündige Kinder.»

*«Was weißt Du – und ihr Menschen überhaupt – über die Schick-
salslast, über das Karma, das ihr tragen müßt, um vom irdischen
Zwang frei zu werden. – Was weißt Du, was für die Frau und die
Kinder Deines Mitmenschen gut oder schlecht ist, um geistig
voranzuschreiten, um trotz Trübsal und scheinbarer Ungerechtig-
keit der Schicksalsabläufe frei von der niederziehenden Gewalt der
Materie zu werden?»*

Ich konnte nichts antworten. Dann fuhr Iream fort:

«*Du bist ein Lernender und willst ja auch lernen. Nicht jeder darf tun, selbst wenn er es kann, was einem anderen erlaubt und vielleicht geboten ist. – Jeder muß, wenn er voranschreiten will, das Programm erfüllen, das er vor seiner Geburt mitbekommen hat. Das Programm aber richtet sich nach seinem Karma, von dem Du weißt, was es bedeutet. –*

Du aber hast Dich nach Deinem Programm vor jeder Machtausübung zu hüten, wenn Du nicht um viele Inkarnationen zurückfallen willst.» –

Er sah mich wieder durchdringend an und fuhr dann fort:

«*War Deine Freude über den Erfolg so rein, so ohne Selbstgefühl? Denke selbst darüber nach, welche Art Macht ein Heiler über seine Mitmenschen ausübt. – Mancher Heiler darf das – jeder aber hat Teile in seinem Ich, die schon sauber und geistig rein, und solche, die noch trübe sind. – Du darfst dafür manches, was wiederum mancher Machtausübende nicht kann und darf.*»

Iream sah mich jetzt freundlicher an:

«*Jede Bitte für die Mitmenschen darfst Du über das große Gotteslicht senden, anders nicht. Du schädigst Dich dann nicht. Dort wird entschieden, was gut und richtig ist und was an Bitten nicht erfüllt werden kann. – Das, was Du jetzt tatest, war falsch! Das Schicksal hat für Deinen Mitbruder anders entschieden.*»

Iream wurde nach diesen Worten immer undeutlicher, zuletzt sah ich, wie eine Warnung, nur noch den weißen Kittel, und dann war ich wieder allein.

Am nächsten Morgen warteten wir im Büro, wie üblich, wieder auf die Nachricht vom Krankenhaus.

Die Sekretärin kam gegen neun Uhr an unsere Plätze und sagte mit leiser Stimme: «Herr K. ist heute früh um fünf Uhr gestorben.»

Der fünffache Tod

Die Befreiung von Wünschen nach Geltung und Anerkennung der individuellen Besonderheit, mit ein wenig oder auch viel Streben nach Macht, wenn auch nur in engen Grenzen und im kleinen Kreis, fällt medial veranlagten Menschen manchmal besonders dann schwer, wenn sie schon viel Anerkennung gefunden haben – und dann auf einmal, meist im vorgeschrittenem Alter, die Fähigkeiten zu versiegen beginnen.

So kannten meine Eltern, Leopold Engel und seine Frau, in Berlin eine alte Dame, die in größerem Kreis jahrelang Sitzungen mit Vollmaterialisationen abhielt. Meine Mutter sagte mir einmal, daß sie die Echtheit dieser Materialisationen in den letzten Jahren bezweifle. Sie ließ materialisierte Geister aus ihrem Kabinett, das sich im Sitzungsraum befand, heraustreten.

Es war meiner Erinnerung nach das Jahr 1927, als diese nun über achtzigjährige Frau starb. Dann aber geschah etwas Unglaubliches. Die Beerdigung war vorbereitet, der Arzt hatte den Tod ordnungsgemäß festgestellt.

Doch kurz vor der Einsargung hob die «Leiche» plötzlich die Arme und streckte sie seitlich wie in Kreuzform aus – dann verkündete ein Geist aus ihr Regeln der geistigen Lichtsuche.

Danach stand die Frau auf und war völlig gesund.

Einen Monat später starb sie wieder. Der Arzt war vorsichtig geworden und wandte alle Mittel zur Erkennung des Todes an. Soviel ich mich erinnere, machte er eine Blutprobe und stellte eindeutig den Tod fest.

Nach drei Tagen geschah das gleiche wie beim Tod vor einem Monat. Sie stand auf und war gesund.

Als die Frau nach etwa eineinhalb Monat wieder starb, wollte der Arzt zuerst nicht kommen. Schließlich kam er am nächsten Tag. Der Tod war eindeutig, aber – nach drei Tagen genau das gleiche Spiel.

Beim nächsten Tod, wieder einen Monat später, sagte der Arzt, er werde erst kommen, wenn man ihm bestätige, daß die Leiche die ersten grauen Flecken als Anzeichen der Verwesung aufweise. Er brauchte nicht zu kommen. Nach drei Tagen stand sie wieder auf.

Der fünfte Tod aber war endgültig. Der Arzt kam nach den ersten Verwesungsanzeichen – und die Beerdigung lief ohne Störung ab.

Wie meine Mutter mir sagte, gab es nur eine Erklärung für dieses unglaubliche Geschehen. Man hatte in dem spiritistischen Kreis festgestellt, daß dieses früher sehr starke und zuverlässige Materialisationsmedium seit der Zeit, als ihre Kraft nachließ – betrog. Sie stellte auf diese Weise in verdunkeltem Raum auch Materialisationen von «Jesus Christus» her.

Meine Mutter hatte das zusammen mit meinem Vater erlebt. Dieser Betrug muß eine enorm strafende Wirkung auf Psyche und Geist und damit auch auf den Körper der Frau ausgeübt haben.

Sie konnte nicht sterben. – Sie hatte wohl Angst, vor das Angesicht des betrügerisch Dargestellten treten zu müssen. So jedenfalls sagte meine Mutter – und es scheint mir kaum eine andere Erklärung für dieses durch Arzt und viele Zeugen gesicherte Phänomen zu geben.

Dieser «Sünde wider den Geist» wurde hier offenbar eine harte Belehrung zuteil.

Ich habe es nie vergessen!

Ein dunkler Geist

Eines morgens, beim Schnüren meiner Schuhe, erlebte ich ganz plötzlich einen heftigen Schwindelanfall. Ich fiel vornüber auf den Teppich, das Zimmer drehte sich rasend schnell um mich, und nur langsam kam ich wieder hoch.

Mir war sehr übel, und in der nächsten Viertelstunde stellte ich fest, daß jedesmal, wenn ich nach unten oder nach oben schaute, sofort wieder ein Schwindelanfall heftig einsetzte.

So etwas war mir noch nie passiert.

Mit Josys Hilfe ging ich dann zum Arzt. Allein wagte ich mich nicht auf die Straße.

Der Arzt kannte mich bereits, da ich ihn schon einmal wegen der Folgen meines Leberschadens, infolge der bei Kriegsende nicht ausgeheilten Gelbsucht, aufgesucht hatte. Er brachte meine neuerliche Krankheit mit der Folgeerscheinung der Leberschwäche in Verbindung.

Mir wurden sechs Omnadinspritzen verschrieben, aber eine Besserung trat nicht ein. Ich mußte darauf achten, Kopf und Oberkörper nicht nach unten oder oben zu beugen – sonst setzte sofort ein wildes Karusselldrehen in mir ein, und es war mir nicht möglich, mich auf den Beinen zu halten. Natürlich wurde ich krank geschrieben, arbeiten war unmöglich.

Am sechsten Tag kam mir ein merkwürdiger Verdacht. Ich hatte im letzten Monat täglich ein Glas Wein zum Mittagessen getrunken, um meinen Magensäuregehalt zu steigern. Durch zu geringen Gehalt an Verdauungssäften hatte ich, auch eine Folge der ehemaligen Gelbsucht, immer Schwierigkeiten mit dem Magen.

Am Abend des sechsten Tages dieser üblen Schwindelanfälle nahm ich mir ein besonderes Experiment vor. Ich ging, allein und ohne den Kopf nach oben oder unten zu bewegen, zu einer einsamen Stelle auf dem Venusbergpark und stellte mich dann möglichst sicher und stabil auf meinen Beinen hin.

Dann schaute ich fest senkrecht nach oben in die Baumkronen. Sofort setzte das bösartige, wilde Drehen ein.

Mit aller Kraft meines Willens stemmte ich mich dagegen und drehte mich jetzt in die entgegengesetzte Richtung.

Dann stand das Karussell still.

Nun schaute ich, unter Beugen des Oberkörpers, nach unten.

Sofort setzte der Drehzirkus wieder ein – und erneut zwang ich ihn mit meinem Willen zum Stillstand.

Nun ging ich nach Hause und am nächsten Morgen zum Arzt. Als ich ihn fragte, ob man den Schwindelanfall mit dem Willen zum Stehen bringen könne – da lächelte er milde und sagte in verzeihendem Ton:

«Nein, das ist unmöglich.»

Ich sagte nichts weiter und ging nach Hause.

Dort setzte ich mich in einen Sessel und beugte mich vor, sofort setzte die Drehung mit aller Kraft wieder ein. Nun stemmte ich diesmal nicht meinen Willen dagegen, sondern sprach die Kraft, die das verursachte, mit Freundlichkeit und größtmöglicher Liebe an.

Sofort hörte die Drehung auf, viel schneller als gestern Abend auf dem Venusberg.

«Warum tust Du das?» fragte ich.

Da hörte ich deutlich die rauhe Stimme eines Mannes, sie klang wie die eines halbbetrunkenen Menschen:

«Ich suche Licht – es ist überall so schrecklich finster – ich sah Dich – Du hast aber nicht reagiert – ich pack Dich an – Du sollst mir helfen – ich will Licht haben – es ist so schrecklich dunkel überall!»

Jetzt hatte sich mein Verdacht bestätigt. Dadurch, daß ich längere Zeit mittags Wein trank, hatte ich einen erheblichen Teil meiner medialen Empfänglichkeit verloren. So bemerkte ich die Annäherung und dann die Anklammerung dieses dunklen, verzweifelten Geistes nicht, der in meine Aura eindrang und, als ich nicht reagierte, mir die Gewaltmaßnahme der Schwindelanfälle aufzwang.

Nun sagte ich in telepathischer Weise, also ohne laute Worte, zu dem hilfesuchenden Geist:

«Was Du da tust, ist nicht gut – ich schlage Dir vor, wir treffen ein Abkommen. – Ich bete jetzt für Dich, daß ein jenseitiger Helfer zu Dir komme, und Du sagst mir, wenn Du einen solchen Helfer siehst. Paß gut auf, ein solcher Helfer hat an seinem Gewand einen kleinen Leuchtpunkt.»

Nun betete ich einige Minuten lang, daß im Namen Jesus Christus ein jenseitiger Missionar zu der armen Seele kommen möge. Es ging wunderbar schnell. Der Mann sagte kurz darauf mit zitternder Stimme:

«Da kommt einer – er sagt, ich soll mitkommen!»

«Geh mit ihm!» sagte ich darauf, und weiter setzte ich hinzu:

«Ich werde in den nächsten vierzehn Tagen für Dich beten, daß Du Kraft genug hast, alles zu tun, was man von Dir verlangt, damit Du in eine hellere Sphäre gehen kannst.»

Der Mann zögerte noch, aber dann war er einverstanden. Schließlich sagte er in ängstlich drohendem Ton:

«Aber bete wirklich für mich – ich komme sonst wieder!» Ich versprach es ihm – und schließlich ging er weg. Als ich sicher war, daß der dunkle Geist mich verlassen hatte, da beugte ich mich weit vor – und dann nach oben. – Nichts war mehr zu spüren, kein Drehen mehr – ich war von der Erscheinung der letzten Tage völlig frei.

Ich hielt das Versprechen der Fürbitte streng ein. Übrigens habe ich das später noch oft mit Dunkelgeistern genauso getan – aber immer rechtzeitig, ohne daß es zu solchen Kontroversen kam.

Nach vierzehn Tagen meldete sich mein Dunkelgeist wieder. Ich konnte erkennen, daß er nicht mehr ganz schwarz erschien, und er bedankte sich mit rührenden Worten für die Hilfe und sagte, daß er jetzt in eine Landschaft gehen dürfe, in der es ihm schon besser gefiele.

Er ist auch nie wieder gekommen – und ich habe seit der Zeit für mich strenges Alkoholverbot eingehalten.

Wenn nun jemand die Frage stellen würde, warum der Schutzgeist solche bösen Erfahrungen nicht verhindert – dann könnte man nur antworten: Wohl alle Menschen lernen aus bösen Erfahrungen viel schneller und gründlicher als aus angenehmen Erlebnissen, und der Schutzgeist oder Schutzengel, wie man ihn zu nennen beliebt, ist auch nicht dazu da, uns – die wir zumeist gar nicht bereit sind, freiwillig und gründlich zu lernen – vor selbstverschuldetem Ungemach zu behüten. Die Tatsache, überhaupt in der Welt der Materie leben zu müssen, ist schon der Beweis für die Notwendigkeit – und das mit allen Konsequenzen –, daß wir hier lernen müssen.

Über Jenseitstopographie und Globaltheorie

Eine besondere Erfahrung, die mir Aufklärungen über das Problem der Astralplaneten zu geben schien, will ich nicht übergehen. Ich habe mehrfach nächtliche Exkursionen erlebt, an die ich als echte Astralwanderungen zunächst nicht glauben wollte, weil der Erlebnisinhalt so sehr gegen das normale irdisch-logische Denken verstieß, daß ich daran zweifelte, in der Astralwelt gewesen zu sein. Da ich nie, wenn ich solche Zweifel in mir überdachte, eine Antwort meiner jenseitigen Betreuer erhielt – vielleicht weil man mich wegen meiner Zweifel keiner Antwort würdigte –, so hielt mein Mißtrauen gegen solche unverständlichen Erlebnisse an, bis ich selbst auf eine Erklärungsmöglichkeit stieß.

So erlebte ich mindestens dreimal, daß ich von meinem Betreuer aus dem Körper heraus nachts in eine Astrallandschaft versetzt wurde, die ganz einer irdischen ländlichen Gegend ähnelte. Der Himmel war mäßig, in einem Fall auch strahlend blau. Das Gelände war flach und mit Büschen und kleinen Waldflächen besetzt. Weite Wiesenlandschaften lagen dazwischen. In großen Abständen sah ich kleine Anwesen, wie Bauernhöfe aussehend. Auch einzelne Häuser, sogar einige recht große Bauten, waren, weit auseinander gelegen und mit Blumengärten umgeben, zu sehen.

Ich stand bei einer solchen Gelegenheit auf einem flachen Hügel und schaute über die weite, ebene Landschaft hinweg. Auf einmal geschah etwas mir völlig Unverständliches. Eines der Häuser begann sich plötzlich zu bewegen und trieb, mitsamt dem umgebenden Garten, geradewegs in einer bestimmten Richtung davon.

Während ich, sprachlos erstaunt über diesen absurden Vorgang, das ruhig dahingleitende Haus beobachtete, trieb es etwa mit der Geschwindigkeit eines langsam fahrenden Autos in ungefähr zweihundert Meter Entfernung an mir vorbei. Die Erde in der Umgebung des Hauses brach nicht auf. Alles spielte sich lautlos und wie

selbstverständlich ab. Das Haus mit dem Garten schwamm wie
auf einer flüssigen Erde. Wiesengelände, Büsche und Waldflächen
wichen ohne Bodenzerstörung zur Seite. Erst am fernen Horizont
schien das Haus wieder an einem festen Ort stehenzubleiben. Der
Platz, wo das Haus vorher gestanden hatte, bedeckte sich wieder
nahtlos mit einer blumigen Wiese.

Dieser Vorgang war mir nach der Rückkehr in meinen Körper nur
als Phantasie- oder als Traumprodukt erklärbar. Zeitweise zweifelte ich infolge meiner vollen Bewußtheit bei diesen Vorgängen an
allen meinen Erlebnissen – aber ich erlebte es ähnlich noch
mehrmals.

Auffällig war dabei, daß sich solcherart Geschehen nur in einer
dünn besiedelten Gegend, also auf dem «Lande» einer Astrallandschaft abspielte. In Städten sah ich so etwas Seltsames nie.

Dann fiel mir ein, daß ich in dem kleinen Büchlein «Im Jenseits»
von Leopold Engel, meinem 1931 verstorbenen Vater, das er als
Diktat aus der Jenseitswelt empfangen hatte, auf Seite 20 folgendes gelesen hatte:

«Ganz unerwartet sah ich zwischen zwei Bergen hindurch, die ein
Tal umfaßten, das sich weithin erstreckte und wunderschön von
meinem Standpunkt aus zu sehen war, ganz langsam den oberen
Rand einer Sonne aufsteigen, leuchtend, strahlend und erwär-
mend, wie die Mittagssonne im Juli bei euch. Ich staunte, konnte
den Glanz kaum ertragen und wollte das Höhersteigen erwarten;
aber das geschah nicht. Nicht um einen Millimeter rückte sie vor,
sie blieb so weit mit dem äußersten Rande über dem Horizont wie
bisher.» –

Der dies aus dem Jenseits berichtete, befand sich nicht auf der
Wanderschaft, sondern direkt vor seinem Haus, das er sich längere
Zeit vorher in jener Gegend geschaffen hatte.

Man kann sich nun auf den Standpunkt stellen, daß man alles,
was sich im Jenseits abspielt, einfach und ohne Erklärungen hinzunehmen hat. Auch für diese Erde, so meinen ja manche Menschen,
habe man sich keine Erklärung des Gotteswillens zu leisten.

Ich bin da ganz anderer Ansicht. Gott hat uns ja schließlich den Verstand, mit dem wir wohl viel Unfug anstellen, aber auch Vernünftiges und Gott Wohlgefälliges tun können, durchaus nicht gegeben, um ihn auszuschalten.

Ich glaube auch nicht, daß einer logisch aufgebauten materiellen Welt, die der Rückkehr einst gefallener Wesen zur Gotteswelt dient – völlig unlogisch funktionierende Jenseitswelten auf der anderen Seite gegenüberstehen.

Somit glaube ich auch nicht, daß «drüben» jeder seinen persönlichen Himmel oder Hölle oder auch Sonnenaufgang erlebt, sondern daß sich da etwas abspielt, was zwar «anders» als bei uns abläuft, aber in sich mindestens ebenso logisch geordnet ist wie die irdischen Welten, die ja sekundäre Schöpfungen zum Zwecke der Rückführung gefallener Wesen zur Gotteswelt sind.

Man könnte also den logischen Schluß wagen, daß die Jenseitswelten tatsächlich ein feinstoffliches Universum sind. Man kann wagen daran zu denken, daß es «drüben» astrale Sonnensysteme gibt, deren Planeten sich wohl drehen, aber der Sonne des Systems immer eine Seite (was keine Abhängigkeit analog dem materiellen Gravitationsgesetz zu bedeuten braucht) zukehren. Dadurch entstehen strahlende, besonnte Lichtwelten, ferner herrliche Sphären mit strahlendem Himmel jedoch ohne Sonne, und schließlich breiten sich unter der Lichtgrenze bis in die Finsternis der Sonnenabgewandtheit die Dunkelreiche aus.

Da ja durch spirituelle Kundgaben bekannt ist, daß kein jenseitiger Geist in eine lichtere Sphäre gelangen kann, ohne sich entsprechend Gott zugewandt zu haben, so lebt drüben jeder da, wo er geisteswertmäßig hingehört.

Warum sollte es in einem solchen Universum nicht denkbar sein, daß auch die feinstoffliche Planetenoberfläche dazu angetan ist, den um Gottesnähe ringenden Geist, wenn seine Zeit gekommen ist, mitsamt Haus und Garten dahin zu transportieren, wohin er nun nach neuerlicher Anstrengung um Gotteserkenntnis gehört?

Deshalb wohl die in einsamer Landschaft dahingleitenden Häuser, in denen eine oder viele Menschenseelen um Gottesnähe gebetet oder gerungen haben. So mag vielleicht der Urgeist aller Schöpfung – Gott – auch für die Schwächsten unter den nicht zum Wandern willigen, aber die Annäherung an IHN im Geist erflehenden und erarbeitenden Gottergebenen dafür gesorgt haben, daß sie bis zur strahlenden Gottessonne aufsteigen können.

Die Meinung vieler Esoteriker, daß sich die Jenseitswelt wie ein Mantel oder eine Kugelhülle um die Erdenwelt legt, wird dadurch keineswegs ungültig. Die räumliche Auffassung vom Abstand der irdischen zur jenseitigen Welt ist durch Beobachtungen von hellsichtig medialen Menschen entstanden. Trotz räumlicher Nichtverbundenheit von Materie und Jenseits sind diese Beobachtungen offenbar völlig richtig. Wie die Frequenzen und Wellenlängen einander durchdringen, ohne räumlich voneinander abhängig zu sein, so können sich auch die Schwingungsebenen von materiellen und feinstofflichen Universen durchdringen oder umlagern – ohne ein räumliches Verhältnis zu begründen.

Der Meister im fernen Osten

Es war im Jahre 1955, als ich angeregt durch einen gleichzeitigen Besuch von zwei meiner Schwestern, von denen die jüngere bereits vor Jahren eine deutliche Medialität entwickelt hatte, einmal den Versuch einer spiritistischen Sitzung wagen wollte. Die erste Sitzung brachte bereits einen Kontakt mit unserem Vater zustande.

Die zweite Sitzung war insofern für meine Schwester Susanne und für uns alle erschütternd, als von «drüben» der Kontakt mit dem vermißten Mann meiner Schwester hergestellt wurde. Er glaubte immer noch auf den Tag seiner Entlassung aus russischer Kriegsgefangenschaft warten zu müssen und wußte noch nicht, daß er sich mit ähnlich unwissenden Kameraden im Jenseitsbereich befand.

Er erkannte in der Sitzung seine Frau, meine Schwester. Nach entsprechender Bitte um Hilfe an fortgeschrittene Jenseitsbewohner wurde er dann in eine Sphäre geführt, die für ihn geeignet war. Er war etwa 1953 in der Gefangenschaft an einer Krankheit gestorben.

Für mich wurde es aber äußerst bedeutsam, als in der nächsten Sitzung, ein paar Tage später, der Vater durch die als Sprechmedium fungierende Schwester Sigrid aus dem Jenseitsbereich heraus einen Kontakt mit einem tibetischen Mönch am Rande des Himalaya-Gebirges vermittelte.

«Weil ich ja nach dem fernen Osten gerufen hatte!» wie er uns mitteilte.

Davon hatte ich hier in unserem Familienkreis noch nichts gesagt.

Ich sollte es nur an einem einsamen Ort versuchen – abends etwa um 20 Uhr –, in gleichmäßig zu wählenden Tagesabständen mit diesem fernöstlichen Meister in telepathische Verbindung zu treten. Dieser Meister pflegte viele solcher Kontakte, und ich sollte versuchen mich einzuschalten.

Die nächste Sitzung am Tage darauf brachte eine Verbindung mit unserer Mutter im Jenseits, die vom Vater daraufhin, wie ich es schon bei einer Astralwanderung mit Tante Olga erlebt hatte, in eine lichtere Sphäre begleitet wurde. Irdische Ideenbilder hatten sie bisher daran gehindert, selbständig aus einer tristen und unfreundlichen Sphärenwelt herauszufinden.

Der tibetische Mönch meldete sich auch wieder, und ich beschloß, es bald mit dem telepathischen Kontakt zu versuchen.

Dieser 11. August 1955 leitete damit eine spirituelle Erfahrung für mich ein, die mehrere Jahre andauerte.

Für meine abendlichen Versuche wählte ich eine einsame Kapelle aus, an der Straße von Rheinbach nach Todenfeld in der Eifel gelegen. Ich fuhr mit dem Motorrad dorthin und setzte mich bei Kerzenschein in die kleine Kapelle, die früher als Erinnerung an einen Eremiten, der eine eigenartige Kreuzzeichnung im Innern eines gefällten Baumes entdeckt hatte, gebaut worden war.

Der erste Versuch war ein deutlicher Mißerfolg. Mehr als ein paar undeutliche Bilder traten in meinem Inneren nicht auf. Jedoch fuhr ich ein paar Tage später abends wieder zur Kapelle. Nur um zu sehen, ob sich etwas ereignen würde, setzte ich mich hin. Doch es kam nach kurzer Versenkung sehr Bemerkenswertes auf mich zu.

Ich sah plötzlich eine rauchige Hütte, ein Blockhaus, vor mir; besser gesagt, ich schaute in dessen Innenraum.

Da sah ich einen alten Mann in brauner Kutte auf einem groben Holzsessel. Er saß neben einem offenen Feuer an einem primitiven Herd. Daneben stand ein jüngerer Mann in ähnlicher Kutte und wechselte ab und zu mit dem Alten ein paar Worte.

Der Alte sah so aus, wie ich Tibeter auf Bildern gesehen hatte. Er trug auch eine spitzzipflige Kopfbedeckung. Der Jüngere sah eher wie ein Inder aus, sein Rock war auch nicht so lang wie der des Alten, und er hatte keine Kopfbedeckung auf dem dunklen, halblangen Haar.

Der Alte sah mich kritisch und unwirsch an, als ob ich ihn störe, während der Jüngere einen freundlichen Eindruck machte.

Der Alte sagte mir unverständliche Worte zu dem sich an die

Blockhüttenwand anlehnenden jüngeren Mann, und dieser gab ihm kurze Antworten.

Ich sah zuweilen deutlich die Mundbewegungen zu den mir unverständlichen Worten, aber merkwürdigerweise übersetzten sich diese Worte in meinem Gehirn in ganz klare Begriffe, und so hörte ich etwa folgendes Gespräch:

«Da kommt der Mann auf dem stinkenden Fahrzeug – und will mit uns reden.»

Nach einer Weile: «Der hat ein Weib, ist verheiratet.»

Darauf der Jüngere freundlicher:

«Er sollte ja kommen, ist ein – Schüler.»

Darauf Unverständliches von dem Alten, worauf der Jüngere wieder sagte:

«Er scheint es aber ernst zu meinen, man sollte es versuchen.»

Der Alte nickte langsam mit dem Kopf und schaute mich prüfend an:

«Wenn er es ernst meint, wird er ja wiederkommen.»

Dann schauten mich beide an, der Alte unfreundlich und der Jüngere etwas freundlicher, bis ich die Worte hörte, ohne daß der Alte die Lippen bewegte:

«Alle Gedanken durch Gott senden – alles durch Ihn läutern lassen!»

Ich versuchte mich jetzt krampfhaft an Fragen zu erinnern, die ich stellen wollte. Mir fiel aber nichts ein.

Plötzlich sagte der Alte laut und ganz deutlich zu mir:

«Geh aus der Hütte, in der Du bist – es kommt eine Störung! Du mußt in drei Minuten hier verschwunden sein! – Geh zu Deinem Weib!»

Ich war etwas schockiert und tauchte möglichst rasch wieder aus meiner Versenkung auf.

Dann befolgte ich sofort die befehlsartige Anweisung und ging aus der Kapelle zu meinem Motorrad, das in etwa dreißig Meter Entfernung im Dunkel des Waldes unter den Bäumen stand.

Jetzt wartete ich neben dem Motorrad und wollte sehen, ob das mit der «Störung» stimmen würde.

Der Wald war totenstill bis auf das Rauschen des Windes.

Nach einigen Minuten hörte ich auf einmal Pferdegetrappel.

Nach weiteren zwei Minuten hielt eine vollbesetzte Pferdekutsche neben der vom Lichterglanz erhellten Kapelle – und sechs Leute strömten in das kleine einsame Bauwerk.

Ich war geradezu erschlagen von diesem schier unglaublichen Ereignis. Dann trat ich das Motorrad an und fuhr – zu meinem «Weib».

Die Belehrungen, die ich weiterhin von diesem tibetischen Meister erhielt, waren durchaus nicht immer angenehm. Er schien etwas gegen «Verheiratete» zu haben. Vielleicht gehörte er zu den geistigen Lehrern, die ihr Leben der Enthaltsamkeit und Ehelosigkeit geweiht haben. Ich hatte den Eindruck, daß er ein Lama sei, also ein Priester der Tibeter, der aber nicht in einem Kloster, sondern in einsamer Wildnis lebte. Ich fragte nie danach, um nicht abweisende Antworten zu den manchmal ohnehin harten Belehrungen hinzu zu verdienen.

Merkwürdigerweise brauchte ich fast nie Fragen zu stellen. Aber die Fragen, die ich häufig zu Hause auf einen Zettel schrieb, wurden mir bei den Zusammenkünften – besser gesagt, bei den abendlichen Sitzungen in der Kapelle – der Reihe nach beantwortet, ohne daß ich sie zu stellen brauchte.

Manchmal konnte ich mich an diese Fragen überhaupt nicht mehr erinnern, wenn der Kontakt mit dem «Meister der Sendung», wie meine Schwester Sigrid und ich ihn nannten, zustandegekommen war. Der Meister aber wußte die Fragen offenbar.

Folgende Belehrungen kamen bei diesen Sitzungen, bei denen ich den alten Meister und den jüngeren Mann gut sehen konnte, zustande:

«Wer geistig erfolgreich sein will, darf nur Brüder und Schwestern kennen.»

Bei dieser Äußerung hatte ich den Eindruck, daß er unter anderem auch die Enthaltsamkeit meinte.

«Wer sich der Jenseitssehnsucht hingibt, ist ein feiger und fauler Schüler, der der Schule und Prüfung entflieht. – Wer ins Jenseits geht, den erwartet das Schwert. Das Schwert der Dinge, die er sich hier verdient hat: Leere oder Fülle, Hölle oder Himmel.»

Und ein andermal:

«Sei wie eine Flamme, die in die Möglichkeiten schlägt, die Du hast, um geistig zu wirken!»

Damit war vor allem gesagt, daß man alles gründlich und nichts mit halbem Herzen tun solle.

Es wurden mir auch viele weitere, teils sehr persönliche Belehrungen gegeben.

Zwischendurch bekam ich auch Grobheiten zu hören, die mir immer wieder nachdrücklich bewiesen, daß diese telepathischen Mitteilungen echt sein mußten. Denn nach meinen spiritistischen Erfahrungen waren, falls Selbstbetrug oder auch animistische Selbstbeweihräucherung vorlag oder ein untergeordneter Geist sprach, solche Durchgaben immer voller Lob und zumeist reiner Honig für den Angesprochenen.

Ich bekam also keinen Honig und muß trotzdem sagen, daß ich für die sauren Tränke sehr dankbar war. Manches war mir äußerst nützlich, und ich bekam in vielen Dingen Auskünfte, die ich ganz anders erwartet hatte.

Zum Beispiel fragte ich einmal, ob ich zu einem Kongreß nach Wiesbaden fahren sollte, der die damals in Illustrierten und Nachrichtenblättern von Ufo-Freunden hochgespielten sogenannten unbekannten Flugobjekte betraf.

Er sah mich an, als ob seine Meinung von mir alles andere als achtungsvoll sei und sagte:

«Fahr doch hin!»

Ob die Ufos nicht eine geistige Bedeutung hätten, fragte ich.

«Zu Gott streben hat geistigen Wert», bekam ich darauf sinngemäß zur Antwort.

Auffällig war auch bei diesen Sitzungen, daß mir, wie beim ersten Mal, jede Störung angekündigt wurde.

So wurde mir einmal gesagt, daß gleich eine Störung käme, ich aber bleiben könne. Die Störung dauere nur einige Minuten. Dann kamen nach ca. fünf Minuten zwei Männer und zwei Frauen. Sie blieben nur kurze Zeit. Später erschien wieder das inzwischen entschwundene Bild der Blockhütte mit dem Tibeter – und die Unterhaltung ging weiter.

Ein andermal wurde mir von dem jüngeren Mann, dem Assistenten des Meisters, gesagt, daß ich noch fünf Minuten Zeit hätte. Tatsächlich kamen nach fünf Minuten einige Leute mit einem Auto an – und ich ging.

Übrigens begann meine telepathische Audienz bei dem Meister selten sofort nach meinem Eintreffen. Zumeist war er gerade mit anderen irgendwo in der irdischen Welt beschäftigt. Manchmal hörte ich dann, wie sich wie über ein Telefon Personen unterhielten.

Manchmal sagte mir der «Assistent», ich sei noch nicht an der Reihe und müsse warten. Es schien mir, daß jeder der Wartenden insgesamt etwa zehn Minuten Gesprächszeit hatte, obwohl es jedenfalls bei mir manchmal länger gedauert hat. Einige Male, besonders als die Verbindung schon Monate bestand, war der Kontakt oft einfach eine stumme Meditationszeit.

Der Meister sah mich freundlich an – das war er nach dieser Zeit tatsächlich –, und ich fühlte nur Frieden.

Das waren eigentlich die schönsten Kontakte während dieser für mich so wertvollen Zeit von 1955 bis 1958.

Einmal fragte ich nach Möglichkeiten, um schneller zu geistiger Vervollkommnung zu gelangen. Es wurde mir erklärt, daß der Aufenthalt in den Bergen günstig sei. Dort seien nicht so viele Wunschgedanken der Menschen wirksam. Die Ausstrahlungen der Auren der meisten Menschen seien in den Städten für den geistigen Sucher in der Regel sehr hinderlich. Der Magnetismus dieser Ausstrahlungen gebe dem Sucher auch Gedanken ein, die er dann für seine eigenen halte – was sie aber nicht seien. Man wird in seinem geistigen Streben getäuscht und kommt vom Weg ab – oder wird jedenfalls in der Entwicklung sehr behindert.

Er sagte mir auch, daß ein weit Fortgeschrittener, ein großer Geist oder Meister, dem Schüler den Weg vorbereiten könne – aber siegen müsse der Geistschüler selbst. Niemand kann durch einen Meister Vollkommenheit in den Schoß gelegt bekommen, jeder muß sie sich erringen!

Eines abends fragte ich nach der Schwester, mit der ich an solchen Abenden wie mit dem Meister Kontakt aufnehmen konnte, was zur Übung für mich und meine Schwester zugelassen wurde. Mir wurde gesagt, sie habe viele Probleme, und als ich ein Wort, das ja tibetisch gesendet und in meinem Gehirn übersetzt wurde, nicht richtig verstand, da flammten auf einmal sämtliche in der Kapelle brennenden Kerzen in hellgrünem Licht auf.

Nun begriff ich, daß «hoffnungsvoll» das Wort war, das ich nicht verstanden hatte.

Dieses Phänomen war für mich eine drastische Demonstration. Mir war natürlich klar, daß nur ich allein die brennenden Kerzen in grünem Licht sah. Ein Zuschauer hätte wohl kaum etwas bemerkt. Ich nahm an, daß es sich um eine Beeinflussung meines visuellen Vermögens handelte, das – eine schwierige Vorstellung – vom fernen Tibet aus gesteuert wurde.

Selbstverständlich gelten in solchen Fällen nicht unsere Begriffe von Entfernung, Zeit und Raum – aber wir Menschen können hiervon nur staunend Kenntnis nehmen.

Als ich einmal viele Jahre später in einem Kreis spirituell eingestellter Menschen über solche Phänomene – zum Beispiel Störungsankündigung – debattierte, mußte ich wieder feststellen, daß insbesondere Psychologen und Anhänger der animistischen Deutung derartiger Phänomene die unglaublichsten gedanklichen Kapriolen machen, um nur ja nicht zu dem Schluß zu kommen, daß der Mensch Kontakte mit außenstehenden Intelligenzen irgendwelcher Art haben kann.

Wenn ich an die Zweifel denke, die nach meinem technischen Studium mich selbst befielen, so kann ich das sogar verstehen. Leider sind Eigenerlebnisse nicht jedem zugänglich. Jedoch muß ein logisch Denkender sich schließlich sagen können, daß ein Mensch, der eine Fülle solcher Erlebnisse hat, geradezu ein Ausbund von phantastischem Können im – zuerst einmal – Fernfühlen, darüber hinaus im Beherrschen der Materie und in vielen anderen Fähigkeiten sein müßte.

Wenn man bedenkt, daß selbst schwerste Gegenstände fortbewegt werden und wunderbare Heilungen zustandekommen – das alles soll ein kleiner, unwissender Mensch allein können?

Da wird doch wohl der Verstand des Menschen in eine Höhe

gehoben, wo er nicht hingehört – nur um nicht an Geister und an Naturgesetze glauben zu müssen, die wir noch nicht kennen.

Aber, niemand weicht der Erkenntnis aus. Der Übergang von der materiellen Welt in die Jenseitswelt, dem wir alle – ob wir wollen oder nicht – unterworfen sind, bringt uns allen dereinst das Wissen bei, das wir zur weiteren geistigen Entwicklung unbedingt brauchen.

Bei einer der Sitzungen in der Kapelle wurde mir einmal gesagt, daß überall in der Welt Widerstände gegen geistige Vervollkommnung zu überwinden seien.

Der Meister erklärte: «Wir hier in Tibet haben Dämonen, ihr dort in den Ländern der Zivilisation habt viele schöne Erzeugnisse. Die Wirkung des Fernhaltens vom Wege zu Gott – ist die gleiche!»

Weiterhin sagte er: «Du wirst keinen Widerpart durch Mitmenschen erleben, wenn Du Materialismus mit reinem Geist beantwortest, also Gedanken des materiellen Bereiches mit Geistgedanken begegnest. Dein Zwiespalt könnte in anderen Menschen Gegnerschaft auslösen, da er wieder Zwiespalt auslöst.»

Einmal überschaute er auf meine Bitte hin mein zukünftiges Leben. Er sagte mir einiges darüber, was später auch zutraf. Er sagte aber offenbar nicht alles, was er sehen konnte. Die Begegnungen mit echten Geistsuchern würden in meinem Leben aber sehr selten stattfinden, sagte er mir – und das ist auf unserer Welt wohl auch nicht sehr verwunderlich.

Einmal, als ich ihn nach der Wirkung jener großen Evangelisationsaktionen fragte, die besonders von Leuten wie Billy Graham ausgeführt wurden, sagte der Meister, daß die wirklich zum geistigen Licht kommenden Menschen wenige seien. Diesen Arbeitern Gottes gebühre Achtung. Er warnte davor, im Hinblick auf solche Aktionen zum Knecht einer Idee zu werden, etwa Ähnliches tun zu wollen.

Als Arbeitsanweisung für meine geistige Vervollkommnung gab er mir den Rat, Identifikationsübungen zu machen, um zu weiterem Wissen zu kommen. Solche Übungen sind in manchen

Büchern erfahrener Mystiker zu finden und können, weise angewandt, sehr förderlich sein.

Auf meine Frage an den Mitarbeiter des «Meisters der telepathischen Sendung» nach dem Namen des Meisters sagte er mir diesen. Aber mir wurde bedeutet, daß ich den Namen für mich behalten solle.

Schließlich kam ich auf den Gedanken, zu fragen, ob man mir nicht einiges über meine früheren Inkarnationen sagen könne. Ich hatte schon in früher Jugend Träume gehabt, die sich oft wiederholten und die mich auf den Gedanken brachten, daß es im Schlaf wirksame Inkarnationserinnerungen seien.

Mir schien es gut, darüber einiges zu wissen, um gewisse Schwierigkeiten in der geistigen Vervollkommnung besser überwinden zu können und mich auch keinen falschen Vorstellungen hinzugeben.

Der Meister sah mich daraufhin lange und durchdringend an. Ich hatte die Vermutung, er wolle prüfen, ob ich diese Frage nicht nur stelle, wie viele Schüler das tun, um sich — für sich selbst und natürlich auch für andere — den Eindruck zu verschaffen, von einer besonderen Größe und Vollkommenheit zu sein.

Dann sagte er:

«Wollen mal sehen, was Du vertragen kannst!»

Damit entließ er mich für diesen Abend.

In der folgenden Woche träumte ich jede Nacht einen kurzen, prägnanten Traum, immer gegen morgen. Alle diese Träume hatten es in sich! Jedesmal danach war ich sofort wach und hatte Gelegenheit darüber nachzudenken.

Das erste Mal befand ich mich in einer steppenartigen Landschaft. Ich saß in einer runden Hütte aus Baumzweigen und hielt in den Händen einen Bogen. Ich arbeitete ganz konzentriert an diesem Bogen, denn es sollte eine gute Waffe werden. Da kam ein großer, ebenso wie ich nur mit einem Lendenschurz bekleideter Mann, hockte sich vor der Öffnung meiner kleinen Hütte nieder, schaute zu mir herein und fragte:

«Was machst Du da?»

Damit war der Traum schon zu Ende. Ich hatte den Eindruck, daß dieses Ereignis vor undenklichen Zeiten stattgefunden haben mußte.

Die zweite Nacht brachte den folgenden Traum:

Ich befand mich in einer Stadt am Meer, über das man weit hinweg sehen konnte. Die Stadt bestand aus vielen Flachbauten, die alle gelb gestrichen oder getüncht wirkten. Es waren gewaltige Bauten wie Stufenpyramiden dabei, aber alles waren große Wohnhäuser.

Ich selbst war ein Gefangener, der an der Spitze einer Gruppe von etwa vierzig Mitgefangenen – zur Hinrichtung geführt wurde. Ich war ein Riese von Gestalt und ungefähr einen Kopf größer als alle anderen Männer, auch als jene mit Speeren bewaffneten Aufseher, die uns führten. Man hatte mir schwere, anscheinend bronzene Ketten, wie Ankerketten so dick, angehängt, weil man meine Kraft und die Möglichkeit fürchtete, daß ich noch ausbrechen könnte. Ich wußte aber, daß es mit mir zu Ende ging. Ich hatte jahrelang als Kapitän einer primitiven Seeflotte gegen den König dieses Landes Krieg geführt, weil ich ihn als eine Schande für das Land betrachtete. Er hatte meinen Vater ermorden lassen, und mir war es gelungen, den Mörder, der auch mich durch Verrat in die Gewalt des Königs gebracht hatte, beim Verhör durch einen überraschenden Angriff zu töten. Das befriedigte mich sehr, und mir taten nur meine Mitstreiter leid, die jetzt mit mir durch die Stadt zum Richtplatz geführt wurden.

Die Zuschauer saßen in bunten Gewändern zu Hunderten und Tausenden auf den flachen Dächern und schauten auf uns Delinquenten hinunter, die wir langsam – ich in den klirrenden schweren Ketten auf braunem Gewand – durch die Straßen trotteten. Dann kam der Richtplatz. Hoch oben auf einem Holzgestell saß, umgeben vom Hofstaat, der König.

Es war wie ein Volksfest, und man freute sich offensichtlich über das kommende Schauspiel meiner und meiner Mitstreiter Hinrichtung.

Dann wurde ich auf einen aus Steinquadern erhöhten Platz geführt. Ich schaute nochmals auf das Meer.

Dann sah ich die Holzblöcke, in der Mitte der für mich bestimmte. Auf einmal erblickte ich neben dem Block einen Mann mit einer großen Axt, die aus grünem Stein gefertigt schien. Die Axt hatte einen langen, geschnitzten Holzstiel. Der Axtkeil war kunstvoll und hochglänzend auf den Stiel gesetzt. Der Mann trug ein Festgewand aus rotem und farbigem dunklen Stoff und sah mir triumphierend entgegen.

Ich erkannte ihn: Dieser Mann war mein Hauptfeind, ein Minister des Königs, der nun mir als ein Akt besonderer Gnade das Haupt abschlagen durfte.

«Ausgerechnet der Kerl!» dachte ich und verhielt den Schritt etwas. Die Wachen hingen sich an meine Ketten. Dann aber war mir alles gleich, und ich machte die letzten Schritte.

Zweimal mußte der Mann mit dem Beil zuschlagen, dann fiel mein Kopf.

Ich wußte übrigens, daß ich ein Mischling war, mit einer rothäutigen Mutter dieses Volkes und einem weißen Vater aus einem weit im Norden, jenseits des Meeres gelegenen Land. Auch diese Zeit lag nach meinem Wissen weit, sehr weit vor allen bekannten historischen Daten.

Auf der Welt mußte ein langer Zeitabschnitt abgelaufen sein, denn als ich in der dritten Nacht wieder so ein merkwürdiges Traumbild, wie eine Erinnerung, vorgeführt bekam, da hatte ich das Gefühl erheblicher zeitlicher Nähe an die Jetzt-Zeit. Ich erlebte zwei Traumbilder in kurzem Weltzeit-Abstand. Im ersten hatte ich den Eindruck von großer persönlicher Machtfülle in einer finsteren Zeit, die ich aber mißbräuchlich ausübte. Es muß mit Krieg und mörderischen Vorgängen verbunden gewesen sein. Dann kam eine dunkle Periode, wie jenseitiges Höllendasein – und dann wurde es wieder hell.

Ich befand mich als junger Mensch – ich hatte hellblonde schulterlange Haare – mit vielen anderen als Soldat auf einer Burg, die belagert wurde. Ich hatte einen ledernen Panzer um den Oberkörper. Wir waren alle sehr sorglos und fürchteten uns wohl kaum vor dem die Burg belagernden Feind.

Ich schaute einmal zwischen den Burgzinnen auf das feindliche Lager hinab.

Da fuhr mir ein Pfeil in den Hals – und es wurde dunkle Nacht um mich.

Ein seltsamer Traum, der anscheinend in zwei Abschnitten das gleiche Leben in Erinnerung bringen sollte, wurde mir in der vierten Nacht eingegeben.

Ich war wieder ein junger Mensch in einer Gruppe junger und älterer Krieger. Wir waren wohl an die vierzig, die von einem betagten Mann, von dem ich wußte, daß er mein Vater war, angeführt wurden.

Wir hatten alle sehr gute, farbige Kleidung auf dem Körper und führten Waffen: Dolche, Schwerter und Lanzen, die mit goldfarbigem Metall eingelegt und verziert waren.

Das Geschirr unserer Pferde war ebenso prächtig geschmückt. Es waren herrliche Tiere, wohl beste arabische Rennpferde. Wir befanden uns in einer steinigen Wüste und hatten in einem Felsenkessel – die Felsen waren an dieser Stelle etwa bis zu dreißig Meter hoch – einen Hinterhalt bezogen. Wir wollten eine andere Truppe überfallen, die vor dem Felsenkessel vorbeikommen sollte. Es kann aber auch sein, daß es sich bei den zu Überfallenden um eine Karawane handelte.

Wir waren voller Erwartung und schauten ab und zu auf unseren Häuptling, der den Befehl zum Angriff geben würde.

Dann verschwand dieses Bild und ein düsteres anderes tauchte auf.

Ich war ein alter Mann – immer noch in der Wüste – und befand mich in einem Kreis verschiedenster Leute, die typische Araberkleidung trugen, in einem Dorf.

Ein kleines Feuer brannte in unserer Mitte, um das wir auf dem Boden saßen oder kauerten. – Ich erzählte Märchen, und die anderen hörten aufmerksam zu.

So zog ich von Dorf zu Dorf. Als Märchenerzähler für die dunklen Abende ...

Das fünfte Traumbild war eher eine Darstellung meiner Gefühle. Ich war ein Beamter, ein älterer Mann. Ich trug ein Gewand ähnlich einer römischen Tunika. Ich hatte schreckliche Angst. Ich saß in einem düsteren Raum und hörte Löwengebrüll. Ich hatte Angst, man könnte entdecken, daß ich zu den Gefangenen gehörte, die als Fraß den Löwen vorgeworfen werden sollten.

Dann war ich in einer anderen Gegend, wo ich mich als Lehrer mühsam durch das Leben schlug. Es war finster, und ich hatte auch Angst vor einem rauchenden Berg, dem Vesuv.

Die nächste Nacht brachte ein noch schlimmeres kurzes Bild. Auf einem Feld arbeiteten Sklaven. Ich gehörte dazu – und dann traf mich ein tödlicher Keulenschlag.

Auch wenig tröstlich war dann ein Traumvorgang, den ich schon im Alter von siebzehn Jahren zum ersten Mal gehabt hatte und der – immer im gleichen Ablauf – wohl an die fünfzehn- bis zwanzigmal wiedergekehrt war. In der sechsten Nacht wiederholte sich also dieses Geschehen:

Ich stand in einem Hause, das sich mit Säulengängen und hohen Fenstern wie ein Schloß ausnahm, auf einem Treppenabsatz am oberen Teil einer steinernen Treppe und schaute in den Raum, zu dem die breiten Stufen aus hellem Stein hinabführten. Unten stand meine Mutter in langem Gewand und neben ihr zwei Männer in der Kleidung eines vergangenen Jahrhunderts. Die beiden Männer, etwa dreißig Jahre alt, waren meine Brüder und schauten, wie auch meine Mutter, erschrocken zu mir hinauf.

Ich wußte, daß ich, etwa zwanzig Jahre alt, die Schande meines Vaters, der vom König des Landes als Abtrünniger verworfen worden war, nicht ertragen konnte.

Ich hatte ein afrikanisches Gift genommen, das mein Vater einmal von seinen Seefahrten mitgebracht hatte, und taumelte jetzt die Treppe hinab, meiner Mutter entgegen.

«Mutter – verzeih mir!» stammelte ich, als ich die unteren Stufen erreicht hatte.

Dann fiel ich in schrecklichem Fall endlos abwärts – bis ich erwachte.

Mein Bewußtsein während des Traumes sagte mir, daß ich im Lande der Griechen war.

Als ich mir, lange nach den Wiederholungen dieses Traumes, von einem englischen Medium medial gezeichnete Bilder der mir nahestehenden jenseitigen Verwandten schicken ließ, erkannte ich die griechische Mutter und die beiden Brüder wieder. Sie wurden auch im Begleittext als «griechisch» bezeichnet.

Das Medium hatte ich nie gesehen, auch nie von meinen Traumbildern eine Nachricht übermittelt.

Das siebente Bild dieser seltsamen Reihe von Vergangenheitsaufklärung war zumindest im ersten Teil erheblich angenehmer. Auch das war ein Traumbild, das ich schon als junger Mann viele Male in gleicher Form gesehen hatte.

Ich segelte auf einem kleinen Boot über einen Binnensee, der vom Meer, dessen Brandung ich von weitem gut erkennen konnte, durch eine Landzunge oder etwas Ähnliches wie eine flache steinerne Brücke getrennt war. Man konnte von einem Binnenhafen oder Becken zum anderen segeln. Mindestens drei dieser ineinandergehenden großen Becken konnte ich erkennen.

Viele Segler und auch Ruderboote waren auf dem Wasser. Ich segelte bei hellem Sonnenschein an einem Hafen vorbei, in dem mir ein großes, halb gesunkenes Segelboot auffiel. Ich war nicht allein im Boot. Die Personen sind mir nur unklar im Gedächtnis geblieben. Das Ufer war flach, ich sah Sanddünen und dazwischen ein Fischerdorf. Das Dorf war mittelgroß, und es waren mit Schilf oder ähnlichem gedeckte Dächer zu sehen.

Dort, das wußte ich, war ich zu Hause.

Diesmal jedoch ging dieses Bild in ein anderes über:

Ich war ein alter Mann in einem Dorf am Binnenbecken vor dem Meer. Mir gehörte der Hof; aber ich hatte mich soeben in der Scheune versteckt, weil durch den Hofeingang etwa fünf Soldaten

74

in blauroten Uniformen mit runden und oben abgeflachten Helmen gekommen waren. Sie trugen lange Flinten und schmale Säbel an der Seite. Den Anführer kannte ich, er war einmal mein Freund gewesen. Ich kam mir lächerlich vor, weil ich mich versteckte.

Deshalb ging ich aus der Scheune den Soldaten entgegen.

«Es tut mir leid – aber ich habe Befehl!» sagte der Anführer.

Ich ging nun mit den Soldaten.

Langsam verblaßte das Bild, aber ich wußte, daß ich kurz darauf zusammen mit anderen angesehenen Bewohnern des Dorfes als Geisel erschossen wurde.

Daß üble Erlebnisse besonders stark haften und auch besser erinnert werden können, ist damit zu erklären, weil man sich in irdischen Lebenszeiten an die angenehmeren Jenseits-Lebenszeiten nicht oder nur wenig erinnern kann.

Die Todeserlebnisse der irdischen Lebenszeiten prägen sich besonders stark in das Geistgedächtnis ein und kommen deshalb bei späteren Inkarnationen am ehesten als Traum oder direkte Erinnerung wieder zum Bewußtsein.

Als ich nach dieser Woche wieder zur abendlichen Sitzung in die Kapelle bei Rheinbach kam und die Verbindung mit dem tibetischen Meister hergestellt war, da schaute er mich lange prüfend an. Es war ein langes, freundliches Beisammensein. Ich hatte keine Fragen, und nach weiterer Aufklärung über meine Inkarnationen hatte ich vorläufig kein Verlangen.

Erwähnen will ich noch, daß ich die Kapelle immer mit innerer Vorbereitung betrat. Tiefe Ehrerbietung vor dem Gründer und Erbauer der Kapelle – vor allem vor dem Sinn des Baues, der Verehrung des Heilandes und der Gottesmutter – schien mir und scheint mir notwendig, um zu einem Kontakt wie mit dem fernöstlichen Meister zu kommen, der übrigens keine Raum- und keine Religionsgrenzen kannte.

Nach jedem Aufenthalt dort entfernte ich mich mit Dank und Ehrerbietung vor den Kräften des Lichtes, die wir ansprechen, in ihrer Größe aber kaum ganz verstehen können.

Unterscheidung zwischen Traum
und Astralgeschehen

Eines Abends, nach meinen Notizen war es der 28. November 1955, wunderte ich mich, daß ich keinen Schlaf fand und doch gar nichts Unangenehmes dabei empfand. Es muß schon gegen Mitternacht gewesen sein, als ich zu meinem Erstaunen auf einmal feststellte, daß ich aus etwa fünf Meter Abstand von Iream beobachtet wurde. Ich selbst befand mich gar nicht in meinem Körper, sondern schwebte in waagerechter Lage etwa eineinhalb Meter darüber.

Das Zimmer war für mich im Nachtdunkel nur in seinem unteren Teil mit meinem Bett, meinem Körper darin und sonstigem Zubehör erkennbar. Darüber sah ich eine nächtliche, phosphoreszierende Landschaft und neben dem mich anlächelnden Iream so etwas Ähnliches wie einen ca. fünfzehn Meter hohen Turmaufbau.

Diesmal, so sagte er mir, wolle er mir klar machen, wie man Astralgeschehen und Traum voneinander unterscheiden sowie die Vermischung von Traum und Astralwanderung wahrnehmen könne.

Ich richtete mich aus meiner waagerechten Lage auf und sah zu, was Iream mir vorführte.

Es ist mir kaum möglich korrekt wiederzugeben, was sich nun eigentlich abspielte. Es war wie eine Vorführung in einem Studio, und ich blieb auch über meinem Körper in schwebender Lage, ohne mich zu entfernen.

Während mir Iream Erklärungen gab, begann sich der Turmaufbau wie eine Spirale zu drehen. Bei diesem Vorgang begriff ich jedenfalls, daß sich im Außerkörperlichen echtes Astralgeschehen mit materialisierenden Gedanken vermischen kann, wenn sich der wandernde Geist disziplinlos allen Gedanken hingibt. Ebenso kann ein echter Traum, der sich nur im Gehirn des Schlafenden abspielt, durch willentliche Disziplinierung der Gedanken in eine Astralwanderung übergehen, wenn der körperlich Schlafende zu Erfahrungen bereit ist.

Wie kann man das nun unterscheiden, was sich gerade abspielte?

Iream sagte:

«Versuche etwas, was Du siehst – einen Baum oder irgendeinen anderen Gegenstand –, mit Deinem erwachten Willen zu verändern! Kannst Du das – so träumst Du! – Kannst Du es aber mit aller Willensanstrengung nicht, so befindest Du Dich auf einer wirklich nicht-irdischen Ebene. Du hast also Deinen Körper verlassen und wanderst astral.

Astralebenen sind echte Schöpfungen eines nichtirdischen Urhebers und sind nur mit Zustimmung des Gestalters eines solchen Bereiches teilweise veränderbar.

Der Traum dagegen ist eine Gedankenschöpfung des Schlafenden und verändert sich mit dessen Gedanken. Wobei zu sagen ist, daß jemand, der in seinem Traum auf sich selbst aufmerksam wird, schon Fortschritte gemacht hat, die zur Astralwanderung führen können.»

Nach dieser Erklärung und einigen weiteren Erläuterungen sank ich langsam in meinen Körper zurück und konnte nun in einen traumlosen Schlaf übergehen.

Auch bei phänomenalen Ereignissen können grundlegende Fehler gemacht werden. Aus meinem Tagebuch zitiere ich:

«In der Nacht zum Sonntag, dem 21. Dezember 1952, hatte ich folgendes Erlebnis:

Ich fühlte mich plötzlich wach und richtete mich im Bett auf.

Als ganz selbstverständlich empfand ich, daß ich neben mir eine Person wahrnahm, die mir als freundlicher alter Mann erschien und mir ein weißes Blatt Papier oder Karton vorhielt und auf einem dunklen Hintergrund befestigte. Nun hörte ich die kategorische Aufforderung, auf dies helle Blatt zu schauen. Es war mit schnörkligen Schriftzeichen und ornamentalen Linien versehen. Sowie ich die Zeichen betrachtete, begannen sie vor meinen Augen *zu verschwimmen, und ich empfand einen Zustand wie in tiefer Meditation.*

Sofort fühlte ich mich emporgehoben, etwa anderthalb Meter über dem Bett.

Ich schaute mich um, alles war dunkel, wie es eben bei Nacht im Zimmer dunkel ist. Ich sah mich aber im Umschauen selbst im Bett liegen und Josy auch.

Ich war mir völlig meiner Person und näherer Umstände bewußt. Sofort war mir klar, daß ich in diesem Augenblick ein freier Geist sei und mit dieser Freiheit etwas beginnen müsse.

Ich dachte an Berlin, an meine Schwester Susanne, und im gleichen Augenblick fühlte ich mich mit rasanter Geschwindigkeit weggezogen.

Mir schien, als ob ich durch die feste Erde abwärts flöge. (Die gerade Linie zwischen Bonn und Berlin geht durch eine ca. 4200 Meter hohe Krümmung der Erdoberfläche.) Gleich darauf fiel mir ein, daß ein Besuch in Berlin unzweckmäßig sei und ich besser zu meinem Freund Hans H. nach Berg in der Eifel strebe. Dieser Willensimpuls riß mich regelrecht in die entgegengesetzte Richtung, und ich sah dunkle Schattenrisse auf mich zufliegen (wie das wohl bei einem Nachtflieger durch die Erde vorkäme, wenn das möglich wäre). – Schon tauchte vor mir eine dunkle Masse wie ein Haus auf und zwar von der Seite, die in der Richtung nach Bonn liegt. Hans H. erschien in ca. fünf Meter Abstand schräg unter mir.

Ich sah ihn, grau leuchtend, schlafend liegen. Seine Liegestatt nahm ich auch wahr, sowie seine Umgebung. Was sollte ich nun tun? – Unsicherheit befiel mich, denn ich wollte ihn nicht stören.

Da verschwamm alles um mich, und ich fühlte mich plötzlich mit einem Ruck – in meinem Bett liegen.

Ich kann mich an keinen Übergang vom Traum zum Erwachen erinnern. Es dauerte geraume Zeit, ehe ich nach langem Sinnen einschlief.

Als mich ein Geistesfreund zwei Tage danach besuchte, wurde mir im Gespräch mit ihm bewußt, daß ich eine Chance verpaßt hatte, mich durch Meditation – im freien Geistzustand – in lichte Sphären zu erheben. Mein Tatendrang hat das aber verpfuscht, und anscheinend war meine Bewußtseinsklarheit auch nicht ausreichend, wie es mir einige Male bei anderen Erlebnissen geschehen ist. Ich habe mich auch nicht genug um den guten Führergeist gekümmert, der das Erlebnis einleitete und mir sehr bekannt vorkam, obgleich ich ihn nur wahrnehmen, aber nicht direkt anblicken konnte. Vielleicht wollte er es auch nicht.»

Soweit das Tagebuch. Solche Fehler habe ich eine ganze Reihe gemacht, und ich bedaure das sehr.

Ein unangenehmer Besuch

Jede Begegnung mit der «Überwelt» in irgendeiner Form – wobei ich natürlich allein die lichten Welten und deren Bewohner oder Mitteilungen meine – stellt letztendlich eine Aufforderung dar, den geistigen Weg, der zu einer solchen Berührung oder Begegnung geführt hat, weiterzugehen.

Wer den Fehler macht, infolge einer solchen Begegnung nun zu glauben, er sei besonders bevorzugt und habe etwa «den Schemel zu Gottes Füßen» sicher, der kann üble Enttäuschungen erleben. Der Weg zu immer wiederholten Begegnungen verlangt viel Selbstkontrolle, Disziplin im Denken, Ordnung in der geistigen Vorstellungswelt und allgemein das, was man darüber z. B. in der Bergpredigt nachlesen kann. Man kann sich dabei vorkommen wie ein Wanderer auf fußbreitem Felsgrat. Das Abgleiten in Fanatismus, etwa Evangelisationsdrang, aber auch sich als Leuchte der Nächstenliebe zu fühlen und andere, die nicht den eigenen Weg mitmachen, zu verurteilen, führt fast augenblicklich zur Unterbindung aller weiteren Kontakte – jedenfalls zu der lichten Welt drüben.

Die andere, die dunkle Seite dagegen kann man fast in jeder spiritistischen Sitzung «genießen» – oder das Grauen davor kennenlernen. Auch an den sich so nennenden «Schüler des Lichtes» machen sich die Dunkelwesen gern heran. Jedes Buch über «Magie» gibt darüber reichlich Auskunft.

Meine Begegnung dieser Art spielte sich folgendermaßen ab:

Es war etwa um 1954, als ich abends kurz vor dem Einschlafen sehr diffus, aber deutlich wahrnehmbar zwei Gestalten auf mein Bett zukommen sah. Das machte mich wieder ein wenig wacher. An Erscheinungen solcher Gestalten, vollständig oder nur als Gesichter, war ich schon gewöhnt. Die beiden aber sahen aus, als ob sie aus der jenseitigen Ganovenszene stammten. Einer der beiden finsteren Männer sprach mich nun an.

Ich sei ja schon ein recht fortgeschrittener Schüler, und sie beide würden mich gerne unterstützen, denn sie hätten erhebliche Möglichkeiten in dieser Beziehung. Wie zum Beweis drehte sich einer der Dunkelmänner um, und im gleichen Augenblick begann von irgendwoher Jazzmusik zu spielen.

Dadurch wurde ich nun völlig wach und stellte fest, daß diese Musik keinesfalls aus irdischen Bereichen kam.

Ich sollte den beiden nur auch ab und zu einen Gefallen tun.

Ob ich für sie beten solle, fragte ich. – Nein, das gerade nicht! war die mir recht obskure, aber ausreichende Antwort. Eifrig sagte jetzt der andere, ich solle sie nicht unterschätzen, man könnte mir irdische Vorteile verschaffen, man hätte Kräfte zur Verfügung, die bis zu einem gewissen Bereich der Materiebeherrschung gingen.

Eigentlich hatte ich bis damals solche Ereignisse, die meistens in Büchern der Magie beschrieben sind, immer ein wenig der Phantasie der Schriftsteller oder Magier zugeschrieben. Gewiß, ich hatte auch von Unterschriften unter einen Pakt mit Teufeln oder Dämonen gelesen, aber nie so recht an deren reale Möglichkeit geglaubt. Nun hatte ich gleich zwei Vertreter dieser Sorte – offensichtlich Bewohner höllischer Gegenden – vor mir. Offenbar machten die beiden gerade Urlaub von ihrem üblichen Aufenthalt und das ausgerechnet bei mir und mit – Jazzmusik!

Einen Moment dachte ich an Hereiam und an Jesus – doch dann regte sich in mir sofort der Gedanke, mit den beiden Dunkelwesen auch allein zurechtzukommen.

Ich sagte also zu den beiden durchaus freundlich und höflich, ich würde mich zwar auch mit disziplinierenden Übungen beschäftigen, die man als magisch ansehe, aber ich hätte allein die Absicht, der Lichtwelt näherzukommen und strebe keinerlei irdisch-materielle Vorteile an. Wenn ich für sie beide nicht beten solle, wäre ich für sie nicht der richtige Partner.

Dies sagte ich nachdrücklich und freundlich, weil sich die beiden bisher auch anständig benommen hatten.

Darauf sprachen sie kurz miteinander, was ich aber merkwürdigerweise nicht verstehen konnte. Dann wandte sich der erste Sprecher wieder an mich und meinte, man brauche ja nicht gleich zu entscheiden und ich solle es mir doch noch überlegen. Darauf

81

entfernten sie sich langsam in eine in der Ferne neblige Dunkel-
heit.

Sehr zu meinem Ärger aber blieb die Jazzmusik. Ich strengte
meinen Willen an, die Musik auszuschalten. Nach einigen Minu-
ten wurde sie leiser, und schließlich – schlief ich ein.

Während den nächsten drei Tagen kam die verrückte Musik
wieder, immer etwa um die gleiche Zeit. Es gab einen regelrechten
Kampf mit den unsichtbaren Musikern. Jedesmal gelang es mir,
die Musik zu dämpfen, aber erst am dritten Tag konnte ich sie
ganz zum Schweigen bringen.

Die beiden Dunkelmänner kamen nicht wieder, weil sie wohl
begriffen hatten, daß man in mir keinen Partner für ihre Wünsche
finden konnte.

Dunkle Wolken der kosmischen Vergangenheit

Am 1. Juli 1957 fuhr ich mit vollbepackter Seitenwagenmaschine allein in den Urlaub. Es waren verschiedene Gründe, diesen Urlaub als Einzelgänger zu machen. Josy hatte Besuch von einer befreundeten Familie, deren jüngster Sohn durch viele Krankheiten sehr geschwächt war und sich in Impekoven etwas erholen sollte und deren älterer Sohn ein Spielgefährte von Leonhard aus der Bonner Zeit war. Ich hatte einige spirituelle Probleme, die ich während einer Art Eremitenzeit im Gebirge hoffte klären zu können.

Meine Fahrt führte mich zur Pala-Gruppe in den Dolomiten, und nach einiger Suche fand ich auch einen Platz, der so einsam, aber noch mit dem Motorrad zu erreichen war, daß er mir geeignet schien. Ich baute also an steinschlag- und sturzwassersicherer Stelle mein Zelt auf und hatte von da aus einen guten Ausblick auf Marmolata und Monte Pelmo.

Merkwürdige Empfindungen, Gedanken und prägnante Bilder traten in den hier geübten Meditationen in mir auf.

Ich rief nach dem Meister im fernen Tibet – und vermochte auch einige Male Kontakte herzustellen, daneben kam aber auch ganz Anderes, Seltsames auf mich zu.

Ich hatte vor längerer Zeit einen Traum gehabt, der in einer Belehrung gipfelte, die auf vergangene Inkarnationen auf einem Planeten eines anderen Sonnensystems hinwies. Ich hatte auch in einer meiner abendlichen Meditationen ein Bild erlebt, in dem ich mich in einer mir völlig fremden Landschaft und Situation in Aktion sah.

Es war wie auf einem Flugplatz, aber nicht so wie auf der Erde. Der Platz war rund und an den Rändern mit Katapultbahnen von gigantischer Größe umbaut. Ich sah, wie ich auf einer Art dicht über dem Boden schwebender Plattform eine Gruppe junger Leute begrüßte, die aus einem Raumschiff gestiegen waren und gerade von einer Reise von einem fernen Sonnensystem zurückkamen und mir jetzt lachend erzählten, was sie auf dem Planeten «Erthe=Erde» erlebt hatten.

Solche und ähnliche Merkwürdigkeiten kamen nun hier mit Nachdruck auf mich zu, wenn ich mich im Zelt zur Versenkung hinsetzte. Aber auch ein anderes Bild zog herauf, das in mir seitdem erhebliche Unruhe verursachen konnte, da es wie eine alte karmische Schuld in die Erinnerung hineinschlug. – Ich sah einen freundlichen alten Mann, fast so aussehend wie der Mönch in Tibet, wie er mit nacktem Oberkörper in einer felsigen, sonnigen Landschaft saß, und ich wußte, daß ich sein Schüler war. – Er nahm eine metallene Schale in die eine Hand und hielt die andere darüber, dann sang er mit beschwörender Stimme eine Formel, die mir fremd, unwirklich klang – und ich sah, wie die leere Schale sich mit pflanzlicher Nahrung füllte. Als er mir die Schale reichte – befiel mich ein Wehgefühl von Jahrtausende alter Schuld, die mir unaussprechlich, unerklärbar blieb und die eine dunkle Ahnung von wiederholtem Weg aus einer fernen Vergangenheit belastend vermittelte. – Hatte ich an diesem Meister Verrat geübt? – Vielleicht ist es doch gut, daß ein irdisches Gehirn sich nicht erinnert. Wer könnte wohl solche Lasten tragen.

Ich habe aufgrund solcher und anderer Erfahrungen später einmal versucht, eine Erzählung der Inkarnationsreihen aufzustellen. Dann aber habe ich die Blätter wieder vernichtet. Ich wollte mich, da ich mir der genauen Wiedergabe der Ereignisse nicht sicher war, nicht unter die Märchenerzähler einreihen. Deren gibt es schon genug auf unserer Welt, und mein exakter Bericht dürfte den spirituell Unerfahrenen schon märchenhaft genug sein.

Berichte und Erzählungen von Heiligen und heiligmäßigen Menschen habe ich eine große Anzahl gelesen. Ich kann die Bußübungen dieser Menschen gut verstehen. Sie sind sich ihrer eigenen Nichtigkeit und Kleinheit vor Gott bewußt geworden – und ich achte sie mit tiefster Ehrerbietung. Viele solcher bewundernswerter Brüder und Schwestern unserer Erde haben ihre Schuld aus einer fernen Vergangenheit angenommen und den Weg eines

Büßers durch dieses Leben in einer von ihnen als schön und doch auch so teuflisch-grausam erkannten Welt gewählt.

Für mich selbst habe ich nie einen Grund zu irgendwie kasteiender Buße akzeptiert – eher mit grimmigem Ärger festgestellt, daß ich als Wesen von besonderem Nachholbedarf an Erkenntnis der kosmischen Wahrheiten in fernster Vergangenheit kaum wiedergutzumachende Eseleien begangen haben muß, die mir einen besonders langen Inkarnations-Wiederholungsweg aufzwangen.

So wußte ich nun, warum ich 1945, zum Schluß des Krieges, in einen Zustand kam, in dem ich von Hereiam Belehrungen erhielt, die anscheinend ohne irgendwelche Vorbereitung auf mich zukamen. Erst danach erlebte ich Astralwanderungen, die zumeist eine Vorbereitung für Geistesschüler sind. Ich war – kosmisch gesehen – ein Wiederholender, ein Sitzengebliebener – also keinerlei Grund, sich auf einen solchen Verkehr und die Belehrung durch erfahrene Jenseitslehrer auch nur das geringste einzubilden.

Der gewaltige kosmische Weg, das Gesamtleben eines jeden Menschen, das man hier auf der Erde so irrtümlicherweise nur auf das Irdische bezieht, stand wieder vor mir.

Das erbarmende Wort des wohl größten Meisters, den die Erde je getragen hat: «Herr, vergib ihnen – denn sie wissen nicht was sie tun!» als man ihn ans Kreuz geschlagen hatte, das zeigte an, zu welchen Opfern ein Gottessohn bereit sein kann, um der vor dem Dunkel der Seele bangenden Menschheit zu helfen.

Wunderbare Erlebnisse

Erkenntnisdrang, Wissensdurst und Forschergeist trieben mich dazu, einmal zu versuchen mich in meditativer Versenkung vor die Zeit meiner Geburt zu versetzen.

So übte ich denn in tagelangen Vorversuchen, in meditativer Ruhe, Erinnerungen an Vorgänge zu wecken, die weit zurücklagen und normalerweise der Erinnerung entschwunden sind. Erstaunliches kam dabei zum Vorschein. Erinnerungsbilder aus frühester Kindheit, aus Tagen, bevor man noch die ersten Worte formen konnte, tauchten wieder auf. Dann war es soweit: Ich gab mir selbst den Befehl, mich an Bilder aus der Zeit etwa drei Jahre vor meiner Geburt zu erinnern.

Verschwimmende Farben und nebelhafte Formen tauchten auf. Dann sah ich aus der Vogelperspektive unter mir eine seltsame Landschaft.

Es war ein Gelände, das man als Park ansehen konnte, der in lauter Vierecke von etwa fünfzehn Metern aufgeteilt war. In jedem Viereck befand sich etwa in der Mitte ein Pavillon, einige rund, einige viereckig, geeignet als Wohnstatt für eine einzelne Person.

Drum herum standen Büsche und auch einige Blumen. Die Begrenzung der einzelnen Vierecke wurde durch niedrige grüne Buschhecken gebildet. Es mochten einige hundert Pavillons sein, die ich sah, und hinter dem Parkgelände erhob sich ein etwa 400 Meter hoher Berg, der an seinen recht steilen Abhängen mit dunkelgrünen Bäumen – es schienen Nadelbäume zu sein – bewachsen war.

Oben auf der völlig flachen Kuppe des Berges erblickte ich ein sakral anmutendes, weitausladendes Gebäude, das in der Mitte einen hohen Kuppelbau, wie einen Dom, trug.

Die bei solchen Gelegenheiten immer wirksam werdende Stimme eines unsichtbaren, mir unbekannten Erklärers sagte nun in sonorem Ton:

«Was Du siehst, ist die letzte Station eines willigen Geistes vor der für ihn notwendigen neuen Inkarnation auf der Erdenwelt. Er verbringt in tiefer Versenkung eine Zeitlang in einer der Hütten, bis er sich reif fühlt, den Weg zum Tempel des Abschieds von dieser Welt in die Welt der Materie zu tun. Er muß den Weg zum Tempel schwebend tun. Keine andere Art der Wanderung dort hinauf ist möglich. Dies ist nur denen erlaubt, die eine entsprechende Reife und damit Hilfe erlangt haben.»

Mir war während der Betrachtung des Bildes klargeworden, daß es sich um einen Platz zur Vorbereitung der Wiederinkarnation zahlloser Seelen aus einer hellen Sphäre handelte. Andere Inkarnationen spielen sich in ganz verschiedener Umgebung unter völlig andersartigen Bedingungen ab, und zwar sowohl in lichteren als auch in dunkleren Welten.

Den Tempel dort droben aber erkannte ich wieder – ich hatte ihn, unter Führung eines geistigen Lehrers, im Alter von zwölf Jahren einmal besucht. Er mußte wohl, außer der Hilfe zur Wiederinkarnation, auch noch andere Funktionen erfüllen.

Einige Zeit danach, als ich im Winteranfang 1957 bei einer abendlichen Meditation absolut nicht in Versenkung kommen konnte, sagte mir auf einmal eine Stimme, es kann Iream gewesen sein, ich solle den Kopf weit nach vorne bis auf den Boden beugen.

Ich war etwas ärgerlich, daß ich keine innere Ruhe finden konnte, und so setzte ich mich kniend hin und berührte mit der Stirne den Fußboden.

In diesem Moment wurde ich geradezu blitzartig in eine völlig andere Gegend versetzt.

Ich fand mich, meiner selbst voll bewußt, plötzlich etwa zwei Meter über einem Garten schwebend, der mit niedrigen blühenden Rosen bepflanzt war.

Hinter mir nahm ich einen Wald aus mittelgroßen Kiefern wahr, aber vor mir erstreckte sich die Hinterfront eines mächtigen Gebäudes, das in der Mitte eine gewaltige, runde Kuppel trug.

Das Eindrucksvollste aber war, daß ich den Gesang von etwa hundert Amseln, den mir so lieben Singvögeln, in einer Süße wie

kaum je im Frühling hörte. Diese Amseln saßen offenbar in den
Nadelbäumen ringsherum.

Das ganze Erlebnis währte etwa nur drei Sekunden. Dann war
ich schlagartig wieder bewußt im Körper. Ich richtete mich erstaunt
auf. Um das Haus herum war es winterlich still, kein Vogel, nichts
störte die Abendstille. Ich war mir aber mit Sicherheit bewußt, daß
etwas Ungewöhnliches geschehen war. – Ich hatte den Tempel, den
ich mit zwölf Jahren besucht und vor einiger Zeit als Wiederinkar-
nationsstätte erklärt bekommen hatte, diesmal mit seinem Rosen-
garten und dem umgebenden Wald auf dem Tempelberg – von der
Rückseite betrachten dürfen.

Große Weise haben in ihren Werken der Erkenntnis Raum gegeben, welche Hilfe es für den Menschen ist, mit Gott in Harmonie
zu sein. Wie viele Gebete mögen wohl täglich in diese Richtung
gehen. Um so mehr kann man denen von der Jenseitswelt dankbar sein, wenn man dort seine Sorgen ganz persönlich vortragen
kann.

In meinen Notizen hatte der 23. Juni 1957 wieder eine ganz
besondere Bedeutung. Der Druck der Berufs- und sonstigen Erden-
nöte war in den letzten Wochen drohend angestiegen.

Da kam in der Nacht ein schattenhaftes Wesen, das seinen Glanz
unter einem dunklen Mantel verbarg, und nahm mich mit.

Je höher es hinaufging, um so klarer wurde mein Bewußtsein.
Es folgte eine helle Treppe, die noch weiter hinanführte. Mein
Begleiter verwandelte sich in eine vollständig weißgekleidete
Gestalt. Dann wurde ein großes Haus mit Säulen, wie im alten
Griechenland, sichtbar. Nun kam mir, als wir den Eingang
erreicht hatten, ein junger Mann in heller Kleidung, im Stil des
Mittelalters, entgegen und legte mir einen blauen Mantel mit einer
goldglänzenden schmalen Borte um.

Ich war ungemein glücklich, als ich in den Eingangssaal des
Gebäudes kam und dort von – meiner Mutter aus einer unglückli-
chen griechischen Inkarnation und einem Bruder aus jener Zeit
liebevoll begrüßt wurde. Der junge Mann, der mir den Mantel

*umgelegt hatte, war mein Bruder, ich aber war damals der jüngste
von den dreien gewesen.*

*Wir vier sprachen viel und ausführlich miteinander. Ich schil-
derte meine Beschwernisse auf der Erde, und die Mutter, die in ein
langes, prächtig in hellblau und weiß bis goldgelb gehaltenes
Gewand gekleidet war, nahm mich mehrmals in die Arme und
tröstete mich mit den Worten, daß die Erde ein – reines Missions-
land sei.*

*Diese zwei Worte schlugen sich unauslöschlich in meinem
Gedächtnis nieder und gaben mir noch lange danach Frieden und
die Fähigkeit, Unabwendbares hinzunehmen.*

*Dann begleitete man mich, nach langem Gespräch, an den
Eingang, der mit hohen schönen Säulen verziert war. Ich sah die
breite Freitreppe. Ich weiß nicht, ob man mir den blauen Mantel
wieder abnahm. Ich schritt die Treppe abwärts, und jetzt begann
die Mutter mit wunderbarer Stimme zu singen.*

*Immer weiter schritt ich abwärts, wobei der wunderbare
Gesang der Mutter mich zu begleiten schien.*

*Dann geschah wieder etwas Wunderbares: Ich erhielt einen
leichten Stoß – erwachte in meinem Körper im Bett – aber hörte
noch immer den sich langsam entfernenden Gesang meiner Mutter. Er tönte jedoch aus meiner Brust heraus. Vor meinem Bett auf
dem Nachttisch konnte ich die Weckuhr sehen. Es war für mich
ein unglaubliches Erlebnis, daß ich noch zehn Minuten lang, mit
den Augen den Uhrzeiger verfolgend, den immer leiser werdenden
Gesang der Mutter hören konnte, bis es vollkommen still wurde.*

Ein sonderbares Erlebnis war auch eine weitere nächtliche Exkursion. Rätselhaft war mir die Sache nachträglich deshalb, weil ich
dabei ein Wissen entwickelte, das ich im normalen irdischen Leben
gar nicht besitze.

Es spielte sich folgendermaßen ab:

*Ich fand mich unter einem herrlich blauen Himmel, in ein weißes
Gewand gekleidet, auf einer Straße gehend, die sich breit wie eine
normale Landstraße schnurgerade durch eine schöne Wiesen- und
Waldlandschaft zog.*

Ein wie ich gekleideter Begleiter hatte mich eben, als ich mir voll bewußt wurde, verlassen.

Auf der Straße gehend, hatte ich gerade ein flaches Schulgebäude erreicht, einen Bau, in dem halberwachsene Schüler außerhalb des Gebäudes unter freiem Himmel unterrichtet wurden. Ungefähr zwei Dutzend Schüler, alles etwa siebzehnjährige junge Männer, saßen auf normalen Schulbänken und sahen zu mir herüber. Der Lehrer, in ein weißes Gewand ähnlich einer römischen Tunika gekleidet, stand vor der Tür eines Jägerzaunes, der das Schulgebäude gegen die Straße hin abschloß.

Er erwartete mich offensichtlich, wie es mir auch die Schüler durch ihr Interesse verrieten.

Mit breitem Lächeln begrüßte er mich und schien über mein Kommen sehr erfreut. Dann führte er mich durch den Eingang des Zaunes zu der Schulklasse unter freiem Himmel und stellte mich den Schülern vor, die mich erwartungsvoll stehend begrüßten. Ich weiß nicht mehr, was der Lehrer im einzelnen sagte, aber er erklärte den Schülern, daß ich ein Erdenbewohner sei und hier einiges über meine irdischen Erfahrungen und auch einige wissenschaftliche Erkenntnisse der Erdenwelt mitteilen wolle.

Damit trat dann der Lehrer zur Seite, und ich nahm seinen Platz ein, der übrigens ganz, wie irdisch üblich, aus einem Schreibpult mit Stuhl bestand.

Nun begann ich meinen Vortrag, wobei ich vor der Schulklasse, wie bei einem zwanglosen Referat üblich, hin und her ging. Worüber ich im einzelnen sprach, kann ich nicht mehr sagen. Es handelte sich überwiegend um die Entwicklung der Technik. Dann tat ich etwas Außergewöhnliches. Ich hob den rechten Arm hoch, und sofort entstand da, wo in normalen Schulzimmern die Schultafel ist, eine große schwarze, sammetartige Fläche, und zugleich sah man das Bild der Erdkugel in Riesengröße – wie ein gewaltiger Globus.

Jetzt erklärte ich den Abstand der Erde zur materiellen Sonne sowie weiteres über Magnetismus und Kapazität usw.

Dazu ging ich an eine seitwärts stehende Tafel und führte hier mit Kreide allerlei mathematische Formeln auf.

Dazu muß ich sagen, daß ich trotz meines technischen Berufes immer ein schlechter Mathematiker geblieben bin, und ich kann auch keinesfalls recht begreifen, weshalb ausgerechnet ich – da drüben – einen Vortrag in Sachen Mathematik hielt. Jedenfalls stellte ich fest, daß die elektrostatische Kapazität zwischen Erde und Sonne etwa 1 Farad beträgt.

Ich kann nur hoffen, nichts Unrichtiges erzählt zu haben und daß mein Geistgedächtnis vielleicht mehr Wissen enthält, als mir, aus welchen Gründen auch immer, irdisch zur Verfügung steht.

Als mich der Lehrer nach meinem Vortrag wieder zur Tür an der Straße begleitete, drückte er mir seinen Dank aus und sagte sinngemäß, es sei für die jungen Leute gut, über die Erdenwelt gelegentlich von einem der gegenwärtigen Bewohner etwas zu hören; diese jungen Leute, die hier in der Jenseitswelt aufgezogen würden, weil sie die Erde in frühester Jugend verlassen mußten, neigten nämlich zu erheblicher Kritik.

Es sei manchmal nicht leicht, die Schüler von gewissen materiellen Vorgängen zu überzeugen, sagte der Lehrer und lächelte mir freundlich nach, als ich mich entfernte.

Ich ging jetzt dieselbe Straße in der Richtung zurück, aus der ich gekommen war. Dann kam dicker Nebel auf – und ich landete mit leichtem Ruck im Körper.

Der schwarze Felsen

Von Zeit zu Zeit wurde ich von einem der jenseitigen Betreuer mit neuartigen Erfahrungen bedacht. Weil ich aber nie Übungen zum Austritt des Astralkörpers machte, ging mir der Beginn eines solchen Erlebnisses in der Erinnerung oft verloren.

So war es auch diesmal, am 14. Januar 1958, als ich erst dadurch aufmerksam wurde, weil ich über eine Wiese mit ziemlich hohem Gras ging, in einer weiten Landschaft, die offenbar zu einem Gebirgshochtal gehörte und in weitem Rund von mächtigen Felsen begrenzt wurde.

Ich wurde mir bewußt, daß ich doch dieses Jahr noch nicht im Urlaub war – es war ja Winter –, und hier war eine prächtige Sommerlandschaft. Außerdem meinte ich eben erst schlafengegangen zu sein.

Jetzt aber wanderte ich über eine schöne blühende Wiese, als neben mir auch schon jemand sagte , ich solle zum nahe gelegenen Dorf gehen und mit den Leuten reden.

Dann war der «Jemand» weg, und ich ging weiter. Ich kam dann über eine Art Fahrweg zum Dorf, das keinen Unterschied zu den üblichen Gebirgsdörfern mit Kirche und Rathaus zeigte. Auf dem Dorfplatz angekommen, von dem man einen weiten Rundblick auf das dolomitenähnliche Gebirge hatte, trat ich in eines der netten Häuschen. Ich wurde sofort sehr freundlich von mehreren Frauen und Männern empfangen und wußte jetzt, daß ich hier in der Gegend schon oft gewesen war. Nur dieses Dorf hatte ich noch nicht besucht.

Ich wurde in das «gute» Zimmer geführt und wunderte mich dabei, wie alles, einschließlich Möbel, Tischdecken, Sesselbezüge, Vitrine mit Glas und Porzellan usw., ganz dem Erdenzustand entsprach. Ich berührte die Bezüge des Sessels, und als man mich zum Sitzen einlud, machte ich mir Gedanken über die Textilqualität und wußte dabei ganz genau, daß mein Körper im Bett lag und schlief, während ich hier in einem mittleren Astralbereich auf Erkundung aus war.

Ein älterer Herr und seine Frau gaben mir bereitwillig Auskunft auf meine Fragen — und ich fragte sehr viel. Die beiden sagten, daß sie schon recht lange hier lebten. Die Anzahl der Jahre konnten sie nicht sagen. — Ob es hier Tag und Nacht gäbe? Nein, es würde nur ab und zu etwas dunkler als normal! Die Helligkeit entsprach jetzt etwa der irdischen Mittagszeit im Hochsommer. Ich hatte mich gewundert, daß ich hier das erste Mal Wolken am blauen Himmel sah. Bisher hatte ich immer einen wolkenlosen Himmel gesehen. Da sagte die Frau: «Ja, die gibt es hier, ich glaube, die Wolken entsprechen dem Seelenzustand der Menschen, die hier leben.»

Sehr eifrig fuhr sie fort: «Es kommt sogar manchmal vor, daß es regnete, und einmal hat es sogar ein Gewitter gegeben!!»

Ich war sehr erstaunt und hatte wohl auch einige ironische Gedanken in diesem Augenblick, aber ich nahm mich sofort zusammen. Man kann nämlich im Astralreich jeden Gedanken des anderen erkennen, und ich wollte die netten, biederen Leute nicht verärgern, die wohl auch im irdischen Leben Gebirgsbewohner gewesen waren. Übrigens trugen hier alle Leute ganz irdische Kleidung. Der Hausvater hatte einen Sonntagsanzug an, genau wie es bei uns an Sonn- und Feiertagen üblich ist. Aber alle waren sich ihres jenseitigen Daseins bewußt.

Ich bin später nochmals hier gewesen und habe dabei den «Bürgermeister» kennengelernt, der den Ort betreut. Diesmal aber machte ich eine lange Wanderung. Ich verabschiedete mich von den Leuten und wanderte einen Gebirgsfahrweg immer höher hinauf, bis ich an einen weithin sichtbaren pyramidenartigen, spitzen Felsen kam, der aus schwarzen Basaltblöcken zu bestehen schien und die übrige Landschaft noch um etwa tausend Meter überragte. Ich wollte unbedingt dort hinauf. Merkwürdig fand ich, daß ich mich beim Aufstieg, der über gewaltige schwarze Blöcke führte, immer schwerer fühlte. Während ich mich im Hochtal noch leicht bis schwebend fortbewegte — in den tieferen Tälern habe ich mich oft vom Boden abheben können —, wurde der Aufstieg immer beschwerlicher.

Ich machte mehrfach Pause und sah von oben in den Hochtälern auf der einen Seite des Felsens ein überschwemmtes Gebiet, das teilweise verschilft war. Auf der anderen Seite erblickte ich einen Wald und einen kleinen See. Das Dorf – es waren von hier aus noch mehrere zu sehen – lag schon tief unter mir.

Auf einmal hörte ich Geräusche von Schritten und sah erstaunt eine Gruppe von etwa zehn Personen von oben herabkommen. Als wir aufeinander trafen, sah ich, daß es junge Frauen und einige Männer waren. Alle waren ganz irdisch gekleidet, außer einem Mann – offensichtlich der Bergführer – der in Weiß gewandet war. Dieser Mann drehte sich zu mir um und sagte: «Du hast noch fünf Minuten Zeit.»

Dieser Ausspruch machte mir später Kopfzerbrechen, aber er hatte wohl den Wecker gemeint, der auf meinem Nachttisch stand.

Ich stieg jedenfalls mit Eifer weiter bergan über die schwarzen, bis eineinhalb Meter hohen Blöcke, und fühlte mich sehr erschöpft, als ich endlich den Gipfelblock erreicht hatte.

Dieser war aber so hoch, daß ich nur noch mit den Händen seine glatte Oberfläche fassen konnte. Diese schien mir etwa fünf bis acht Meter im Quadrat zu betragen.

Nach mehreren Ansätzen gelang es mir endlich, mich auf diese Oberfläche hochzuziehen.

Doch jetzt geschah etwas Unglaubliches.

Ich hatte mich gerade mit dem Körper hinaufgeschoben und lag entkräftet da, als sich plötzlich – schlagartig – die ganze Gegend veränderte.

Erschrocken, schockiert – ich weiß kaum wie – fand ich mich nun, auf weißem Sand liegend, in einer strahlend hellen Meeresuferlandschaft unter einem azurblauen Himmel, der wie aus Millionen blauer Strahlenlampen oder Sonnen auf mich herableuchtete – ganz anders als der blaueste Himmel der Erde! Sanfte Brandungswellen eines leuchtenden, glasklaren blauen Meeres umspülten den golden glänzenden Sandstrand.

Als ich mich erhob, hatte ich ein weißes Gewand an und sah hinter mir mäßig hohe schöne Sanddünen.

Vor mir aber, etwa zweihundert Meter vom Ufer entfernt, gewahrte ich etwas Wunderbares.

Dort schwamm ein Gebilde wie ein Floß von etwa zwanzig Meter Breite. Da es sich dem Ufer mit der Vorderseite langsam näherte, konnte ich die Länge nicht beurteilen.

Auf dem mit wunderschönen grünen, blauen und goldenen Farben und Mosaiken besetzten, etwa einen Meter hohen Floß befanden sich drei Aufbauten, die alle drei etwa aussahen wie die Apsis hinter dem Altar einer Kirche. Die nebeneinanderstehenden Aufbauten boten einen herrlichen Anblick, da Hohlraum und Außenform in den denkbar schönsten Farben Tausender edler Mosaiksteinchen schimmerten. Die Höhe der Bauten mochte etwa acht Meter bei einer Breite von etwa je vier Meter betragen.

Dazu kam noch, daß von dorther eine geradezu himmlisch herrliche Musik – eine Sphärenmusik – zu mir herüberschallte.

Später stellte ich für mich fest, daß diese Musik am ehesten den Tönen und Akkorden ähnlich war, die von der Wurlitzer-Orgel oder der Glasharmonika, einem spätmittelalterlichen Instrument, erzeugt werden können. Ich kann mich nicht erinnern, je solche schönen und reinen Töne auf der Erde gehört zu haben.

Ich kann nicht sagen, ob ich noch auf dies herrliche Fahrzeug gestiegen bin, das auf den Strand zuschwamm und dann auf knirschendem Sand sanft auffuhr.

Meinen Eindruck, daß das irdische Gehirn nicht imstande ist, alle Erlebnisse in den lichten Sphären zu übertragen oder zu übernehmen, habe ich später noch einmal mit Bedauern zur Kenntnis nehmen müssen.

Jedenfalls glaube ich, das bei mir selbst feststellen zu müssen. Als ich dann mit einem Ruck im Körper erwachte, war nirgendwo ein Geräusch zu hören, das für einen phantasievollen Träumer eine Tonkulisse abgegeben hätte. Über die «Umschaltung» meines Astrals von einer Hochgebirgslandschaft in eine Meeresuferlandschaft, die offensichtlich einer höheren Sphäre angehörte, glaube ich sagen zu können: ein mir nicht sichtbarer Geistführer hatte mich anscheinend in eine besondere Anstrengung hineingetrieben, die vielleicht etwas wie eine Einweihung niederen Grades bewirkte.

Er wollte mir etwas Besonderes zur Kenntnis bringen und

konnte mich infolge meiner Anstrengung, die hier astralkörperlich war, in eine andere Sphäre versetzen.

Daß der schwarze Basaltfelsen in eine höhere Sphäre mündete, ist kaum anzunehmen.

Vielleicht aber hat er in diesem Land eine besondere Bedeutung.

Mit meiner Versetzung gelangte ich offensichtlich in eine ganz andere Schwingungsebene.

Astrale Begegnung

Für mich hatte das beschriebene Erlebnis in seinem Abschluß eine besondere Feierlichkeit, ja man kann sagen, himmlischen Charakter, den ich nie vergessen konnte. Ich kam aber auch zu anderen Begegnungen in der eingangs beschriebenen Sphäre.

In jenem Hochgebirgstal landete ich bei meinen nächtlichen Ausflügen noch mehrmals. Ich erinnerte mich dann immer wieder an den schwarzen Basaltfelsen und versuchte ihn zu erreichen. Aber die Zeit reichte nie aus, denn ich wurde immer frühzeitig aus dieser schönen Landschaft zurückgezogen.

In diesem Hochtal befinden sich viele, teils recht große Häuser. Seltsamerweise scheint eines davon auch als Aufenthaltsort für eine größere Zahl nächtlicher Wanderer gleich mir zu dienen. Ich kam mehrmals zu diesem Haus, auf dessen Balkon im ersten Stockwerk sich viele Liegestühle befanden, auf denen anscheinend müde Wanderer oder solche, die nicht recht ihrer Situation bewußt wurden, sich ausruhen konnten.

Eines Tages, beziehungsweise Nachts, ruhte ich dort aus. Ich sah den Fahrweg, der zum Gebirge hinaufführte, sah die leuchtenden, den Dolomiten ähnlichen Felsen und schaute in eine sommerliche Landschaft, als ich auf einmal den Gesang vieler Frauen hörte.

Ich stand von meinem Liegestuhl auf, ging an die hölzerne Brüstung der Hochterrasse und schaute auf den Weg hinunter, der hier in das Bergdorf mündete. Da sah ich eine große Gruppe singender junger Frauen ankommen. Zuvorderst ging eine junge Frau, in einer Kleidung, wie sie etwa in Österreich oder Südtirol üblich ist. Sie trug einen Wimpel an einer Stange über der Schulter. Hinter ihr gingen in Doppelreihen etwa dreißig weitere junge Frauen und Mädchen.

Als die Gruppe singend an dem Haus vorbeizog – von den Ruhenden auf dem Balkon waren einige aufgestanden und schau-

ten auch nach unten –, winkte mir auf einmal eine der Frauen
unter den letzten der Gruppen zu und rief mir etwas hinauf. Sie
winkte mit einem Tuch und war offenbar sehr erfreut, mich hier
zu sehen. Ich schaute erstaunt hinab – es war Josy, meine Frau.

Leider erinnerte sie sich nach dem Erwachen an nichts. Es ist mir auch später nie geglückt, von anderen eine Bestätigung des Zusammentreffens auf einer der anderen Lebensebenen zu erhalten.

Überhaupt habe ich den Eindruck, daß so manche nächtlichen Erlebnisse, die von uns Menschen als Träume angesehen werden, in Wirklichkeit Wanderungen des im Schlaf gelösten Seelenkörpers sind.

Natürlich sind die Phantasien des Gehirns «Träume», aber ich wurde ja belehrt, wie man solches unterscheiden lernt – wenn Bewußtheit im sogenannten Traum erreicht wird. Zudem geht offenbar «Traum» zuweilen in «Wanderung» über und auch umgekehrt.

Das Morgenland

Ein des öftern wiederholtes Erlebnis war, mich in einer Stadt wiederzufinden, die sich in einer nicht sehr einladend wirkenden Gegend befindet. Der Himmel sah grau aus, wie bei trübem Novemberwetter. Ich habe zwar an einzelnen Stellen der Stadt grüne Straßenbäume gesehen, aber nirgends Blumen oder Blüten.

Diese Stadt war offenbar mittelgroß, hatte teils sehr große Häuser und ein respektabel großes Rathaus mit Seitenflügeln und Innenhof. Man traf auch viele Menschen, die geschäftig unterwegs waren. Ja, ich sah viele Autos fahren – sogar Lieferwagen, die irgend etwas transportierten. Auch Fabriken und große Lagerräume waren dort zu sehen. In einigen Gegenden wirkte die Stadt nicht gerade sauber, an anderen Stellen dagegen ganz gepflegt. Straßenfeger waren bei der Arbeit. Am Stadtrand gab es Wiesen. Ich sah stabile Drahtzäune, die Gärten mit Häusern umgaben; dort standen grüne Büsche, aber blühende Bäume oder Büsche schien es nicht zu geben.

Die Straßen waren gepflastert, einige mit holprigem Kopfpflaster, aber es gab auch ganze Stadtteile mit Asphalt belegten Straßen.

Ich kann mich auch erinnern, in einem tief im Keller gelegenen Lagerraum künstliche Beleuchtung – es waren elektrische Lampen – gesehen zu haben.

Ich war nie begeistert, mich dort wiederzufinden. Manchmal glaubte ich an einen Traum. Dann wendete ich meine Erfahrung an und versuchte durch den Willen etwas zu verändern. Manchmal wollte ich auch einfach aufwachen, und zuweilen probierte ich aus, ob ich mich vom Boden abheben könne. Es funktionierte mit dem Abheben immer, aber ich kam nur einige Meter hoch. Nach einigen Besuchen, die ganz unfreiwillig geschahen, fand ich mich in der Stadt schon etwas zurecht und nahm mir einmal diesen, ein andermal einen anderen Stadtteil vor, um diese Gegend noch besser kennenzulernen.

In die Omnibusse, die dort umherfuhren, stieg ich nie; sie waren mir irgendwie unsympathisch. Ich wollte lieber eigenständig auf Erkundung ausgehen.

So besuchte ich auch mehrere Male den Stadtteil, wo die Universität steht. Diese war ein großer, interessanter Bau. Auf der Rückseite, gegenüber dem Haupteingang, befand sich eine große, mit steinerner Brüstung umgebene Terrasse. Diese Brüstung umschloß in großem Halbkreis die Aula, die mit sehr hohen Fenstern, die wie Kirchenfenster aussahen, versehen war.

Vor der Aula auf der Terrasse, auf einem Sockel, stand ein mächtiger steinerner Löwe. Dieses große, etwa sechs Meter hohe Standbild habe ich oft bewundert, wenn ich mit anderen Leuten, die hier anscheinend studierten, auf der Terrasse hin und her spazierenging. Dieses Kunstwerk schien aus Beton gefertigt, also nicht anders als die Standbilder in irdischen Parkanlagen oder vor Universitäten. Überhaupt sah dort alles sehr irdisch aus, und ich kann gut verstehen, warum Menschen der materiellen Welt dort nicht merken, daß sie nicht mehr auf der Erde sind.

Als ich wieder einmal auf der ‹Terrasse› spazierenging, freundete ich mich mit einem Dauerbewohner dieser Stadt an, und wir gingen gemeinsam in den großen Hörsaal.

Dort referierte ein Dozent über ein Thema, das mich und auch meinen Begleiter nicht sonderlich interessierte. Außerdem stellten wir fest, daß es der Dozent in einer recht langweiligen Form behandelte.

Also unterhielten wir uns leise über ganz andere Dinge. Die anderen Anwesenden – der Saal war fast ganz gefüllt – hörten gleichfalls nicht sehr interessiert zu.

Mein Begleiter berichtete mir Episoden aus seinem Leben hier, und ich erzählte ihm, wie ich dazu komme, mich hier umzusehen.

Auf einmal stand der Dozent hinter uns. Wir hatten uns noch nicht gesetzt und befanden uns vor den vorderen Stuhlreihen, wo noch Plätze frei waren. Er stellte uns zur Rede, warum wir seinen Vortrag störten. Er redete recht heftig, mein Begleiter grinste mich zwischendurch an und machte mir ein Zeichen zum Gehen.

So wendeten wir uns um und verließen das Auditorium. Draußen gingen wir noch eine Zeitlang auf der Terrasse hin und her und tauschten Erfahrungen aus. Dann wurde ich auf einmal wieder zurückgezogen.

Der allzu häufige Aufenthalt in dieser tristen Stadtlandschaft, die außerhalb des bebauten Gebietes in ebenso tristes ländliches Territorium überging, machte mich oft recht nachdenklich. Ob ich in meiner geistigen Verfassung – etwa später – dorthin gehören würde? Ich lernte aber noch ganz andere Lebenswelten kennen, so daß mich diese Sorgen wegen meiner allfälligen Zukunft nicht mehr belasteten.

Allerdings erhielt ich viele Jahre nach diesen Besuchen über jenes Gebiet der Jenseitswelt noch eine besondere Aufklärung.

Es war der letzte Tag eines Urlaubes im Hochgebirge, als ich im Schlaf wieder abgeholt wurde und mich in jener Stadt mit dem trüben Novemberwetter-Himmel wiederfand. Diesmal befand ich mich im Stadtteil mit dem großen Rathaus. Dieses Rathaus hatte ich damals schon oft von außen gesehen und den schönen Bau aus Klinkersteinen bewundert. Ein großer Innenhof mit Rasen und Springbrunnen wurde von den vier Flügeln des Baues umschlossen.

Ich betrat diesmal, inmitten einer hierhin und dorthin flutenden Menschenmenge, den Innenhof durch einen großen Torbogen, dann durch eine der großen Flügeltüren das Parterre des etwa fünfstöckigen Gebäudes.

Ein langer, breiter Korridor führte an verglasten, abgeteilten Büroräumen vorbei in einen langen Saal, der offenbar für Vorträge diente. Der Saal war der ganzen Länge nach mit hölzern aussehenden Bänken gefüllt, die jeweils vor einem langen schmalen Tisch standen. Im Saal war niemand; dagegen standen viele Menschen vor einer der Bürotüren, die einen Raum abschloß, der nicht verglast war. Man wartete hier auf jemanden oder wollte wohl in dieses Büro eintreten. An der Tür, die übrigens ebenso wie die Wand dekoriert und mit schön geschnitzten Holztafeln verkleidet war, war ein Schild zu sehen, aber ich kann mich nicht mehr genau erinnern, was darauf stand.

Nach einiger Zeit hörte ich von drinnen laute Gespräche. Die

Tür wurde geöffnet, und heraus strömten etwa dreißig Menschen, die laut und irgendwie erfreut miteinander redeten und sich durch den breiten Korridor auf den Ausgang des Gebäudes zu bewegten. Mit den vielen Leuten waren einige Herren würdigen Alters aus dem Büro in den Saal getreten und sprachen noch miteinander.

Ich nahm eine Gesprächspause wahr und fragte einen der Herren, der mir hier eine maßgebliche Funktion zu haben schien, ob dieses große Haus ein Rathaus sei.

«Nein!» sagte der Herr und sah mich freundlich an.

«Dies Haus ist eigentlich kein Rathaus. Dies Haus ist zum Denken – zum Nachdenken.»

Als ich ihn erstaunt ansah, erklärte er mir genauer, daß man von weither in dieses Haus komme, um über Probleme nachzudenken und persönliche Lösungen zu finden.

Als ich ihn dann fragte, ob ich die oberen Stockwerke des Hauses besichtigen dürfe, bejahte er dieses.

Nun fragte ich weiter nach meinem Hauptanliegen, ob er mir sagen könne, wie das Land genannt werde, in dem sich diese Stadt befinde.

Da sah mich der freundliche Mann lange und ernst an und sagte dann langsam und sehr betont:

«Dieses Land ist das – Morgenland!»

Ich weiß eigentlich nicht, warum mich diese Antwort so sehr erschütterte. Ich war getroffen wie von einer fernen Erinnerung, und es ging mir so seltsam durch die Seele, daß ich, als ich sofort zurückgezogen wurde, mit Tränen in den Augen erwachte.

Seitdem habe ich diese Lebenswelt, die wohl einen Übergang von den Dunkelwelten zu den hellen Jenseitswelten darstellt, nicht wiedergesehen.

Magische Irrwege

Im Jahre 1958 begann ich in noch größerem Ausmaß, mich mit spirituellen Übungen zu befassen. Solch kontrollierte Übungen machen zunächst deutlich, wie wenig man sich selbst kennt – obgleich die meisten Menschen vorgeben, sich genau zu kennen. So glauben viele, sich ausdauernd und konzentriert mit einer Sache befassen zu können. Die Kontrolle mit der Uhr zeigt aber, daß die Konzentration bereits nach Sekunden von abweichenden Gedanken unterbrochen wird.

Ich beschaffte mir also das Buch von Franz Bardon «Weg zum wahren Adepten». Nicht alles in diesem Buch ist – wenigstens für mich – annehmbar, aber die Konzentrations- und Imaginations-übungen sind sehr wirksam und erfolgreich. Es muß allerdings angenommen werden, daß der große Erfolg dieses Buches vor allem auf dem wenig liebenswerten Bestreben vieler Leser beruht, Macht über ihre Mitmenschen zu erreichen. Macht durch Magie ist die offenbar häufigste Triebfeder, sich mit Dingen, die in diesem Buch und anderen Werken beschrieben sind, zu beschäf-tigen.

Daß bestimmte Übungen tatsächlich zu einem Erfolg – meistens einem negativen – führen können, vor dem Bardon in jedem Kapitel dringend warnt, das erfuhr ich dann an mir selbst.

Vorkommnisse wie am 21. März 1958, wo ich bei der abendli-chen Meditation plötzlich einen überaus starken, stoßweise auftre-tenden Rosenduft wahrnahm, gehörten offenbar noch zu den bei mir möglichen medialen Ereignissen. Der Verfasser des Buches «Konzentration und Meditation», Swami Sivananda Sarasvati, sagt, man solle solches nicht beachten. Jedoch scheinen bestimmte Imaginationsübungen nach Bardon, die sich mit dem sogenannten Wasser-, Luft-, Erd- und Feuerprinzip befassen, irgendwelche Wirkungen des Schülers auf die Umwelt zu haben.

Jedenfalls bemerkte ich bei mir selbst, als ich mich zu reinem Übungszweck und keinesfalls mit Gedanken an Machtausübung etwa vierzehn Tage lang mit dem Feuerprinzip beschäftigt hatte, daß meine Mitmenschen immer aggressiver gegen mich auftraten.

So kam es Mitte Mai 1958 zu folgendem Vorfall im Büro der Firma, bei der ich tätig war:

Mein Abteilungsleiter, Herr S., ein sonst absolut nicht herrschsüchtiger Vorgesetzter, kritisierte einen ganz nebensächlichen Teil meiner Konstruktionen einer Schaltung. Ich erklärte ihm die vorliegende Absicht dieser Formausführung. Er erhitzte sich aber bei dem Meinungsaustausch – unbegreiflicherweise – immer mehr.

Schließlich wußte ich mir kaum noch einen Rat, wie ich der unerklärlichen Haltung des Herrn S. begegnen könnte.

Alle vierzehn Kollegen waren bereits aufmerksam geworden und hörten unserer nicht gerade leisen Unterhaltung interessiert zu.

Ein Kollege zwei Schreibtische weiter, Herr G., lehnte sich, indem er den Ellbogen auf seine Schreibtischplatte stemmte, weit vor, um unsere Unterhaltung besser hören und verfolgen zu können. Für Kollegen sind Kritiken an einer Konstruktion immer sehr interessant. Man gewinnt daraus neue Erkenntnisse – aber diese Kritik war schon mehr ein Streit.

Es muß erwähnt werden, daß unser Chef unsere Schreibtische, damit man besser auf die darunter im Schließfach liegenden Zeichnungen schauen konnte, mit sieben Millimeter dicken Hartglasplatten hatte versehen lassen.

Herr G. stützte also seinen Oberkörper mit dem Ellbogen auf die Glasplatte, und Herr S. wurde zu meiner Verwunderung immer erregter in der Diskussion, obwohl wir uns sonst noch nie derart gestritten hatten. Der Streitgegenstand war auch völlig unsinnig, und eine merkwürdige Ahnung stieg in mir auf.

Da, als ich mir nicht mehr zu helfen wußte, weil Herr S. weiter erregt redete, sandte ich eine stoßartige Bitte um Hilfe an – Hereiam.

Ein bis zwei Sekunden danach – gab es unweit von mir einen lauten Knall.

Alles schaute erschreckt auf – dann folgte gemeinsames Gelächter aller Kollegen. Auch Herr S. lachte mit, und alle schauten auf Herrn G., der mit dem Ellbogen in die dicke Glasplatte seines

Schreibtisches eingebrochen war. Sie war buchstäblich in Hunderte kleiner Splitter zerplatzt.

Herr G. hatte weder eine Verletzung, noch hatte sein Rockärmel irgendeine Beschädigung. Es war allen völlig unverständlich, wie die dicke Platte so zerspringen konnte, denn Herr G. war absolut kein Schwergewicht.

Der Streit mit Herrn S. war vergessen, alle lachten und schauten sich den Haufen kleinster Glassplitter im Schubfach des Herrn G. an.

Der einzige, der nicht lachen konnte, war ich.

Herr S., der mir wie aus einem Traum erwacht schien, sagte mir schon nach ein paar Minuten, daß er eigentlich nicht verstehe, warum wir uns gestritten hätten, und ich solle nur die Konstruktion so weitermachen wie bisher.

Die zersprungene Platte war kein Problem, denn sie war schon nach einigen Stunden durch eine neue ersetzt. Aber wie das passieren konnte, das war mein Problem.

Sicher! – Die Hilfe kam zur rechten Zeit.

Herr S. kam im Laufe des Tages noch zweimal zu mir und sagte, er sei sich immer noch nicht im klaren, warum wir uneins gewesen wären. Ich spielte die Sache möglichst herunter, weil mir seine Entschuldigungen irgendwie ein geradezu schlechtes Gewissen verursachten.

Die zersprungene Platte aber ließ mir keine Ruhe, und am Nachmittag, als man kaum noch an die Sache dachte, die so aufregend und lustig gewesen war, machte ich mich an ein Experiment, selbst auf die Gefahr hin einer weiteren platzenden Glasplatte.

Ich legte mich wie Herr G., scheinbar wie beim Betrachten einer Zeichnung, mit dem Ellbogen auf meine Schreibtischplatte. Es geschah nichts, auch nicht, als ich mit Schwung aufstützte.

Als ich es mehrmals wiederholt hatte und nichts passierte, kam mir der Gedanke, daß die Platte des Herrn G. vielleicht in der Auflage eine Unebenheit gehabt hatte. Ich ging in die Werkstatt und besorgte mir eine Stück Draht und legte ihn unter eine Seite meiner Glasplatte.

Nun wiederholte ich mit allem Nachdruck den Bruchversuch,

indem ich mein ganzes Körpergewicht aufstemmte. Es passierte nichts. Der Vorfall hat sich auch später nie wiederholt; selbst dreißig Kilo schwere eiserne Gegenstände wurden oft auf die Platten gestellt, ohne daß sie zu Bruch gingen.

Am Abend dankte ich dem Helfer aus der jenseitigen Lebenswelt für sein Eingreifen.

Die Übungen mit dem Feuerprinzip, die anscheinend dem Schüler im Umgang mit der Mitwelt, vielleicht infolge fehlerhafter Ausführung der Übung, eine erregende Ausstrahlung geben können, habe ich daraufhin für immer abgebrochen.

Krieg im Jenseits

Da ich immer wieder nachts unterwegs war, wobei sich mein Körper trotz astraler Aktivität ausruhte, war ich auch einmal in einer Gegend, die jedenfalls für mich sehr interessant war, weil ich die Seltsamkeiten da «drüben» von einer anderen Seite sah.

Merkwürdige Luftfahrzeuge flogen dort herum. Es waren dem Zeppelin ähnliche Apparate, die aber große Gondeln hatten, in denen die Menschen über hohe Brüstungen nach unten schauten. Die Menschen unten, bei denen ich mich zur Beobachtung befand, mißtrauten aber denen, die da oben herumflogen. Ab und zu gingen die Leute hier auch in Bunker, die wie irdische Kriegsbunker aussahen und eingerichtet waren. Ich erfuhr schließlich, daß hier so etwas Ähnliches wie ein Krieg stattfand. Man zeigte mir eine große Landkarte, und als ich in einer Gruppe der dortigen Einwohner an einem Tisch unter freiem Himmel saß, erklärte mir einer der Männer, daß die Leute aus einem anderen Land oft hierher geflogen kämen und aus ihren Luftfahrzeugen – Bomben abwürfen.

Ich sah auch solche Bomben fallen. Sie leuchteten stark auf, als sie explodierten. Ich hatte aber den Eindruck, daß dadurch kein wesentlicher Effekt und kein Schaden entstand. Die Menschen hier hatten aber offenbar Angst vor den herabfallenden Dingern, die irdischen Kriegsbomben sehr ähnlich sahen. Mir schien es jedoch, als ob diese Bomben nicht nach ballistischen Gesetzen fielen, jedenfalls langsamer, als ich es von irdischen Kriegsereignissen her kannte.

Schließlich hatte ich in einer dieser Gegenden auch ein vernünftiges Gespräch mit einem Einwohner, der mir in einem der dort stehenden großen Häuser Landkarten vorlegte. Ich studierte besonders eine Karte sehr genau, auf der der schwarze Felsen eingezeichnet war – auf dem ich die «Umschaltung» in die herrliche Lebenswelt am Meeresufer mit dem schönen Schiff erlebt hatte. (Siehe Kapitel: Der schwarze Felsen.)

107

Der Mann bestätigte mir, daß dies der Felsen sei, und er zeigte mir auch die Länder, die sich anscheinend mit den Kriegsspielen gegenseitig das Jenseitsleben ein wenig erschwerten.

Er sagte, dies sei noch harmlos, denn es gäbe noch viel schlimmere Gegenden, die aber zu den Dunkelsphären gehörten. Die hellen und schönen Länder hatte er leider nicht auf seiner Landkarte.

Es waren weite, umfangreiche Gebirgsflächen auf der Karte zu erkennen, aber auch Flüsse, Seen und Meere waren angegeben.

Dann bekam ich sogar einen Globus zu sehen, und bereits damals festigte sich der Gedanke in mir, daß es ein Irrtum sein müsse, die jenseitigen Lebenswelten als Schöpfungen der Phantasie oder Imagination der von der Erde abgeschiedenen Jenseitsbewohner anzusehen.

Vielmehr ist es wohl richtig, an ein Universum astraler Planetenwelten zu denken – wie ich es auch später in dem Buch von Yogananda «Autobiographie eines Yogi» wiederfand. Dort erklärte der Meister Yoganandas nach seinem Tode dem Schüler, daß er jetzt auf einem solchen Astralplaneten lebe. Ich habe auch Berichte gelesen, daß es Sphären herrlichster Beschaffenheit gebe, in denen eine Sonne vom Himmel strahle. Dies brachte mich auf den Gedanken, daß ein Astraluniversum so aufgebaut sein muß, daß die Astralplaneten, von denen man weiß, daß es dort keinen Tag- und Nachtwechsel gibt, ihrer Astralsonne immer die gleiche Seite zuwenden.

Dies wiederum würde bedeuten, daß die Bewohner der der Sonne zugekehrten Seite die höchst-entwickelten Geistwesen sind, während sich etwa von der Lichtgrenze abwärts die Dunkelsphären bis zum Gegenpol in schwärzeste Höllensphären fortsetzen.

Da die Kausalität der Materiewelt hier nicht wirksam ist, kann also auch die Sonnenseite der Astralplaneten nicht in Hitze ersterben und die Dunkelseite nicht in ewigem Eis erstarren. Es wäre damit vieles erklärt, was aus spiritistischen Kundgaben und Astralwandererlebnissen bisher unerklärlich erschien.

Das Jenseits hat damit also eine Geographie wie die Welt der Materie. Sinnvoll, logisch ist das durchaus, auch wenn es nicht in die Vorstellungswelt so mancher Erdenbürger passen mag. Bestätigende Antworten konnte ich bisher weder von Hereiam noch von sonst jemandem erhalten. Ich hatte, wenn ich überhaupt zu einer diesbezüglichen Frage kam, immer den Eindruck, daß der Partner «drüben» nachsichtig lächelte; ich solle noch abwarten, bis ich besser begreife. Zumeist aber entschwanden mir die Fragen, weil sich bei solchen Begegnungen immer ein himmlischer Frieden über mich ausbreitete.

Man könnte auf den Gedanken kommen, daß Geistwesen, die bereits den «Lichtpol» eines Astralplaneten erreicht haben, für die die geistige Sonne im Zenit steht, nun keine Möglichkeit zu weiterer Entwicklung hätten. Man kann sich aber ebensogut denken, daß es dann einen Wechsel zu einem höher entwickelten Astralplaneten gibt – einen Aufstieg in eine noch höhere Sphäre, wie ich es analog auf dem schwarzen Basaltfelsen erlebt habe: ein Vorgang, der sich natürlich im Vergleich zu einer geistigen Sonnenwelt weit unterhalb einer solchen Entwicklungsstufe abgespielt hatte.

Einmal wurde ich bei einer Diskussion gefragt, ob die Astralwelt etwas mit den auf der Erdenwelt beobachteten «Ufos», den unbekannten Flugobjekten, zu tun habe. Ich konnte nur antworten, daß ich drüben solch ein fliegendes Objekt nie gesehen habe. Man kann natürlich annehmen, daß diese Erscheinungen Eigenschaften zeigen, die sonst nur im Transzendentalbereich beobachtet werden; aber man weiß zur Zeit nicht, wo diese «Ufos» einzuordnen sind.

Einmal hatte ich mit Josy zusammen ein solches fliegendes Objekt über dem Grödental in den Dolomiten fliegen sehen. Als wir von diesem Urlaub zurückgekehrt waren und ich abends im Garten zum Polarstern schaute, trat plötzlich dicht neben dem Stern wieder ein solches Objekt in Erscheinung und flog etwa dreimal so schnell wie ein Düsenjäger und hell wie ein Stern erster Größe am Himmel – lautlos wie ein Geist. Eine Verwechslung mit einem Meteoriten gab es für mich nicht – und Satelliten flogen damals noch nicht um unsere Erde.

Merkwürdige Wahrnehmungen

Zu welch seltsamen Ereignissen es während Meditationen kommen kann, erlebte ich unter anderen Vorkommnissen am 1. Oktober 1961. Als ich abends in der Meditation eine Gebetsbitte für die Erhaltung des Friedens in der Welt verrichtete, erschienen nach einigen Sekunden bei geschlossenen Augen – drei leere Weingläser vor mir.

Man soll, nach der Lehre des indischen Meisters Sivananda, solche Erscheinungen nicht beachten, da sie von tiefer Versenkung abhalten können. Ich betrachtete diese Erscheinung aber interessiert, da ich den Sinn nicht erkannte.

Als ich dann in einem Traumbuch nachforschte, las ich dort über die Bedeutung leerer Weingläser: «eine Freude, die man *nicht* erleben wird.»

Allerdings – Frieden in der Welt, das wird man kaum erleben können. Das wollte mir wohl auch ein jenseitiger Freund damit eindeutig klar sagen.

Merkwürdige Dinge sind mir auch bei anderen Gelegenheiten begegnet. Besonders seltsam ist es, Geschehnisse zu erfahren, die sich erst später ereignen werden und daher noch nicht konkret eine Wirkung vorab schicken konnten.

Es war am 4. November 1961, als ich in Winnen in der Eifel die Pacht für das Grundstück bezahlt hatte. Nach der Übergabe des Geldes an Herrn P. ging ich auf das Grundstück, setzte mich auf einen Klappstuhl und schaute mir die schöne herbstliche Gegend an.

Leonhard vergnügte sich derweil mit den Kindern des Dorfes vor einer Scheune. Ich konnte ihn aber nicht sehen.

Ich schaute sinnend wohl schon eine halbe Stunde in die Landschaft, als sich eine merkwürdige Szene vor meinem geistigen Auge abrollte.

Ich sah plötzlich die Schwester von Frau P. aus dem etwa

zweihundert Meter entfernten Dorf kommen. Sie blieb in Rufweite stehen und rief zu mir herüber: «Herr Engel, kommen sie mal bitte – Ihr Sohn hat sich den Fuß verstaucht!»

Ich richtete mich auf – Unsinn! – wie kann man so etwas fantasieren! Ich schaute weiter in die Landschaft, und es vergingen etwa zwanzig Minuten.

Plötzlich sah ich die Schwester von Frau P. tatsächlich eilig aus dem Dorf den Weg zu mir laufen. Als sie mich sah, blieb sie abrupt stehen, legte die Hände als Sprachrohr zusammen und rief zu mir herüber:

«Herr Engel, kommen sie mal bitte rasch – Ihr Sohn hat sich den Fuß verstaucht!»

In böser Ahnung war ich schon aufgestanden und eilte zum Dorf.

Leonhard hatte mit den anderen Buben das Hinunterspringen von gepreßten Strohballen geübt und war auf einer Grabenkante schräg aufgetreten. Nun konnte er keinen Schritt mehr tun. Ich transportierte ihn also in das Auto und dann nach Hause. Schließlich stellte der Arzt einen Anriß des Wadenbeines fest, und er brauchte einige Wochen, bis die Folgen des Sprunges überwunden waren. Fragt sich nur, wie solch eine vorauseilende Auskunft eines noch nicht geschehenen Unfalls zustandekommt, mitsamt dem Übermittlungsbild.

Es bleibt uns Menschen auch zumeist verschlossen, wie manche Vorgänge entstehen, die uns geheimnisvoll und daher, falls sie uns nicht ausreichend bekannt sind, unheimlich erscheinen.

Mir war folgender Vorgang, der wegen seiner Nichterklärbarkeit von Psychologen gern als krankhafte Erscheinung gedeutet wird, nicht unheimlich. Ich hatte ihn vielmehr mit Interesse beobachtet.

Es war an einem frühen Sonntagmorgen, etwa um sechs Uhr, als ich in meinem Zimmer, das mit einer hohen Stuckdecke versehen war, erwachte. Das Zimmer hatte an seiner Altbaudecke fast quadratmetergroße Vierecke, die von etwa fünf Zentimeter vorstehenden Stuckleisten eingeteilt wurden. In dem Viereck über mir waren keine Stuckblumen oder dergleichen angebracht wie in der Zimmermitte. Es war eine glatte, weißgetünchte Decke. Der Morgen war hell, und nur der durchsichtige, noch geschlossene Vorhang dämpfte das Licht im Zimmer.

Da begann dieses weiße Viereck über mir plötzlich zu leben!! Als ich genauer hinsah, begannen innerhalb des Vierecks merkwürdige, glitzernde grüne, blaue, gelbe und golden glänzende, fingerdicke Stränge oder Adern zu fließen, die sich wie Schlangen bewegten. Es entstand in einer halben Minute ein seltsames Bild, das wie aus einem mit dicken Tauen gefertigten Geflecht zu bestehen schien. Das Ganze lebte, und ich sah, wie durch die fest am Platz bleibenden Adern ein grün- bis blaugolden schimmernder Strom wie eine Flüssigkeit hindurchfloß.

Es sah etwa wie ein Mandala aus oder ein Geflecht von lebenden Strömen – ich weiß es kaum zu beschreiben. Es blieb etwa zehn Minuten unter der Decke innerhalb des Stuck-Vierecks; dann wurde es immer blasser und verschwand ebenso langsam, wie es sich entwickelt hatte.

Ich bekam keinen Hinweis, keine Aufklärung von der Transzendenzseite, was dies gewesen sein mag, und auch später sind mir Sinn und Zweck dieser Erscheinung am frühen Morgen, bei fast hellem Tageslicht, niemals klar geworden.

Vorwitz im Vortragssaal

Bereits vor dem Jahre 1964 hatte ich «drüben» Erlebnisse gehabt, an die ich mich aber erst wieder klar erinnerte, als ich mit meinem Betreuer darüber gesprochen hatte.

Der Betreuer – das war zeitweise jener, den ich Iream nannte – hatte mich in eine Sphäre jener Welten mitgenommen, die man als obere Hölle bezeichnen kann. Es war dort sehr trübe und fast ganz dunkel. Nur in den großen Häusern der jenseitigen Missionen brannte helles Licht. Es gab auch Beleuchtungskörper, die wie unsere elektrischen Lampen strahlten.

Iream führte mich in einen großen Saal, der einen oberen Teil mit etwa hundert Stühlen hatte und einen unteren Teil, von dem man über einige Stufen zum oberen Teil hinaufstieg – wo gerade ein Vortrag gehalten wurde.

Im oberen Teil saßen jetzt viele armselig anzuschauende Menschen, die von den Missionaren gesammelt worden waren; ein würdig aussehender Mann in langem, hellem Gewand sprach zu diesen Leuten.

Ich hatte mich mit Iream im unteren Teil des Saales in eine Nische, ähnlich einer Theaterloge, gesetzt. Wir saßen auf Stühlen dicht neben den verglasten Flügeltüren beim Saaleingang.

Ich hörte dem Mann, der vor den «armen Seelen» – als solche erschienen sie mir – einen Vortrag hielt, aufmerksam zu. Er sagte, sie müßten lernen ihre Körper zu beherrschen, damit sie ihre irdischen Vorstellungen von Krankheit ablegen könnten; dann seien sie auch fähig, sich von der Anziehung der Erde zu befreien. Er erklärte ihnen das ganz genau. So sagte er auch, daß man sich durch Singen eines Tones von der Vorstellung der Schwere und manchen anderen nun nicht mehr geltenden Auffassungen befreien könne.

Ich weiß nicht recht, wie ich zu dem Vorwitz kam – aber als der Missionar die Erklärungen über das Singen eines Tones und die

113

Überwindung der Schwere abgab, wußte ich plötzlich, daß ich das geübt hatte, und meinte das jetzt demonstrieren zu dürfen. Ich erhob mich also vom Stuhl, fing einen hohen Ton zu singen an und – schwebte über die Treppe aufwärts bis zum Missionar hin.

Die so bescheiden dasitzenden hundert Menschen schauten mit offenen Mündern zu mir und der Missionar, der etwas erstaunt meiner Demonstration zusah, sagte sofort lächelnd zu seinen Zuhörern:

«Seht her, meine Lieben – hier habt ihr den Beweis, wie man die Schwerkraft überwinden lernt.»

Dann fragte mich der Missionar freundlich, wo ich herkäme, und ich erklärte ihm den Umstand meiner Exkursionen. In seinen Augen aber las ich trotz seiner ausgesprochen freundlichen Art, daß er mich für ein wenig vorwitzig und begierig nach Anerkennung hielt.

Ich bedankte mich also rasch für die Möglichkeit des Studiums hier und zog mich dann ebenso rasch zu meinem Betreuer zurück, der mich dann auch sehr schnell in Richtung «Materie» entließ.

Einige Wochen später ging ich mit Iream durch eine Landschaft, die mit ihren Palmen und hohen Bäumen wie eine von Blumenwiesen unterbrochene offene Waldlandschaft aussah und offenbar zu einer tropischen Gegend gehörte. Es war dies die astrale Entsprechung einer solchen Landschaft.

Wir gingen auf einem breiten Fußweg und kamen nun zu einer großen Wiese, die im Hintergrund durch einen mächtigen Apfelbaum begrenzt war, der verlockend rote und goldgelbe Äpfel trug. Rechts und links neben und halb schon unter dem Apfelbaum standen blühende Büsche. Dahinter konnte ich eine weitere Blumenwiese sehen, auf der in weitem Kreis eine große Gesellschaft von Frauen und Männern lagerte.

Das mich faszinierende Ereignis war, daß da oben am Apfelbaum ein Mann schwebte, der – in schwebender Lage – Äpfel in einen unter einen Arm geklemmten runden Korb sammelte.

Der Mann war tiefbraun, hatte schwarzes langes Haar und einen Vollbart und trug ein langes Gewand in roter und hellblauer Farbe. Dieses wickelte sich schwebend um seine Füße, wie man es auf manchen Bildern vom schwebenden auferstandenen Christus sehen kann. Der Mann war offenbar ein Inder – ein Yogi, ein Meister, dachte ich und hatte den unbedingten Drang, diesen Mann näher kennenzulernen.

Iream schien mir etwas sarkastisch zu lächeln, als ich ihn stehenließ und abseits vom Weg über die Wiese auf den Apfelbaum mit dem schwebenden Mann zuging.

Der Yogi dort oben schaute einmal kurz zu mir und pflückte dann bedächtig weiter.

Als ich die halbe Wiese schon überquert hatte, kam von drüben, wo die bunte Gesellschaft lagerte, eine ältere Frau durch die Büsche auf mich zu. Sie winkte schon von weitem ziemlich aufgeregt mit beiden Armen. Offensichtlich hieß dies Zeichen, ich solle stehenbleiben. Ich ging aber weiter. Sie rief mir nun zu, ich solle nicht weitergehen.

Als die Frau mich erreicht hatte, erklärte ich ihr bescheiden, ich wolle nur gern den Meister, der da oben am Baum schwebe, kennenlernen.

Die Frau aber sagte sehr energisch:

«Nein! Das ist ganz und gar unmöglich!»

Was man denn hier tue, fragte ich.

«Der Meister sammelt jetzt Obst für die Feier der Kommunion», sagte die Frau und bedeutete mir ganz entschieden, daß es jetzt keine Störung geben dürfe, es sei ein enger Kreis zusammengehörender Personen, die sich hier getroffen hätten, und man könne niemand gestatten, jetzt hinzuzukommen.

Da die Frau nicht nachgab, sondern nun mit abweisender Handbewegung zu ihrer Gesellschaft zurückging, und der Yogi da oben auf mich nicht im mindesten reagierte, blieb mir nichts anderes als der Rückzug übrig.

Iream empfing mich lächelnd am Weg, und dann gingen wir noch ein Weilchen in der schönen Landschaft spazieren.

Eine astrale Schiffahrt

Auch am 8. 12. 1964 wurde ich nachts wieder abgeholt und in eine Astralsphäre versetzt. Meine Erinnerung an diesen Vorgang ist allerdings nicht sehr deutlich. Es kann daran liegen, daß ich durch ein solches Ereignis nicht mehr in dem Maße erstaunt und beeindruckt wurde wie in den ersten Jahren, als diese Astralwanderungen begannen. Es war für mich kein außerordentliches Ereignis mehr, und ich empfand es nicht mehr als besonders aufregend.

Ich war wieder in dem Gebirgstal, wo das Ruhehaus steht und ich schon soviel erlebt hatte. Richtig bewußt wurde es mir aber erst, als ich mich nicht auf der Terrasse mit der schönen Aussicht befand, sondern im Inneren des Hauses. Hier war ein großer Raum, der wie ein Schlafsaal aussah. An den Wänden befanden sich viele Ruhebetten und Bänke, und auf den Liegestühlen in der Mitte des Raumes lagen eine Menge Leute, die anscheinend schliefen. Der Raum war ziemlich dunkel. Man hatte die Vorhänge vor den breiten Fenstern zugezogen.

Josy, meine Frau, saß zwischen anderen Leuten auf einem der Bänke des bäuerlich eingerichteten Raumes. Ich sollte mich zu ihr setzen. Mir gefiel der Raum aber nicht, und ich dachte an einen See, an dessen Ufer man spazierengehen könnte.

Im selben Moment schwebte ich plötzlich hoch in der Luft über einem großen Gewässer. Ich sah von oben ein großes Schiff, einen Dampfer mit dickem Schornstein – und Sekundenbruchteile später befand ich mich an Bord des Schiffes und stand an der Reeling des flott fahrenden Dampfers, der eine ganz normale Bug- und Heckwelle verursachte.

Das Gewässer war so groß, daß man nur am fernen Horizont noch Land sehen konnte. Es waren viele Leute an Bord des Schiffes; Frauen und Männer, in völlig irdischer Kleidung. Sie gingen auf dem Dampfer hin und her, unterhielten sich und schauten auf das Wasser. Auf der Brücke sah ich den Kapitän und

*mehrere Männer stehen. Da war kein Unterschied zu einem
normalen Schiff auf der Erdenwelt festzustellen. Ich nahm den
Vorgang hin, ohne mir viel Gedanken zu machen, wie ich von hier
wieder wegkäme. Auf einmal schwebten vom mäßig blauen Himmel, aus einer Art Höhennebel, eine ganze Anzahl weißer Fäden
herunter – wie beim Altweibersommer. Als es immer mehr wurden, fing ich einen der Fäden auf. Er sah aus wie aus Zuckerkri-
stallen. Einer der Leute an Bord sagte mir dann, es seien auch
Zuckerfäden. Das fand ich seltsam und dachte mir, daß vielleicht
einer der Mitreisenden an Bord sich dieses Phänomen imaginiere,
was ja in der Astralsphäre zu einer Materialisation führen kann.*

*Dann fiel mir ein, daß ich Josy so schnell verlassen hatte und
daß dies sie ärgern könnte. Irgendwie entstand jetzt Nebel um
mich, und im gleichen Moment befand ich mich wieder in dem
Ruhehaus.*

*Josy erklärte mir sehr unwillig, daß sich schon andere Ehemän-
ner geäußert hätten, wie rücksichtslos es von mir sei, sie hier so
alleine sitzenzulassen. Als ich die Männer anschaute, die gemeint
waren, blickten sie aber wie gelangweilt durch die Fenster nach
draußen.*

*Dann entstand wieder Nebel – und ich wachte auf der Erden-
welt auf.*

Von unserem ersten mir bewußten Astral-Streit wußte meine Frau
nichts; also keine Erinnerung, die mir ein Beweis für das Erlebnis
hätte sein können.

Tiererlebnisse in der Astralwelt

Unter meinen Aufzeichnungen des Jahres 1964 fand ich noch weitere sonderbare Nachterlebnisse.

Ich hatte eines Tages darüber nachgedacht, daß ich bei meinen Astralwanderungen nur selten etwas über das Leben der Tiere nach dem irdischen Tod erfahren hatte.

Am 19. 4. 1964 erwachte ich nachts in meinem Bett, aber das Bett stand in einem Hochwald, und es war taghell. Als ich mich vergewissert hatte, daß ich tatsächlich im Bett mitten in einem Wald lag, wurde mir klar, daß sich mein Betreuer in der Astralwelt mit mir einen besonderen Scherz leistete. Zu sehen war er nirgends, dafür kam aber plötzlich eine Wildsau auf mein Bett zugelaufen. Das Tier rieb sich zutraulich an meiner Bettkante, und ich streichelte es. Ob jetzt ein telepathischer Kontakt zwischen jenseitigen Wildschweinen entstand, kann ich nicht sagen, jedenfalls kamen auf einmal ganze Rotten von Wildschweinen auf mein Bett zugelaufen, und anscheinend wollten alle von mir gestreichelt werden.

Die Tiere benahmen sich alle sehr brav, sie stießen sich zwar zuweilen ein wenig, aber sie waren alle sehr lieb und zahm.

Diese Wildschweinbegegnung in heller Astral-Waldlandschaft dauerte wohl zehn Minuten, wie mir schien; dann verfügten sich mein Astralbett und ich ganz selbsttätig wieder in die Materie. Sicher hatte mein Betreuer ein besonderes Vergnügen daran.

Bei einer anderen ähnlichen Gelegenheit beobachtete ich in einem dichten Wald Hirsche und sogar Bären. Der Himmel dieser Gegend war blaßblau und der Wald ganz irdisch aussehend. Auch Pferde und andere Großtiere begegneten mir hier.

Weniger angenehm und eher erschreckend war für mich ein Vorfall, als ich bei einer Wanderung von einem astralen Waldrand her, in Richtung einer anscheinend kleineren Stadt, plötzlich von einem riesigen Gorilla verfolgt wurde. Als ich das große, aufrecht gehende Tier hinter mir bemerkte, fing ich an zu laufen. Ich hatte den Stadtrand schon erreicht und lief weiter – über das Gleis einer einspurigen Eisenbahn.

Immer noch verfolgte mich der Gorilla in etwa fünfzig Meter Abstand und kam immer näher. Ich lief weiter über die Schwellen des Gleises und erreichte jetzt einen kleinen, ganz ländlich aussehenden Bahnhof. Hier standen viele Leute auf dem Bahnsteig, als ob sie auf den nächsten Zug warteten.

Als ich so auf den Bahnsteig zuhastete, lachten auf einmal die Leute über meine Eile, und einer der Männer rief mir zu:

«Nicht flüchten!»

Da wußte ich sofort, wie lächerlich ich mich hier benahm – wo es doch, ganz anders als im Irdischen, gar keine echte Gefahr geben konnte.

Ich verhielt also den Schritt und nahm mich zusammen. Ich tat so, als ob mir der Gorilla ganz gleichgültig sei. Die Leute auf dem Bahnsteig grinsten und lachten noch immer.

Als ich den Schritt des Tieres nicht mehr hinter mir hörte, drehte ich mich vorsichtig um. Da stand der dicke, mit zottigem Fell versehene braune Kerl etwa achzig Meter hinter mir, drehte sich um und lief langsam wieder zum Wald zurück.

Ich entfernte mich weiter, auf dem Schienenstrang gehend, bis auch diese Exkursion mit Nebel und Rückwärtsflug in meinem Körper endete.

Übrigens habe ich bei anderen Gelegenheiten – drüben – Eisenbahnen und Autos fahren sehen: also Einrichtungen unserer Erde, auf die man drüben in den weniger glücklichen Astralsphären aus Entwicklungsgründen wahrscheinlich noch nicht verzichten kann.

Besuch bei einem Verstorbenen

Eines Nachts, das Datum war nicht notiert, wurde ich wieder zu einer meiner merkwürdigen Exkursionen abgeholt, die bei vollem Bewußtsein meiner Person und sonstiger Umstände stattfanden. Der «Abholer» ließ mich nach Sekunden bereits allein, und ich befand mich in einer neblig trüben Gegend. Es waren grüne Büsche und Bäume, aber keine Blüten oder Blumen zu sehen. Ich schaute suchend umher und erblickte in einiger Entfernung ein Bauwerk, das sich offenbar im Rohzustand befand. Es sah aus wie ein mittelgroßes Fabrikgebäude mit zwei Stockwerken. Auffällig war eine im Parterre rundum laufende Säulenkolonnade.

Ich ging langsam auf dieses Gebäude zu und kam dabei in eine von breitwachsenden grünen Wacholderbüschen durchsetzte Gartenanlage mit Steintreppen und plattenbelegten Terrassen, die einen sehr ordentlichen Eindruck machte. Diese Anlage umfaßte den ganzen Fabrikneubau.

Auf einmal sah ich eine Frau mittleren Alters auf den Weg zukommen, auf dem ich zum Neubau ging. Zu meinem großen Erstaunen war dies Frau St., mit der ich im Beruf fast täglich zu tun hatte. Sie war länger Angestellte der Firma als ich und machte für mich im Büro viele technische Zeichenarbeiten.

Noch ehe ich aber mit ihr sprechen konnte, tauchte vor mir plötzlich mein im vorigen Jahr verstorbener Chef auf, der alte Herr M., und kam uns langsam auf der flachen Steintreppe entgegen.

Er war über unseren Besuch offenbar erfreut und lud Frau St. und mich zu einer Besichtigung des Fabrikgebäudes ein, das er als «seinen Neubau» bezeichnete.

Ohne Umstände folgten wir ihm in das neue Gebäude, das — auch im Inneren — genau den irdischen Bauten dieser Art entsprach. Frau St. und ich lobten die gute und solide Bauart, und ich war nicht erstaunt, daß Herr M. hier eine neue Fabrik bauen wollte, da er dies im irdischen Leben ja schon oft getan hatte.

120

Mir fiel zwar auf, daß ich niemanden sah, der an dem Bau arbeitete, aber vielleicht gönnten sich die Bauarbeiter gerade irgendwo eine Ruhepause. Ich machte auch keine Bemerkung darüber, wo Herr M. denn später die Erzeugnisse der Fabrik verkaufen wolle. Ich hatte schon öfter solche und andere Fabriken im Astralreich gesehen und vermutete, daß deren Tätigkeit von irgendeiner höheren Warte aus gesteuert wurde.

Unser Rundgang durch leere Hallen und Büros dauerte eine ziemlich lange Zeit. Dann gingen wir drei zusammen wieder in die Gartenanlage mit den grünen Büschen unter graunebligem, diesigem und mäßig hellem Himmel.

Wir gingen zu dritt die flache Treppe nach oben. Dann gab Herr M. Frau St. und mir die Hand. Er bedankte sich liebenswürdig für den Besuch. Ich habe ihn selten so freundlich erlebt wie hier. Daraufhin stieg ich mit Frau St. die Treppe zwischen den Büschen hinauf. Ich schaute mich um und sah Herrn M. in seinem grauen Anzug stehen, wie er uns noch nachschaute. Dann kam der übliche Zug nach rückwärts. Ich sah Frau St. verschwinden und erwachte im Irdischen.

Am nächsten Tag überlegte ich mehrmals, ob ich Frau St. deshalb ansprechen sollte. Sie tat wie üblich ihre Arbeit – schien mir aber ab und zu nachdenklich zu mir herüberzuschauen. Konnte sie sich vielleicht erinnern?

Ich brachte es schließlich nicht fertig, sie in irgendeiner Form zu fragen. Die Möglichkeit völligen Mißverständnisses schien mir zu groß.

Die Hölle

Ich war wieder einmal, während ich schlief – draußen! Ich erinnerte mich jetzt während meines Astralaufenthaltes, daß ich früher einmal einen der jenseitigen Betreuer gebeten hatte, die Hölle besuchen zu dürfen.

Heute war es soweit. Von mehreren Richtungen her kamen die Teilnehmer der vorgesehenen Höllen-Exkursion. Natürlich kann eine solche nur unter entsprechender Führung geschehen; denn man muß sicher sein, daß man von dort auch wieder zurückkehrt.

Es waren sieben Personen, die sich in einer ganz irdisch aussehenden Schule versammelten. Als ich das vorbestimmte Klassenzimmer aufsuchte, sah ich im Vorübergehen in offenen Klassenzimmern, daß alles vorhanden war, was man von Schulen gewöhnt ist. Ein Raum war voll physikalischer Apparate, in einem anderen sah ich Demonstrationsgeräte.

Dann trat ich in das zur Versammlung der Teilnehmer richtige Zimmer. Der Leiter der Exkursion, ein Lehrer dieser Schule, wartete bereits auf uns.

Dieser «Leiter» trug ein lichtes Gewand, wie ich es oft an Bewohnern der hellen Sphären gesehen hatte, obgleich die Schule hier in einer nicht sehr sommerlich hellen Landschaft zu stehen schien. So habe ich es jedenfalls in Erinnerung.

Der Lehrer gab uns Anweisungen für die Exkursion. Wir sollten immer eng zusammenbleiben und seinen Anweisungen folgen. Dann setzten wir uns alle auf einen Stuhl, und der Lehrer sagte, wir sollten die Augen schließen und uns versenken.

Als ich die Augen schloß, hatte ich sofort ein Gefühl wie in einem abwärts fahrenden Fahrstuhl. Gleich darauf sagte der Lehrer, wir könnten nun die Augen öffnen.

Da befanden wir sieben Teilnehmer uns nun in einer nachtdunklen Gegend; soweit ich erkennen konnte, auf der Kuppe eines flachen Hügels.

Dann gab uns der Lehrer, der übrigens eine ziemlich athletische Figur hatte und jetzt in seinem weißen Gewand wie eine Gespenstgestalt leuchtete, mit verhaltener Stimme die Anweisung:

«Jetzt bitte folgen!»

Dicht beieinander gingen wir hinter dem Lehrer her. Der Boden schien mir mit trockenem grauen Gras bewachsen, später kam körniger Sand. Wir waren sehr gespannt, was wir erleben würden. Vorläufig sahen wir praktisch überhaupt nichts. Der Himmel schien schwarz und ohne Sterne. Bodenformen waren nur diffus auszumachen.

Dann nahmen wir in einiger Entfernung Barackenbauten oder so ähnliche Gebäude wahr. Uns schien zuweilen, als ob uns dunkle Schatten folgten, es kann aber auch Täuschung gewesen sein.

Als wir vom Hügelgelände hinunterstiegen, bemerkten wir auf einmal im graunebligen Hintergrund einen hohen Stacheldrahtzaun.

Als wir näherkamen, sahen wir deutlich ein vollständiges Drahtverhau mit hohen Pfählen und oben an den Querhölzern Stacheldraht, dahinter ein zweites Drahtverhau, wie es von Gefangenenlagern her bekannt ist.

Mich überfiel ein leichtes Grausen, als ich beim Weitergehen plötzlich deutlich einen Wachtturm sowie ein hohes Balkengestell mit Plattform und Dach darüber erkennen konnte.

Nur den Maschinengewehrschützen, der in Gefangenenlagern immer dort oben stand und an gewissen Grenzen noch heute steht, den sah ich nicht.

Wir sagten kein Wort und gingen weiter das Drahtverhau entlang. Der Lehrer unbekümmert vor uns – und wir Teilnehmer mit nicht sehr angenehmen Gefühlen dicht hinter ihm.

Dann entdeckten wir lange Baracken hinter dem Zaun. Als wir diese abgeschritten hatten, immer angestrengt in die Dunkelheit starrend, gewahrten wir ein Tor, das aus zwei großen Türen, Balken und starkem Drahtzaun hergestellt war. Es stand halb offen und der Sperrbalken, mit dem man das Tor in schweren eisernen Angeln sichern konnte, lag zerbrochen quer davor.

Der Lehrer ging nun durch die Öffnung, und wir folgten ihm.

Das zweite Drahtverhau schien hier völlig zerstört, und wir marschierten über einen großen Platz mit vielen langen Barackenbauten. Diese schienen, soweit man im Dunkel sehen konnte, auch teilweise zerstört.

Dann nahmen wir im Hintergrund etwas wie eine breite Aufschüttung aus hellem Sand wahr. Eine Fläche von etwa zehn auf zehn Meter, die ca. einen Meter über den übrigen körnigen schwarzen Boden hinausragte, leuchtete jedenfalls so hell, daß man alles, was darauf lag, deutlich erkennen konnte.

Es sah aus, als ob eine Anzahl Leichen, wohl an die dreißig Körper, hier kreuz und quer auf dem hellen Sand liegen würden. Dann gewahrten wir das ganze Schrecknis. Da lagen Menschen – alles Männer in zerrissenen, vielleicht zerschossenen Uniformen, die in Farbe und Schnitt noch kaum erkennbar waren.

Alle aber starrten mit weit aufgerissenen Augen und verzerrten Gesichtern in die schwarze Nacht über ihnen.

In verkrampften Stellungen lagen sie starr und völlig bewegungslos – nur die entsetzt nach oben starrenden Augen ließen deutlich erkennen, daß es lebende Menschen waren, die unentwegt entsetzliche Dinge zu schauen hatten.

Keiner von uns konnte ein Wort sagen.

Der Lehrer erklärte uns leise, daß diese Menschen eine bewußt und freudig ausgeführte Schuld auf sich geladen hätten und nun so lange die furchtbaren Wirkungen ihrer Taten wie einen sich stetig wiederholenden Film anschauen müßten, bis sie das Schrecknis ihrer Schuld eingesehen hätten.

«Es ist dies wirkliche Verdammnis!» sagte der Lehrer.

«Wie lange dauert es?» fragte einer von uns leise.

«Es kommt auf einen Funken von Einsichtsfähigkeit an, den diese Menschen noch entwickeln können. Eher kann ihnen keiner helfen.»

Wir schauten noch einige Minuten auf dies starre, aber in seiner unbewegten Lebendigkeit entsetzliche Bild, dann wandte sich der Lehrer zum Gehen.

Ich ging als letzter der Gruppe, die nun wieder langsam dem Tor zustrebte, und schaute mich gerade noch einmal um – als ich deutlich eine Bewegung eines der starr dort Liegenden bemerkte. Dann richtete sich plötzlich ein Mann, der eine anscheinend einmal weiß gewesene und nun zerfetzte Uniform trug, in Sitzstellung auf und starrte uns nach.

Jetzt richtete er sich taumelnd weiter auf und – begann mit kreischender Stimme um Hilfe zu schreien.

Ich stand erschrocken still – drehte mich zum Lehrer um und stellte fest, daß er schon ein ganzes Stück mit den anderen Teilnehmern weitergegangen war.

Da schrie der Mann in der zerfetzten Uniform noch schrecklicher und begann taumelnd und schreiend auf mich zuzugehen. –

Er kam aber nicht weit. Es war mir, als ob sich dunkle Schatten an ihn hängten. Er brach auf die Knie nieder.

Ich rief dem Lehrer zu, ob wir ihm nicht helfen sollten.

Der Lehrer rief zurück:

«Wenn er allein bis zum Tor gehen kann, dann dürfen wir ihm helfen – eher nicht!»

Da aber war der Mann schon mit immer leiser werdendem und später in ein Wimmern übergehendem Schreien ganz in sich zusammengefallen und lag nun stöhnend auf dem Gesicht vor dem hellen Sandhaufen. Jetzt rief mir der Lehrer zu, ich solle nun zum Tor kommen, wir könnten nicht helfen.

Das Stöhnen und Wimmern des Hilflosen schnitt mir in die Seele. Mit Gewalt kam es über mich, daß ich mich hinkniete und ein kurzes konzentriertes Gebet an die Kraft sandte, die allein eine Hilfe und Wandlung dieser armen Verdammten hier noch bewirken konnte.

Dann lief ich zu unserer Gruppe, und nach wenigen Sekunden waren wir zusammen. Der Lehrer sagte ein paar leise Worte, und im nächsten Moment befanden wir uns – wieder in der Schule.

Jeder von uns fühlte sich von etwas Schrecklichem erlöst. Dann verschwand vor mir die ganze Szenerie schlagartig, und ich erwachte auf der Erdenwelt.

Dieser Besuch einer Höllengegend war eines meiner eindrucksvollsten Erlebnisse und ebenso unvergeßlich wie manches Kriegsereignis auf der materiellen Welt. Verlangen nach Wiederholung einer solchen Exkursion hatte ich aber nicht. Den mir unbekannten Mitteilnehmern dürfte ähnlich zumute gewesen sein.

Begegnungen freundlicher und finsterer Art

Anscheinend wollte mich mein jenseitiger Betreuer am 12. 1. 1969 wieder an zeitweilige nächtliche Exkursionen erinnern. Ich wurde jedenfalls meiner selbst und der Situation bewußt, als ich mich zusammen mit vielen Menschen in einem großen Saal befand. Es war wie im Wartesaal eines großen Bahnhofs. Viele Tische und Stühle standen herum, und ich saß mit anderen zusammen an einem Tisch. An der Stirnseite des großen hohen, aber recht schmucklosen Saales stand auch ein Podium, auf dem ein Mann einen kurzen Vortrag hielt.

Dann wieder unterhielten sich die Leute zwanglos. Den Inhalt des Vortrages weiß ich nicht mehr. Ich beobachtete das alles und langweilte mich. Auf einmal kam von hinten eine große junge blonde Frau an meinen Tisch. Sie hatte lange Schillerlocken, wie sie Josy früher trug. Ich dachte auch im ersten Augenblick, es sei Josy, doch nun beugte sich die Frau zu mir und setzte sich auf einen leeren Stuhl neben mich. Sie lehnte sich an mich und sagte unter einigen Tränen: «Es dauert ja noch so lange, bis Du kommst!»

Jetzt wurde mir nebelhaft bewußt, daß ich sie seit vielen Jahrhunderten kannte. Ich tröstete sie mit einem Kuß auf die Wange – und dann lag schon alles wieder im Nebel, und der Ruck der Rückkehr beendete den Besuch im Treffpunkt – drüben.

Ein Glück, daß solche Erinnerungen selten und keineswegs allen zugänglich sind. – Was gäbe es sonst alles für irdische Eifersuchtsszenen wegen «seiner» vor Hunderten von Jahren ihm Angetrauten oder wegen «ihres» Mannes aus früheren Inkarnationen.

Warum ich am 31. März 1971 auf der anderen Seite unserer Lebenswelt – diesmal auf einem finsteren Astralplan – eine zwar eindrucksvolle, aber keineswegs angenehme Begegnung haben mußte, kann ich nicht sagen. Sie wickelte sich wie folgt ab:

127

Ich wurde schweigend abgeholt. Es war so dunkel, daß man gerade noch alles wie in der letzten Dämmerung erkennen konnte. Mein Abholer und Begleiter war wohl Iream, aber ganz sicher bin ich nicht.

Auf einmal waren wir in einer düsteren Stadt. Ich glaube, wir befanden uns auf einer großen Terrasse vor einem hohen Gebäude. Mein Begleiter stand immer etwas hinter mir und erklärte alles, was nun geschah.

Vor mir stand ein finster aussehender Mann in tiefgrauem Straßenanzug. In seiner Begleitung befanden sich wenigstens zehn Männer, die ähnlich gekleidet waren, und es folgte eine Art Interview.

Der finster dreinschauende Mann vor mir schien etwa vierzig Jahre alt zu sein, und seine Begleiter hielten sich respektvoll ein paar Schritte hinter ihm. Einige seiner Leute schienen mir ab und zu höhnisch zuzugrinsen. Ich fühlte mich aber mit meinem Begleiter, der in weißem Gewand neben mir stand, sehr sicher und stellte einige Fragen, die ich aber im einzelnen nicht mehr wiederholen kann. Mein Begleiter erklärte mir, vor mir stehe der – «Teufel». Ich weiß nicht mehr sicher, ob es hieß, es sei der Teufel oder es sei eines jener Wesen, die den Teufel verkörperten. Jedenfalls erklärte mir mein Begleiter, daß er zwar so aussehe wie ein normaler Mensch, aber ständig durch seine Willensausstrahlung versuche, den freien Willen aller Menschen zu unterdrücken. Während ich so auf meinen Begleiter hörte und nebensächliche Fragen an mein seltsames Gegenüber stellte, tauchten in meiner Phantasie immer wieder greuliche Dämonengestalten auf.

Daraufhin erklärte mir mein Begleiter Zustände der Unbewußtheit und wie man Wahnzustände überwindet. Dadurch werde man frei von der Einflußnahme der Kraft, die man teuflisch nennt.

Kurz darauf endete die merkwürdige Zusammenkunft, die mir eher wie ein Kurs in «Wie werde ich frei von Furcht?» vorkam.

128

Eine jenseitige Diskussionsrunde

Eines Nachts wurde ich plötzlich abgeholt. Nach einem Flug durch Nacht und Nebel befand ich mich im sogenannten Sommerland. Es war die herrliche Sommerlandschaft mit grünen Wiesen, Blumengärten, blühenden Büschen, Wäldern im Hintergrund, die ich schon bei vielen anderen Reisen gesehen und durchwandert hatte. Heute war ich mitten auf einem großen Platz in einer kleineren Stadt gelandet. Der Himmel war sommerlich blau, wie auf der Erde. Es waren viele Menschen in irdischer Kleidung hier, und es herrschte reges Leben auf den Straßen und zwischen den Häusern. Der Mann in weißer Kleidung, der mich abgeholt hatte, stand neben mir. Um uns herum hatten sich etwa acht Personen versammelt, mit denen wir uns angeregt unterhielten.

Neben mir stand meine Frau Josy. Sie beteiligte sich an dem Gespräch, das sehr angeregt geführt wurde. Aus meinen Notizen – sofort nach der Rückkehr – konnte ich das Gespräch rekonstruieren.

Wir sprachen über die immer wiederkehrende Frage der auf der Erde lebenden Menschen, wie es eigentlich im «Jenseits» aussehe und wieweit es, jedenfalls in manchen Astralsphären, dem Erdenleben ähnlich sei.

Unter allgemeinem Gelächter warf einer unserer Gesprächspartner die Frage auf, wieviel «ein Geist» auf der Erde wiege. –

«Etwa 100 Gramm», antwortete jemand, und mein Begleiter erklärte nun ernsthaft, daß dies durchaus stimme, wenn man einen bereits voll verdichteten Geist vor sich habe, der schon undurchsichtig sei und mit dem man sich unterhalten könne, der aber seine Organe noch nicht irdisch funktionsreif materialisiert habe. –

«Geht solch ein sichtbarer Geist über das Wasser», so führte mein Begleiter weiter aus, «dann sinkt er bei jedem Schritt nur etwa ungefähr zehn Millimeter in das Wasser ein. Das verdrängte Wasser entspricht etwa den hundert Gramm, die der Geist irdisch wiegen würde.»

129

Wir sprachen dann über Schiffe, die über die Astralmeere fahren, über Flugzeuge, die es hier in irdischer Ausfertigung, aber auch in sonderbaren Formen gibt. Solche Flugzeuge hatte ich schon des öfteren beobachten können. Auf meine Frage nach dem «Treibstoff» wurde wieder weidlich gelacht. Alle Männer und Frauen, die um uns herumstanden und mich und meine Frau wohl etwas komisch fanden, weil wir irdische «Nachtwandler» waren, waren sehr interessiert, sich über jede Frage möglichst gründlich auszulassen. Mein Begleiter, der schon oft mit mir unterwegs gewesen war, nahm heute wohl die Gelegenheit wahr – weil Josy dabei war – und warf immer neue Fragen auf, die er aber von den Umstehenden beantworten ließ. Mir war klar, daß wir neue Kenntnisse vermittelt bekommen sollten.

Nun wurde nach Eisenbahnen, Autos und sonstigen Fahrzeugen gefragt. Man erklärte uns, diese habe man hier im ländlichen Gebiet nicht gern; man brauche sie eigentlich auch nicht, da jeder einigermaßen fortgeschrittene Bewohner dieser Gegend sich willentlich auf bessere Weise von einem Ort zum anderen versetzen könne.

«In den großen Städten und da», der Sprecher sagte es zu uns mit etwas abfälliger Gebärde, «wo sich die noch nicht so richtig hier in der Astralwelt Heimischen aufhalten, da gibt es alles: Autos bis hin zu den größten Lastwagen, Autobusse und Eisenbahnen in jeder Auswahl. – Die fahren Hunderte Kilometer – und amüsieren sich damit», sagte er etwas spöttisch.

Ich hatte dies alles bei früheren Besuchen in Gegenden mit einem mehr dunstigen, trüben Himmel schon gesehen. Technische Fahrzeuge hatte ich dabei immer in der Umgebung der großen Städte beobachtet.

Ob es hier Winter gebe, warf mein Begleiter auf. «Nein!» wurde laut protestiert, «es ist immer Sommer – es gibt hier keinen Schnee.»

Dabei war mir aber bewußt, daß ich bereits Polarlandschaften, wahrscheinlich für die aus den entsprechenden polaren Gegenden abgeschiedenen Menschenseelen, gesehen hatte. Dort hatte ich sogar junge Leute gesehen, die sich mit Schlitten und auf Skiern vergnügten. Vielleicht waren das Wintersport-Liebhaber, die sich auch im Astralreich die Zeit damit vertreiben wollten.

Dann tauchte die Frage auf, aus welchen irdischen Ländern denn die hiesigen Bewohner alle stammten. Darauf zählte jemand auf: «Wir haben hier Dänen, Schweden, Franzosen und auch viele Deutsche.» Auf die Frage, ob man sich immer vertrage, wurde wieder gelacht. Schwierigkeiten, wie auf der Erde, kenne man hier nicht, wurde nachdrücklich erklärt. Ich fragte nun nach der Orientierung im Raum, worauf mir einer der Männer erklärte, daß es für Neulinge alles gebe, was zur Orientierung nötig sei, Landkarten, Gebäudebeschreibungen und auch Bücher in Bibliotheken.

Wie lange man in einer solchen Gegend wohne? Diese Frage verursachte eine lebhafte Diskussion.

Es werde schon recht oft umgezogen. Zu meiner Verwunderung erklärte eine Frau, daß ab und zu auch eine Art zwangsweises Umziehen stattfände. Es komme vor, daß ein Mann in weißer Gewandung – «die sind aus höheren Sphären», sagte die Frau etwas verhalten – komme, und dann werde ein Bewohner aufgefordert, mit ihm zu gehen. «Manchmal verschwindet dann auch sein ganzes Haus mit Blumengarten.»

«Sind diese aufgeforderten Leute erfreut?» fragte ich.

«Oh ja, ich glaube schon», sagte sie.

«Kommen auch Wesen aus dunkleren Gegenden hierher?»

«Ach ja», sagte die Frau, «und zwar meistens dann, wenn wir hier Ruhezeit haben.»

Sie schaute mich dabei an und sagte: «Das ist eine Entsprechung der irdischen Nacht – nur in etwas größeren Zeitabständen –, und es wird dabei nicht dunkel, nur etwas dämmerig ist es.»

Es wurde noch vieles mehr besprochen, was mir aber nur ungenau im irdischen Gedächtnis in Erinnerung blieb. So wurde auch gesagt, daß man in manchen Gegenden «Geld» benutze.

Schließlich erinnerte uns mein Begleiter, daß wir zurück müßten, und nach einem kurz aufwallenden Nebel lag ich, nach dem üblichen leichten Stoß, in meinem irdischen Bett.

Josy konnte sich leider nicht erinnern.

Die Frage, ob eine solche Erinnerungsfähigkeit bei vielen irdischen Menschen vielleicht deshalb nicht zugelassen ist, weil eine lebhafte Erinnerung eine schädliche Jenseitssehnsucht hervorrufen könnte, bleibt mir noch ungeklärt. Sicher bin ich mir jedoch, daß ich nach der Rückkehr oft den Eindruck gewann, daß nun mein Bewußtsein im Körper eingeengt und geringer sei als im Jenseits.

Da ich mir bewußt bin, wie wichtig die geistige Reifung für uns Menschen im wiederholten Gang durch das irdische Leben ist, habe ich trotz meiner Jenseitserlebnisse doch niemals eine schädliche Jenseitssehnsucht entwickelt. – Ich hoffe, daß dies auch keiner meiner Leser tun wird!

Schreckliches haben jene zu leiden, die infolge solcher Sehnsucht etwa ihr Leben von sich werfen; niemand kann in paradiesische Gefilde gelangen, die er sich nicht verdient hat! Jeder Mensch, der im allgemeinen Sinne ein guter Mensch war, hat beste Aussicht, in eine angenehmere Sphäre zu gelangen, als die irdische Welt uns zu bieten hat.

Niemand aber sollte Gott verantwortlich machen für ein auch noch so grausames Schicksal, das uns leider die Erdenwelt aufzwingen kann.

Treffpunkt unter Palmen

Es war eine wunderschöne Landschaft. Etwa hundert Menschen, zumeist junge Frauen und Männer, lagerten auf einer mit Blumen übersäten Wiese, die von einem Kranz hochgewachsener exotischer Stauden und Palmen umgeben war. Zwischen den schlanken Stämmen hindurch sah ich das Meer. Das Rauschen einer leichten Brandung drang zu mir herauf. Wir befanden uns alle auf einer etwa 300 Meter breiten Halbinsel, die sich 30 Meter über den Meeresspiegel erhob und vor einem im Hintergrund ansteigenden Gebirge befand.

Iream führte mit der ganzen Gesellschaft ein lebhaftes Gespräch. Er forderte die Teilnehmer zu Fragen heraus, die dann zu Diskussionen unter den hier Lagernden führten und zumeist von Iream endgültig beantwortet wurden.

Erstaunlich für mich war, daß es sich um Themen aus dem normalen irdischen Leben handelte. Es ging um Fragen, die zum Teil im Erdenleben kontrovers behandelt werden.

Es ist mir nur teilweise möglich, das ganze langandauernde Gespräch sinngemäß zu wiederholen. Einige der Anwesenden hatten höchst persönliche Anliegen an unseren Gesprächsleiter, der auf einem flachen Felsblock saß.

Ich überprüfte mehrmals die Echtheit meines Astralerlebnisses, bis Iream mich mit leicht ironischem Lächeln musterte. Da unterließ ich es, eine der hohen blühenden Stauden oder einen der langen Palmenfächer durch meinen Willen verändern zu wollen.

Ich achtete nun genauer auf seine Beantwortung der gestellten Fragen, die mich selbst auch interessierten. Man hatte bisher über Gerechtigkeit debattiert. Ein junger Mann hatte sich etwas verärgert über den seiner Meinung nach stattfindenden Unfug des materiellen Lebens geäußert. Auch über das Thema der Gleichberechtigung von Frau und Mann im Erdenleben wurde diskutiert, und zwischenzeitlich gab es sogar Gelächter über manche Fragen aber auch witzige Antworten.

Der Himmel über uns war blau. Die Anwesenden waren sehr unterschiedlich gekleidet, einige ganz irdisch. Iream trug seinen weißen Umhang, und ich hatte meine hellbeige schimmernde Astralkombination und entsprechende Schuhe an. Ich sah nun, wie ein Mann, der wegen seines gepflegten Aussehens, seines Benehmens und seiner Kleidung – er trug einen dunklen Anzug – als Intellektueller angesehen werden konnte, aufstand, einige Sekunden auf Iream schaute und dann in gewählten Worten sagte: «Würden Sie bitte erklären, warum man alle paar Jahre von einem Menschen hört oder in der Zeitung liest, der die Behauptung aufstellt, daß die Welt untergehen werde. Manchmal in ganz exakten Zeitangaben?»

In den Gesichtern der Zunächstsitzenden nahm ich lächelnde Zustimmung wahr.

«Daß es nie eingetroffen ist, sagt schon genug, was wir von diesen irrenden Menschen zu halten haben!» antwortete Iream. «Die Ursache dieser seltsamen Lust am totalen Untergang und vor allem an dessen Verkündigung dürfte bei vielen solcher Propheten in ihrem Nachholbedarf an persönlicher Wichtigkeit liegen. Es ist euch bekannt, daß manche dieser Unglückspropheten sich auf Geister berufen. Schlimm wird es, wenn solche irrende Menschen gar meinen, diese Botschaft von Gott oder Jesus Christus erhalten zu haben. Es gibt leider von der Erde Abgeschiedene, die sich noch nicht von der Materie lösten. Nun suchen diese herumirrenden Seelen einen medialen Menschen, der ihre Kundgaben unkritisch annimmt. – Seid unbesorgt! Zwar werden Erdenmenschen noch weitere Zerstörungen fertigbringen, aber die Erde steht noch immer am Anfang und nicht am Ende ihrer Aufgabe als Schulhaus der Geister, die zu Gott zurückdrängen. – Jeder aber werde sich darüber klar, daß die seltsame Lust am Untergang aus präkosmischer Zeit stammt, in der eine unendliche Zahl von Gott abgeirrter Wesen den verzweifelten Versuch zur Rückkehr in abenteuerlicher, aussichtsloser Weise unternahmen und doch den Untergang unentrinnbar auf sich zukommen sahen.»

Noch während einiger Beifallszurufe hatte sich eine junge Frau

134

erhoben und sagte zu Iream gewandt: «Da gerade Jesus Christus erwähnt wurde, ich hätte ihn ja gern einmal gesehen, wenn das hier möglich wäre, aber weshalb kommen immer wieder Bücher von Schriftstellern heraus, die zum Bespiel schreiben, er sei gar nicht wirklich auferstanden, sei lebend vom Kreuz genommen worden, sei nach Indien gegangen, habe dort sogar Nachkommen. Ein Bischof, aber kein katholischer», sie sagte es recht erregt, «habe sogar einmal gesagt, er wolle die Bibel neu schreiben, ohne die Wunder. Alles sei nur symbolisch aufzufassen, sei reine Glorifizierung!»

Dann setzte sich die junge Frau abrupt und schaute mit offenem Mund gespannt auf Iream. Tiefes Schweigen folgte.

Iream wandte sich uns lächelnd zu:

«Meine Lieben, wer sich dazu reif fühlt, kann durchaus einmal hier bei uns, in einer entsprechenden Sphäre, eine Begegnung mit Jesus Christus erleben. Das muß aber etwas vorbereitet werden. Was nun unsere Schwester soeben von gewissen Schriftstellern sagte, ist ja wohl vielen bekannt», sagte Iream dann. «Schon wenige Jahrzehnte, nachdem Christus die Erde verlassen hatte, fühlten sich solche Schreiber veranlaßt, jenen, die Angst vor dem Wunderbaren hatten, den Gefallen zu tun, ihre vermeintliche, rein materialistische Sicherheit zu festigen. Es ist wohl nicht schwer festzustellen, aus welchen Gründen immer wieder die Materie als Primärgrundlage allen Lebens verteidigt wird und warum eine Erscheinung wie Jesus Christus für all jene unbequem, unglaubwürdig oder angsteinflößend ist, die nichts von einer Welt außerhalb der Welt der Materie wissen wollen. Mancher Mächtige, mancher egoistische Nutznießer dieser Welt müßte sich ändern, wenn er die Folgen irdischer Taten fürchten würde. Die Welt ist für viele Menschen nur dann in Ordnung, wenn man ungestraft herrschen, ausnutzen, betrügen oder lügen kann. Deshalb die Verfolgung, der Haß oder die falsch verstandene, vorgegebene wissenschaftliche Betrachtungsweise gegenüber dem scheinbar Wunderbaren, das gar nicht auf Wundern, sondern den Menschen nicht bekannten Gottesgesetzen beruht.»

Iream sah einen Moment schweigend über die Versammelten hinweg. «Viel mehr Menschen, als diese bewußten oder auch unbewußten Verleumder des Gottessohnes es für möglich halten, wissen recht genau, daß Jesus Christus für die nachfolgenden Zeiten einen Beweis lieferte, daß der Mensch nicht nur irdisch lebt, daß der Vollkommene auch in der Materie die Gesetze der Himmelswelten anwenden kann.»

In der Mitte der Versammlung nahm ich eine Bewegung wahr. Ein junger Mann wurde von zwei anderen leicht emporgedrängt. Der Betroffene protestierte. «Du wolltest doch fragen!» hörte ich jemand sagen. Da stand der junge Mensch widerstrebend auf und sagte etwas unbeholfen: «Ja, die hier um mich wollten wissen ...», diejenigen, auf die er dabei gezeigt hatte, lachten unterdrückt; es waren auch ein paar Mädchen dabei. «Also die wollen wissen, ob man – ohne Heirat miteinander leben soll!» Nach seinen Worten setzte sich der junge Mann blitzschnell. Er schien sich sehr zu genieren. «Was sagt denn eure Kirche dazu?» Iream fragte es lächelnd. «Man soll es nicht!» sagte jemand aus der Gruppe, worauf einige lachten, und Iream fragte weiter:

«Wer von euch lebt denn so?»

Zuerst folgte Schweigen, dann hoben einige die Hände.

«Liebt ihr denn eure Partner?» Einige Zuhörer waren offenbar verblüfft. «Ja!» hörte ich aus der Gruppe jemand sagen.

«Auch für das ganze Leben?»

Wieder folgte Schweigen.

«Ist denn der jeweilige Partner mit dem Zusammenleben auf Zeit einverstanden?» fragte Iream und schaute freundlich auf die Gruppe in der Mitte der Versammlung.

Wieder folgte leicht beklommenes Schweigen.

«Sündhafte Gesellschaft!» war eine tiefe Stimme aus einer seitlichen Richtung zu hören. Dort lachten einige auf, der Sprecher aber blieb unerkannt am Boden sitzen.

«Ja, meine Lieben», dozierte jetzt Iream und schien mir ein gespielt bekümmertes Gesicht zu zeigen. «Es ist ja denkbar, wenn man auf der Erde imstande wäre, alle zusammenpassenden Partner im Jugendalter zusammenzuführen, daß dann die Frage der sogenannten Liebe auf Zeit entfallen würde. Man kann das aber auf Erden nicht oder noch nicht, wie das auf höheren Welten *üblich ist. – Also müßt ihr als sündhafte Gesellschaft, wie da eben ein lieber Freund sagte, mit eurer Belastung zurechtkommen!»*

«Ja, ist denn eine Eheschließung notwendig?» fragte nun energisch jemand aus der Gruppe, aus der die erste dieser Fragen kam.

«Je nach den Auffassungen der Gesellschaft, in der ihr lebt. Auf der Erde habt ihr teilweise strenge Regeln», gab Iream zur Antwort.

«Ja, was sagt denn –», der Mann zögerte und suchte nach den rechten Worten. Schließlich sagte er leise: «– Gott dazu?»

«Formulieren wir es einmal so», antwortete Iream. «Werden durch ihr Zusammenleben zwei Partner geistig erhoben und schaffen dadurch auch für ihre eventuellen Kinder keine Verfinsterung für deren Leben und geistigen Fortschritt – und das gilt für das ganze Leben in der Materie –, so ist es unwichtig, welche Art der Sanktionierung die Gesellschaft, in der die Partner leben, dafür gegeben hat. Aber, warum sollte denn ein Paar dem Anspruch der Gesellschaft nicht genügen, wenn Liebe für ein Leben lang nicht nur scheinbar vorgegeben wird?»

Iream hielt in seiner Rede inne und fuhr nach einer Weile fort:

«Sollten zwei Partner, die nach Gesellschaftsauffassung alles Notwendige getan haben, also geheiratet haben, sich nach einer bestimmten Zeit jedoch trennen, und führt dies bei ihnen selbst oder den Kindern zu einer Verfinsterung in der Seele, also zu geistigem Abstieg, so haben die Beteiligten sich – trotz aller Erfüllung äußerer Norm – eine Schuld aufgeladen. Diese Schuld wird sich ganz individuell in ihrem irdischen Leben und im Jenseits auswirken. Sie kann niemand abgenommen werden. Jeder muß sie durch entsprechende Taten wiedergutmachen. In diesem oder im nächsten irdischen oder auch jenseitigen Leben.»

Einigen jungen Nachtwandlern unter uns muß wohl diese Antwort Probleme verursacht haben, wie ich dem darauffolgenden Geraune entnahm. In der Versammlung fiel auch das Wort von zügelloser Gesellschaft, aber nicht von Iream, den ich mit einer jungen Frau leise sprechen sah, bis er lauter sagte:

«Du willst gerne wissen, wo die Seele dieses Wesens ist, das sich

durch dich inkarnieren wollte? – Wenn eine Seele sich inkarnieren soll, weil das Gesetz Gottes es will, dann benimmt sich die Seele etwa wie eine Luftblase, die vom Grund eines Sees aufsteigt. Man kann sie daran zu hindern suchen, an die Oberfläche zu kommen. Sie wird aber an der hindernden Hand vorbei einen anderen Weg nach oben finden. Für solche gehinderten Seelen gibt es, je nach früher erlebten Inkarnationen, zwei Wege. Entweder wird die Seele, falls sie schon ein Lebensbewußtsein hatte, in den Ländern der Astralwelten erzogen – du mußt wissen, liebe Schwester, daß es da viele Heime für die Kleinen gibt und viele einst irdische Mütter, die diese Aufgabe gern erfüllen. Solch einem auf Erden gehinderten Kind wird, falls es geistig offen ist, viel Erdenleid erspart. Andernfalls folgt die gehinderte Seele dem unbewußten Gesetz und wird dorthin gezogen, wo eine andere Mutter bereit ist. Auf Erden ist viel Auswahl an geeigneten Müttern.»

Die junge Frau blickte dankbar auf Iream, der dann der Versammlung gegenüber ausführte, daß nur die Lieblosigkeit der Menschen auf Erden harte Probleme schaffe, die sie dann mit Strafgesetzen zu regeln suche.

Ziemlich scharf äußerte sich Iream über die irdische Methode der einseitigen Verurteilung der Frau, ohne die Schuld des Partners zu bedenken. Es fielen Worte, von denen ich wünschte, daß mancher Mitmensch, der in diesem Zusammenhang vorschnell von «Mord» redet, sie gehört hätte. Die Erhabenheit der von solchen Problemen Unbelasteten wurde von mehreren Seiten betrachtet. Die Begriffe Heuchelei, Arroganz und Ignorantentum fielen mehrfach zu diesem Thema.

Auf einmal sagte Iream zu einem der jungen Mädchen: «Du hast doch eine besondere Frage?»

«Ja», sagte das Mädchen. «Ich hätte gern gewußt, warum manche Menschen sagen, daß Gott alles lenke, alles bestimme, was dem einzelnen Menschen geschieht. In der Bibel steht, gleich zu Anfang, als Gott seine Schöpfung betrachtete, soll er gesagt haben: ‹Und es ist gut›!»

Das Mädchen sah zu Iream auf. «Ich habe einen Bruder, er hat verstümmelte Arme, er ist ein so guter Mensch: wie kann das denn – gut sein?»

138

Iream nickte stumm. «Ihr habt die Frage gehört!» sagte er zu unserer Versammlung. «Es ist eines der schlimmsten irdischen Probleme. Ich kann euch dazu sagen: Niemandem sollte man es verübeln, wenn er meint, Gott lenke alle Dinge. Im rein philosophischen Sinne ist das auch nicht falsch. Alle Schöpfung, alles Geschehen spielt sich im Bewußtsein des unbegrenzten Urgottes ab. Es gibt nichts, das außer Gott existiert.

In eurer irdischen Lebenspraxis fragt ihr natürlich zu Recht, weshalb es möglich ist, daß Tausende von Kindern auf euren Verkehrsstraßen pro Jahr verunglücken, daß bei einem Erdbeben, einem Vulkanausbruch, einem der schrecklichen Stürme in bestimmten Ländern viele Tausende Menschen zu Tode kommen. Auch nach der Unumgänglichkeit von Verbrechen, Kriegen, der ganzen Misere menschlicher Unzulänglichkeit und Bosheit fragt ihr nicht zu Unrecht. Dazu kommen noch Unglücke der Art, wie soeben gesagt wurde. – Nun wäre es ein billiges Ausweichen, wenn man sagte: Gott hat es gewollt!»

Iream schaute in die Runde. Dann fuhr er mit scharfer Betonung fort: «Nein, meine Lieben, Gott will das, was wir ihm unterstellen, keinesfalls! – Gott hat einstmals ein Gesetz in Bewegung gesetzt, welches besagt: Ich habe euch geschaffen – in Freiheit sollt ihr sein – keine Puppen meines Willens! Ihr könnt in den Bereichen meiner Wünsche bleiben, und ihr könnt euch auch aus dem Bereich meiner Wünsche entfernen. Je mehr ihr euch entfernt, desto mehr müßt ihr in eigener Verantwortung tragen, was ihr euch damit selbst auferlegt!»

Iream schaute uns stumm an und fuhr dann weiter:

«So sagte einst Gott, und ihr wißt, meine Lieben, wie weit wir uns entfernt hatten. Der Weg zurück geht über die eigengesetzliche Materie, die wie eine einmal in Gang gesetzte Maschine so lange läuft, bis sie ihre Aufgabe erfüllt hat. Wir sollen uns unsere Vorliebe für die harte Materie abgewöhnen. Das Abenteuer von einstmals, die Entfernung aus der Nähe Gottes, soll uns leid werden. Wir sollen einsehen lernen, daß unsere Wünsche nicht nur gut sind. Deshalb ist die harte Belehrung durch unseren selbstverursachten Gang durch die Materiewelt – gut für uns!»

Einen Augenblick schwieg Iream und sagte dann:

«Es ist ein Übel der Materiewelten, daß auch Unschuldige, die bereits ihre Liebe zu Gott leben, vor den Unfällen der Materie nicht sicher sind. Einen Vorteil kann die Seele eines so von der Materie geschlagenen Menschen in ihrer kosmischen Zukunft erwarten. Diese so geschlagene Seele ist in der Zukunft aufmerksamer als manch andere für die Übel dieser Welt. Diese Seele wird bei neuerlicher Inkarnation weniger beeinflußbar durch die scheinbar vorteilhaften Dinge dieser irdischen Welt sein, sie wird kritischer den Freuden der Materie gegenüberstehen. So manche weitere Inkarnation, die ja doch fast allen Wesen mehr Leid als Freude einbringt, wird einer Seele erspart bleiben, die von der Grausamkeit der Materiegesetze, von Ursache und Wirkung, schwer betroffen wurde.

Es komme niemand auf die Idee, daß alle Dinge dieser Erde, also alle Unfälle, alle erschreckenden Erscheinungen dieser irdischen Welt aus dem so gern zitierten Gesetz des Karma erklärt werden können. Den selbstverschuldeten Auswirkungen unserer Taten können wir nicht ausweichen, doch sei jeder vorsichtig, damit auf die anderen zu deuten. Wer in Selbstüberschätzung glaubt, das Walten des Karmas bei anderen zu sehen, kann sich leicht eine Belehrung verdienen, die ähnlich wirkt wie auf jene, die Unrechttätern keinen Halt bieten, obgleich sie die Möglichkeit dazu hätten. Diese werden das Walten des Karmas an sich selber kennenlernen.»

Dann begann Iream zu erklären, was für den geistigen Sucher zu tun sei, um sich vor den schädlichen Einflüssen der materiellen Welt zu schützen. Er sagte unter anderem, daß es für den spirituellen Schüler zweckmäßig sei, sich in Imagination zu üben und zum Beispiel bei finsteren Einflüssen auf das Gemüt sich eine leuchtende Sonne vorzustellen. Dies solle man so weit üben, daß man es auch außerhalb der Meditation zuwegebringe. Natürlich müsse das ein inneres Bild werden, das keine Aufmerksamkeit von den täglichen Dingen des irdischen Lebens abziehe. Man solle üben, das imaginierte Bild der Sonne sich als Kraftquell vorzustellen, als ein Bild des Gotteslichtes zu verstehen. Wenn man es regelmäßig übe, werde man den Beistand jenseitiger Helfer und Missionare auf sich ziehen und dann eine Stärkung erfahren, die sich als die ersehnte Führung für den Menschen erweise.

Plötzlich war es mir, als würde ich in einen dunkler werdenden Tunnel zurückgezogen. Schlagartig war ich im irdischen Körper.

Es war in der folgenden Nacht, als mir bewußt wurde, daß ich mich wieder auf der Blumenwiese auf der Halbinsel befand. Es waren dort viele hellgekleidete Gestalten, zu denen ich gehörte. Diesmal waren aber auch Dauerbewohner dieser Sphäre dabei – Frauen und Männer, und alle sahen aus wie in den besten Lebensjahren. Iream forderte uns zu einer kleinen Exkursion auf, wie er das nannte.

Augenblicklich befanden wir uns – schwebend – in einer Höhe von etwa hundert Metern über der Wald-, Fels- und Meereslandschaft und flogen sehr schnell auf einen am Horizont aufragenden Berg zu, der mit seiner abgerundeten Kuppe die Gegend beherrschte. Mehrere reizvoll aussehende Dörfer überflogen wir, bevor wir auf der mit Gras, Gebirgsblumen und niedrigen Krummholzkiefern bewachsenen Bergkuppe landeten.

Eigenartige Gefühle und Empfindungen befielen mich hier. Der Lehrer und wir alle schwiegen und schauten in die Ferne. Es war überwältigend. Ich hatte schon oft die Landschaften in verschiedenen Astralreichen durchwandert. Dieses stille, schauende Verharren hier aber war einmalig eindrucksvoll.

Ich sah einen Horizont, der so unendlich weit schien, viel weiter, als man ihn auf den höchsten Bergen der Alpen etwa sehen könnte. Mir fiel ein, solch ein riesig ausgedehnter Horizont müßte ein Beschauer auf dem Planet Jupiter sehen können, wenn das überhaupt jemals wegen seiner Beschaffenheit möglich wäre.

Ich sah auf der einen Seite das sich endlos dehnende Meer, an dessen Felsenufer wir uns soeben noch befunden hatten. Auf der anderen Seite dehnte sich eine Landschaft, die von Gebirgen, Wäldern, Flußlandschaften und Städten geprägt war. Ich sah rötliche Heidelandschaften, die in voller Blüte zu stehen schienen, in der Ferne eine sehr ausgedehnte Stadt, die von Hochbauten durchsetzt war, und Dörfer, die sich in der Landschaft zwischen grünen Hügeln verbargen.

Auffällig erschien mir, daß der strahlend blaue Himmel zur einen Seite des Horizontes in ein nicht mehr so helles, dunstiges

Blau überging. Das galt auch für einen Teil des Himmels, der über der Meereshälfte des Horizontes lag.

Da befiel mich plötzlich eine seltsam freudige und auch wehe Stimmung. Iream, der neben unserer Gesellschaft stand, drehte sich langsam zu mir um. Wir schauten uns in die Augen. Da durchzitterte es mich wie eine Erinnerung.

Mein Leben auf der Erde schien mir auf einmal klein, unbedeutend, gar nicht der Betrachtung wert – aber ein Bewußtsein früherer, vergangener Zeit stand groß, zeitlich endlos ausgedehnt vor mir. Tränen stiegen langsam in meine Augen. Ich wandte mich wieder der Ferne zu, der dunkleren Seite des Horizontes. Ich hatte den Eindruck, von dort – in vergangenen Zeiten – gekommen zu sein. Unglaublich, wie mir die Wichtigkeit des jetzigen irdischen Lebens schrumpfte!

Wieder sah mich Iream an, er lächelte und sagte etwas über meine zu erwartende irdische Zukunft. Dann forderte er die ganze Gruppe zum Abbruch unserer stillen Betrachtungen auf, und die ganze Gesellschaft verließ schwebend die große runde Bergkuppe.

Selten ist mir der Abschied von einem Punkt dort drüben so schwer geworden. Schon auf der Blumenwiese, zwischen Palmen angekommen, legte es sich wie ein weicher Schleier auf meine Erinnerung. Wieder im Körper, holte ich alle bewußte Erinnerung zurück, die mich aber zu fliehen schien, als könnte sie mir das Leben mit Erschwernis füllen. Fast blieb nur die Erinnerung an die Erinnerung, aber die Sicherheit eines fernen Ausblicks in ein glücklicheres anderes Dasein.

In der Wüste

Es war einige Wochen später. Ich fand mich plötzlich in einer Landschaft, die teils wie eine Steppe mit magerem Gras, teils wie eine gelbe Sandwüste aussah. Ich dachte nach. Soeben erst, es konnte kaum eine Stunde vergangen sein, war ich bei bereits dunkler Nacht schlafen gegangen. Nun war ich hier und wußte aus Erfahrung, daß mein Betreuer für mich sorgen würde, aber zu sehen war er nirgends.

Ich saß im stoppeligen Gras und erhob mich nun, um mir die Gegend anzusehen. Überall sah ich Hügel mit demselben harten, fast strohgelben Gras, dazwischen Flächen von reinem Wüstensand. Ich ging in eine Richtung, in der ich weißgetünchte Steinbauten in der Ferne sah. Ich stellte fest, daß ich mein oft in Astralsphären getragenes hellbeige bis bläulich schimmerndes Gewand und ebensolche Schuhe trug. Mir schien, das stehe merkwürdig im Widerspruch zu der Wüste. Allerdings, der Himmel war blau wie bei uns im Hochsommer. Da die Gegend sehr hell und doch keine Sonne zu sehen war, war ich meiner Feststellung – aha! mittlere Astralsphäre des Sommerlandes – sofort sicher. Nur die Wüste schien mir zunächst unpassend.

Als ich zwischen zwei flachen Hügeln hindurchging und das harte Gras an den Füßen spürte, hörte ich ein Geräusch. Das Geräusch wurde lauter und kam näher. Zu meinem Erstaunen hörte ich ganz deutlich das Blöken von Schafen. Ich ging schneller, kam um einen der Hügel herum und hatte wieder freien Blick. Eine ganze Herde von Schafen kam blökend und trappelnd auf mich zu. Ich stieg den eben umrundeten Hügel ein paar Schritte nach oben, um die Herde vorbeizulassen.

Da sah ich auch den Schäfer am Schluß der Herde seinen Tieren folgend. Es war zu meiner Verwunderung ein Knabe von zwölf bis dreizehn Jahren. Er war salopp gekleidet mit einer anscheinend alten kurzen Hose und Jacke sowie weißem Hemd und ging barfuß. Der Junge hatte ziemlich kurz geschnittenes Haar, sah mich freundlich an und schwenkte in einer Hand eine dünne Weidenrute, mit der er ab und zu seine Schäfchen antrieb.

Der Knabe blieb stehen, als er an mir vorbeikam, und ich fragte ihn, ob er mir sagen könne, wie der Ort heiße, der in der Ferne sichtbar sei.

«Palmyra!» sagte der Knabe freundlich. Seine dunklen Augen musterten mich neugierig. Ich dachte nach und fragte dann: «Bist Du Araber?»

«Oh ja!» sagte der Junge, «das sind alle, wo ich herkomme!»

«Was machst Du mit den Schafen, wie kommen die denn hierher?» fragte ich nun und war im Zweifel, ob der Knabe ein Nachtaussteiger wie ich oder ein Dauerbewohner und wie das mit den Schafen zu erklären sei. Da lachte er mich freundlich an, griff sich eines der kleinen jungen Schäfchen und legte einen Arm um den Hals des Tieres. Er sagte dann:

«Die Sache ist so, der Ort Palmyra ist natürlich eine Entsprechung vom Ort auf der Erde». Mit dem freien Arm machte er eine umfassende Bewegung über die Gegend. «Und meine Schafe hier», er streichelte das Tier, «die darf ich eine Zeitlang betreuen, wie der Älteste es mir erlaubt hat – weil ich das auf der Erde auch gemacht habe!»

Jetzt war mir klar, daß der Junge seit kurzem hier Dauerbewohner sein mußte.

«Wie kommen denn die Tiere hierher?»

«Aus den Schlachthäusern», sagte der Junge und schaute mich an, als wollte er sagen, daß ich einer sei, der nicht viel wüßte.

«So, so!» sagte ich. «Deine Sprache verstehe ich.»

«Es verstehen sich doch alle hier», sagte der Junge und lachte wegen meiner Äußerung.

«Gehörst Du zu den Leuten, die sich da drüben gerade versammeln?» fragte er nun und deutete in der Richtung, aus der er mit den Schafen gekommen war.

«Versammelt man sich dort?» fragte ich nun und dachte sofort an Iream. Der Junge nickte, und ich fragte ihn noch, wie lange er denn seine Schafe weide.

«Oh, wohl recht lange, bis ich groß bin. Aber ich muß immer wieder welche abgeben – die werden neu inkarniert, in einer

*anderen Rasse. Es kommen aber immer so viele nach – von wegen
Hammelbraten!»*

*Der Junge lachte und schüttelte sich, als ob ihn etwas anwiderte.
Da hatte ich den Eindruck, daß mich jemand in der Seele anrufe.
Ich hörte auf die sonore Stimme und hob im gleichen Augenblick
vom Boden ab. Ziemlich schnell bewegte ich mich, dicht über dem
Boden, auf eine weite freie Fläche zu.*

*Auf Trümmern von ehemaligen Steinbauten, Säulenresten und
vierkantigen Blöcken, in mehreren Kreisen um einen runden Stein-
block plaziert, hatten sich alle Teilnehmer einer Versammlung so
gesetzt, daß sie gut zur Mitte schauen konnten. Dort saß Iream
und wartete anscheinend, bis alle beisammen waren. Ich suchte
mir einen passenden Block und setzte mich zu der bunten Gesellschaft, die aus jungen und älteren Männern, aus Mädchen und
Frauen bestand. Nun erwartete ich, daß Iream, der in seinem
weißen Gewand hier in der Wüste wie der Scheich eines Araber-
stammes aussah, das Wort ergreifen würde.*

*Zu meinem Erstaunen aber erhob sich aus den Reihen der im
innersten Kreis Sitzenden ein älterer Mann, der ein echter Araber
zu sein schien. Er bewegte sich würdevoll, strich einige Male
seinen schwarzen Bart und sah sich nach allen Seiten um, als ob er
prüfen wollte, daß ihm alle Beachtung zollten.*

*«Werte Freunde, die ich euch in diese geschichtlich so bedeu-
tende Landschaft der ehemals glorreichen Handelsstadt Palmyra
gebeten habe! Ich sehe, ihr habt meinem Wunsche entsprochen.
Also ruht noch die einstige magische Kraft in diesen alten Ruinen,
und so will ich nun Antwort erhoffen auf meine Fragen nach den
Ursachen einer immer schlechter werdenden Verfassung unserer
Welt.»*

*Schon nach den ersten salbungsvollen Worten des Mannes
hatten einige der jugendlich aussehenden Anwesenden, die übrigens zumeist in ganz normaler irdisch-europäischer Kleidung
steckten, leise zu lachen begonnen. Ein paar Teilnehmer drehten
sich um und hielten einen Finger vor den Mund. Der ältere Mann
in der Kleidung der Wüstensöhne fuhr würdevoll in seiner Rede
fort, indem er sich zu Iream wandte:*

«Ich nehme doch an, daß Du Geist aus der Höhe zu antworten

bereit bist. Doch sage, warum wir hier in der Wüste, anstatt in den paradiesischen Gärten der einst mächtigen Stadt zusammenkommen?»

«Weil die Wüste die Entsprechung zur Verfassung unserer menschlichen Irrungen ist. Auch Deiner Irrtümer, lieber Freund», sagte Iream, «und sieh zu, daß wenigstens das Blau des Himmels nicht durch Wolken verdunkelt wird. Der Zorn über Irrtum, der immer den anderen und selten dem eigenen Ich angelastet wird, kann leicht auch die Helligkeit des Tages verdunkeln.»

Der Mann blickte nach oben, aber er faßte sich sofort und antwortete in freundlichem Ton:

«Ich glaube wohl, daß Du mir nicht sonderlich gewogen bist, doch Du siehst, daß ich nicht zu den Ungläubigen gehöre, denn Allah erlaubt mir, aus meinem Körper auszusteigen und Dich in der Welt der Geister zu befragen!»

Es entstand eine Pause. In diesem Augenblick stand ein junger Mann aus den mittleren Reihen auf, und zu Iream gewandt sagte er:

«Geehrter Meister, ich war schon mehrmals bei Deinen Zusammenkünften und erinnere mich hier jedesmal an die vergangenen Treffen, aber nach dem Erwachen im Körper habe ich nur sehr unklare Erinnerungen.»

Iream riet ihm darauf, sich allabendlich den Selbstbefehl zu geben, volle Erinnerung an seine Träume und eventuellen Exkursionen zu behalten.

«Wie kann ich mit Sicherheit Träume und echte Exkursionen unterscheiden?» fragte der Mann.

«Hier, schau Dir den Stein an!» sagte Iream und deutete auf den Block, auf dem er saß. «Versuche, ihn mit Deinem konzentrierten Willen zu vergrößern oder zu verkleinern!»

Der Mann schaute scharf auf den Stein. Nach einigen Sekunden sagte er:

«Kann ich nicht!»

«Ja, also dann sind wir alle echt!» sagte Iream unter dem Gelächter fast aller Anwesenden. «Wenn wir nämlich nur Dein Traumgebilde wären – dann könntest Du den Stein verändern!»

Nun meldete sich der Beduine wieder, dem die Unterbrechung

seiner Rede nicht zu gefallen schien. Er sagte jetzt sehr förmlich zu Iream: «Meister des Geisterreiches, meine Geschäfte auf der Erde werden immer weniger einträglich, obgleich ich doch Allah so sehr liebe und auch meine Untergebenen und meine Frauen nicht schlecht behandle. Meine Kunden und meine Gläubiger werden immer aufsässiger, so daß ich wirklich in einige Schwierigkeiten gekommen bin.»

Das unterdrückte Lachen, besonders unter den jungen Zuhörern und Zuhörerinnen, wurde unüberhörbar, als er von den gut behandelten Frauen sprach.

«Wieviele hat er wohl?» sagte jemand respektlos. «Warum gibt sich Iream überhaupt mit Mohammedanern ab?» hörte ich ganz in meiner Nähe eine leise an den Nebenmann gestellte Frage. «Wir sind hier im Gebiet, das offenbar eine Astralentsprechung eines orientalischen Landes ist», sagte der andere. «So eine triste Wüste!» mokierte sich der erste Sprecher leise.

«Hat er vorhin nicht von Irrtümern gesprochen?» meinte der andere, «mir scheint, er hat uns heute in die Wüste geführt, um uns etwas in der Hinsicht zu sagen. Ich habe mal gelesen, daß man im Jenseits immer in eine Wüste gehen muß, wenn man Sünden einsehen soll.» Der Gesprächspartner sah ihn von der Seite an und sagte: «Wenn es danach geht, dann weiß ich nicht, warum ich voriges Mal auf so einer herrlichen Halbinsel am Meer gelandet bin.»

Ich erkannte den Mann als einen Teilnehmer der letzten Exkursion wieder.

Iream hatte den Beduinen einige Augenblicke nachdenklich angesehen, und nun sagte er bedächtig: «Du sagst, du hast Schwierigkeiten mit Kunden und Gläubigern – und was für Schweirigkeiten hast du denen gemacht, als du noch keine Schwierigkeiten hattest?»

Was sich nun an Gespräch, an Rede und Gegenrede entwickelte, das will ich nicht näher darlegen. Es lud hier ein geplagter Mensch offenbar ein Handelsmann, seine irdischen Sorgen auf dem Plan ab, der seiner geistigen Sehnsucht zugänglich war, während sein Körper sich von den täglichen Strapazen des Wägens zwischen erlaubter Nutzung und unerlaubter Ausnutzung seiner Mitwelt ausruhte.

Es entstand im Laufe der Diskussion eine muntere bis streitbare Auseinandersetzung, erstaunlicherweise über die rein irdische wirtschaftliche Grundformel, nämlich, daß die Nachfrage den Preis regle.

Man sprach von gutem und bösem Willen unter den Menschen und über die Auswirkungen auf den geistigen Fortschritt. Eine der Frauen fragte, was denn mit Leuten geschehe, nach dem körperlichen Tode, die ihre Mitmenschen zugrunde gerichtet hätten.

Iream erklärte, daß jeder, aus welchem Grunde auch immer, in der Sphäre lande, wohin er infolge seiner geistigen Lichtheit oder Verfinsterung hingehöre. Der Haß, den ein Mensch erzeuge, der andere in irgendeiner Weise in ihrer Existenz treffe, verstärke den eigenen Haß. Es könne dabei vorkommen, daß beide Kontrahenten sich in der gleichen Finsternis wiederfänden.

«Das gibt aber eine interessante Diskussion in der Hölle!» so kommentierte ein Teilnehmer, und man lachte über den Witz.

Eine junge Frau fragte, ob ein Mensch sich auf der Erde besser aufführe, wenn er die Folgen seiner Taten kenne. Iream meinte dazu, daß schon viele Menschen sich solcherart aufklärend bemüht hätten, aber ohne wesentlichen Erfolg.

Da fühlte ich plötzlich, daß sich eine Hand auf meine Schulter legte. Ich sah mich um. Ein alter Mann mit zerfurchtem Gesicht, tief gebräunt, sah mich aus dunklen Augen durchdringend an. Er war ganz in die Tracht der Beduinen gekleidet, klein von Gestalt und machte mir den Eindruck, als ob er geradewegs aus einem nomadisierenden Volk gekommen sei. Ich sah ihn erstaunt an. Der Mann machte mir ein Zeichen mit der Hand, daß ich ihm folgen solle. Ich schaute zu Iream, der sein Gesprächsthema weiterführte. Ich war unentschlossen. Da war es mir, als ob Iream mir einen Moment zulächelte. Der kleine Beduine winkte wieder, diesmal sehr energisch. Wie unter einem starken Einfluß erhob ich mich und folgte dem Mann nach außerhalb unseres Versammlungskreises. Keiner der Anwesenden, die alle zur Mitte zu Iream schauten, nahm Notiz von mir.

Wir waren über den Wüstensand etwa hundert Meter hinwegge-
glitten, als ich dem Beduinen Sekunden später allein gegenüber-
stand. Er packte mich an beiden Oberarmen, wie man es manchmal mit guten Freunden tut, die man lange nicht gesehen hat. Seine
dunklen Augen schauten mich durchdringend, aber sehr freundlich an.

Merkwürdig – sein runzliges Gesicht wurde dabei immer glatter
und jünger. Zugleich sah ich im Geist, wie eine Erinnerung, mich
selbst auf einem prächtig aufgezäumten Pferd inmitten einer
Horde ebensolcher Pferde mit Beduinenreitern über die gelbe
Wüste reiten.

Nun kam mir ein Bild, wie ich es früher oft geträumt hatte. Ich
sah mich als jungen Menschen in arabischer Kleidung mit schön
verzierten Waffen inmitten gleicher junger Menschen mit herrlichen arabischen Pferden am Zügel in einem niedrigen Felskessel
auf den Befehl unseres Anführers, eines Scheichs, warten. Dieser
aber, das wußte ich, war damals mein Vater.

Der Mann, der mich an den Oberarmen jetzt leicht rüttelte und
mich lachend anschaute, sagte:

«Gut machst du dich!»

Ich war durchaus nicht erschüttert über dies Wiedersehen. Es
war eine Begegnung, die oft auf der anderen Lebensseite stattgefunden hatte. Aber diesmal sollte sie auch irdisch in der Erinnerung bleiben.

«Mehr Toleranz für alle Lebenserscheinungen!» sagte der kleine
Beduine, der Vater aus vergangener Inkarnation.

«Es ist eine Grundlage geistigen Aufstiegs!» Seine dunklen
Augen blitzten mich fröhlich an, und sein Gesicht wurde immer
jünger, während er weitersprach. Er hatte sich so gezeigt, wie es
für meine Erinnerungsfähigkeit am besten war.

«Du wirst schreiben!» es klang fast befehlend. «Sag allen, vor
allem den jungen Menschen: nicht so viel Feindschaft! Toleranz
auch gegen Staat, gegen Macht, die sich bemüht gut zu sein! –
Mehr Information über alles, aber auch wirklich nach allen Seiten!
– Nicht der Gewalt huldigen, mehr denken! – Ja, viel mehr
denken!»

Er blitzte mich wieder mit fröhlichen Augen an:

«Auch über die Kirche, über irdische Meister. Viel prüfen und sich nicht einseitig binden. Sich nur an Gott binden. – Gott gab uns die Vernunft, um sie zu gebrauchen.»

«Schreiben über Gott hat wenig Erfolg auf der Erde», sagte ich.

«Ja, aber die Materie-Absolutisten», sagte er, «werden auch mal weniger werden. Gefahr drängt zu Gott, und die Gefahr auf der Erde wächst. – Die Erde wird aber bestehen bleiben. Die Oberhäupter der Erde bestimmen nicht allein das Schicksal der Menschen!»

«Man hat Angst vor der Atomkraft!» sagte ich.

«Man hat immer Angst vor irgend etwas», sagte der Mann, der einstmals mein Vater war.

«Man kommt nicht ohne Angst aus, denn die Materie soll allen zuwider werden», sagte mein Vater.

«Und die Wasserstoffbombe?» fragte ich.

«Muß auch sein! Große Fehler auf der Erde können nur durch große Angst getilgt werden!»

Ich suchte nach Argumenten und sagte dann schließlich: «Es gibt schon viel Gewalt wegen der Atomenergie!»

«Ja, die Welt muß toleranter werden. – Alles ist Schule! Ob Steinbeil oder Atombombe, man kann damit schützen oder töten. Die Welt muß hart lernen, aus Schwertern Sensen für die Ernte zu schmieden, ehedem und auch weiterhin. – Die Welt wird es lernen, jeder muß bei sich selbst anfangen!»

Die freundlichen dunklen Augen blitzten mich wieder an.

«Kennst Du Iream?» fragte ich.

«Flüchtig», sagte er, «aber Hereiam kenne ich gut, er ist mein Lehrer gewesen.»

«Aha», sagte ich, «ich habe ihm viel zu verdanken.»

«Weiß ich, weiß ich, mein Sohn!» sagte der Vater, «er hat mich oft zu Dir gesandt. Du kannst Dich nur nicht immer erinnern! Mehr Eigenständigkeit mußt Du nocht entwickeln. – Tolerant, aber unbeeinflußbar und elastisch im Lernen: das ist der gute Weg zum hellen spirituellen Reich», sagte der freundliche Beduine. «Komm, ich zeig Dir mal einen kleinen, besonderen Vorgang.»

Ehe ich mich versah, wurde die Wüste, die ganze Umwelt scheinbar in eine flüssige Masse verwandelt. Ich hatte den Eindruck, mich rasant zu bewegen. Dann wurde es wieder klar um mich, und ich sah wie der freundliche Beduine mich mit Handzeichen auf einen Vorgang, wenige Schritte vor mir, aufmerksam machte. Die Umwelt war jedoch total verändert.

Der Beduine war mit mir in schneller Raumversetzung anscheinend in einem orientalischen Dorf gelandet. Es handelte sich auch jetzt um das Sommerland mit blauem Himmel. Das Dorf glich einer Siedlung in einer nordafrikanischen oder indischen Landschaft. Die vielen Menschen, die ich sah, waren entsprechend gekleidet und von brauner Hautfarbe. Die meisten Männer trugen einen Turban. Hohe Palmen standen überall zwischen niedrigen, sauber anzusehenden weißen Häuschen, und es waren viele prächtige Blumenanpflanzungen zu sehen.

Der Vorgang, auf den mich mein Beduinenvater aufmerksam machte, war folgender: Etwa dreißig Personen, Männer und Frauen, die übrigens nicht verschleiert waren, standen um einen älteren Mann, der am Boden mitten auf der Dorfstraße lag. Ein Mann mit Turban stützte den alten Mann am Boden und strich mit seiner rechten Hand über dessen Körper. Aus den Worten, die die Leute unter zeitweiligem Lachen und offensichtlicher Fröhlichkeit wechselten, entnahm ich, daß hier gerade jemand, der auf der Erde gestorben war, im Jenseitsland ankam.

Warum das mitten auf der Dorfstraße stattfand, erfuhr ich nicht. Ich bin sicher, daß es zumeist in jenseitigen Krankenhäusern oder auch in den Wohnstätten der vorausgegangenen Angehörigen stattfindet.

Der alte Mann war hier im Astralreich schon voll materialisiert, aufstehen wollte er anscheinend aber noch nicht. Mein Beduinenvater erklärte mir leise, daß der junge Mann, der vor dem am Boden liegenden alten Mann stand und den Bemühungen des Helfers zusah, der Sohn des Ankömmlings sei. Er sei vor dem Vater gestorben und erwarte ihn nun. Der genannte Sohn sah etwa so aus, wie man sich einen wohlhabenden Inder in seiner landesüblichen Kleidung vorstellt.

Der am Boden nun langsam zum Bewußtsein kommende alte

Mann wirkte etwas schlampig. Seine Kleidung schien unsauber, sein Turban sehr abgetragen.

Übrigens habe ich die Erfahrung gemacht, daß die Kleidung im Astralreich sich weitgehend nach dem Erinnerungsinhalt des dort befindlichen Menschen oder nach seiner geistigen Vollkommenheit oder auch Unvollkommenheit richtet.

Der Mann am Boden wurde nun in Sitzstellung aufgerichtet, und er sah sich etwas erstaunt um. Dann lachten wieder einige der Zunächststehenden. Der Alte hatte nämlich gesagt, er wolle etwas zu rauchen haben.

Zu meinem Erstaunen holte der Mann, der ihn stützte, tatsächlich eine Tabakspfeife aus seiner Gewandtasche. Der Alte nahm sie, man reicht ihm – Feuer. So neu und unglaubhaft mir das hier war – der Alte fing an zu rauchen.

Nun erkannte der alte Mann seinen Sohn. Ich hatte den Eindruck, der Sohn sei nicht sehr erbaut, daß sein Vater sein Jenseitsleben mit der Tabakspfeife begann.

Jedoch muß wohl die Autorität des Vaters den Sohn auch hier nicht entlassen haben. Der Sohn holte nämlich nun auch eine Tabakspfeife aus der Tasche und – rauchte mit. Mir schien aber, daß er es nur widerwillig tat.

Für mich war unfaßbar, wie Astral-Imagination irdischen Unfug nachahmte.

Plötzlich sagte mein Beduinenvater zu mir:

«So, da du nun diesen Vorgang gut beobachtet hast – darf ich wohl hoffentlich sicher sein, eine solche Anpassung an schlechte Gewohnheiten von autoritärer Seite, in solcher oder anderer Weise, niemals mehr bei Dir zu beobachten!»

Ich war sprachlos, als mir der kleine Beduinenvater das sagte und mich fröhlich mit lustig-listigem Blick anschaute.

Ich muß jedoch zugeben, daß es einen Grund für diesen außergewöhnlichen Hinweis in solch eindringlicher Form in meiner irdischen Vergangenheit gegeben hat.

Ebenso plötzlich wie vorhin veränderte sich die Landschaft um mich. Mein Beduinenvater war verschwunden, und ich befand mich nur wenige Schritte entfernt von den äußeren Sitzreihen der

Gesellschaft, die den Worten von Iream lauschte. Dann löste ich mich auch von dieser Wüstenlandschaft, und ich fiel abwärts – in meinen irdischen Körper.

Traum, Wirklichkeit und Äonen

Eine Gruppe von etwa 20 Personen hatte sich in einem kleinen Saal getroffen. Mir ist nicht klar, in welcher Sphäre das war. Meine Aufmerksamkeit war gleich zu Beginn meiner Bewußtwerdung ganz auf Iream gerichtet.

«Ist der Übergang nach dem Körpertod immer so wie das nächtliche Aussteigen?» wollte ich von Iream wissen.

«Keineswegs immer», antwortete Iream.

«Die meisten Menschen haben die Vitalkraft, die nicht nur für den Körper, sondern auch für die Seele wichtig ist, völlig verloren. Die Seele muß sich also langsam erholen. Zu dem Zweck fällt sie in einen Traumzustand.»

Iream sah mich scharf an. «Willst Du es genau wissen?»

«Ja», gab ich zurück. Da streckte er seinen rechten Arm aus und berührte mit einem Finger ganz leicht meine Stirn.

Erst längere Zeit, wohl eine halbe Stunde später, begriff ich, was geschehen war: Ich glaubte tatsächlich gestorben zu sein. Ich befand mich auf einmal in seltsam abstrakt aussehender Landschaft. Diese Landschaft war in ihrem Grundton – blau: der Boden nah und fern, die Hügel, Berge, der Himmel, alles war in einen schönen, aber nicht sehr hellen blauen Farbton getaucht.

Ich bewegte mich langsam, schwebend durch diese blaue Welt, die einen wunderbar beruhigenden, kräftigenden Einfluß auf mich zu haben schien.

Ich muß sagen, ich fühlte mich völlig glücklich, obgleich ich allein war. Das Blau der Landschaft hatte viele Abstufungen vom hellsten Wasserblau bis in dunklere Töne des Bodens wie auch der Hügel und Berge. Das Ganze war keine in Details unterschiedene Landschaft, sondern halb abstrakt, wie etwa der Maler Bo-yin-ra seine Bilder malte, denen er geistige Bedeutung zugrunde legte.

Ich schwebte also immer weiter durch diese märchenhafte Landschaft in angenehmen Blau und kam dann schließlich auf den Gedanken, daß nun, da es doch endgültig mit dem irdischen

Leben zu Ende sei, ich mir auf der Erdenwelt ein Medium suchen sollte, um meiner Frau mitzuteilen, daß es mir gut ginge.

Da, plötzlich war der «Kursus» zu Ende. Iream stand wieder vor mir. Er lächelte mir zu, und ich war erstaunt, so völlig abwesend gewesen zu sein.

«So sieht es ungefähr aus, wenn jemand nach langer Krankheit oder in hohem Alter zu uns kommt. Er braucht einige Zeit, bis er die wirkliche Jenseitswelt wahrnehmen kann», sagte Iream. «Mag sein, daß manche eurer Schriftsteller, die sich auf diesem Gebiet betätigen, deshalb auf die Idee gekommen sind, daß das Leben jenseits der Materie nur ein Phantasiereich sei, daß es da weder eine exakt aufgebaute Welt noch eine Topographie der Jenseitswelten gebe. – Aber jeder kommt einmal auf die andere Seite und kann sich dann eines Besseren belehren lassen!»

Iream schaute sinnend auf einen jungen Mann, der ihm gegenüber in einem der Sessel saß. Dann sagte er zu ihm in eindringlicher, verhaltener Redeweise: «Du hast einen Freund, der sich auf gefährlichem Abweg befindet – er nimmt Heroin! Anfangs glaubte er mit weniger gefährlichem Gift sein Bewußtsein zu erweitern. Viele glauben das auf der Erdenwelt. Was da erlebt wird, sind die Welten eurer Phantasie, eurer Wünsche oder euch bedrückenden Ängste – nicht die echten Welten, wie Du sie jetzt gerade erlebst. Warne Deinen Freund!»

Der junge Mensch machte ein bekümmertes Gesicht und sagte: «Ich habe es mir gedacht, er hat sich in letzter Zeit seltsam verändert. Ich werde versuchen, ihn davon abzubringen.»

«Nur am Beginn solcher Verirrung hat das noch Erfolg!» setzte Iream hinzu und sah ihn eindringlich an.

«Wenn er es nicht mehr kann, ist seine jetzige Inkarnation für seine geistige Entwicklung verloren.»

Als Iream diese Worte gesagt hatte, stand einer der im Saale sitzenden Teilnehmer auf. Ich sah, daß es ein Mann war, den ich aus einer früheren Exkursion kannte. Er sagte: «Ich habe ein Buch gelesen, in dem der Verfasser behauptet, daß Vergangenheit, Gegenwart und Zukunft immer gleichzeitig stattfinden. Ein großer Geist soll ihm das gesagt haben. Ja, daß man die Zeit manipulieren könne und daß man auf diese Weise, auch heute noch, ganz real – die Saurier erleben könne, die vor Millionen Jahren auf der Erde gelebt haben!»

Ein Gelächter wie das nun folgende hatte ich noch auf keiner anderen Exkursion erlebt. Iream wartete schmunzelnd, bis sich die Heiterkeit gelegt hatte, und sagte dann:

«Ob Menschen schreiben oder reden, ob im Erdenkleide lebend oder ob sie sich in den Ländern der Welt, die man Jenseits nennt, befinden – Irrtum, Phantastik oder gar Lüge zum Zwecke der Irreführung ist nicht selten. Man sollte Menschen, die im irdischen oder im Geisterkleide auftreten, auf ihre Ehrlichkeit und Wahrheitsliebe prüfen. Daran hat es gefehlt, als von der Gleichzeitigkeit aller Zeiten für das Dasein des Menschen die Rede war. – Wenn vor Gott alle Zeiten seiner Schöpfung zugleich gegenwärtig sein können, so gilt das noch keineswegs für seine Geschöpfe, die Menschen. Für diese Geschöpfe wurde der Gang durch die Materie unter dem Zwang des Gesetzes von Ursache und Wirkung notwendig, weil sie sich aus dem Gottesbewußtsein in abenteuerlicher Sucht nach Selbstbestätigung entfernt hatten. Es steckt in allen irdischen Menschen noch immer ein wenig von der Sucht, sich voller Macht in den Erscheinungen der Schöpfung zu erproben und den zu unserer Belehrung gesetzten Widerstand zumindest in ihrer eigenen Phantasie zu umgehen. So muß auch die Zeit dazu herhalten.

Wozu hätte wohl Gott den uns disziplinierenden Weg durch Zeit und Raum gegeben, wenn wir ihn nicht dringend nötig hätten. Dieses Umgehen der Disziplinierung hat die materielle Schöpfung einstmals notwendig gemacht. Es ist nicht gut, auch nur in Gedanken zu versuchen, das uns gegebene Potential der Entwicklungsfreiheit zu mißbrauchen. Wo der Mensch versucht, der umfassenden göttlichen Schöpfung seine eigene Schöpfung entgegenzusetzen, da wird er immer wieder aus eigenen Wahnvorstellungen auf den harten Boden der Gesetze Gottes zurückfallen müssen.»

Eine Frau unter den Anwesenden stellte nun die Frage, warum man in irdischen Büchern spiritueller Richtung oft lese, daß Himmel und Hölle in uns seien. Iream gab darauf die Antwort: «Solche Schriftsteller dürften sich durchaus im klaren darüber sein, daß jenseitige Sphären, die als Himmel oder Hölle bezeichnet werden, Orte – also dreidimensional wahrzunehmende Bereiche – sind, die wie die materielle Welt real erlebt werden. Sicher ist, daß sich ein solcher Aufenthalt vor dem Ablegen des materiellen Körpers in der Seele, in den Gedanken vorbereitet und der Mensch infolge seiner Taten Himmel oder Hölle schon auf Erden in sich trägt.»

Was für Aufgaben denn auf den jenseitigen Geist warteten, der sich gut weiterentwickelt hätte, wurde nun gefragt, und Iream erklärte:

«Hat ein Mensch in vielen Wiederholungen des materiellen Lebens gelernt, sich in allen Situationen angemessen, also richtig und diszipliniert zu verhalten, was Härten in Notsituationen nicht ausschließt, hat er gelernt, seinen Willen nur zu positiv geistig nützlichen Zwecken zu gebrauchen, kann er seine Gedankenkräfte in Zucht halten, übt er vernünftige Toleranz und benötigt er nicht mehr die Härte der materiellen Welt, um sich geistiger Ziele zu befleißigen – dann ist er soweit, sich in nichtirdischen Welten dauernd aufhalten zu können.

Er oder sie – es betrifft natürlich Frauen und Männer der irdischen Welt gleichermaßen – wird dann von den leitenden Oberen der nichtmateriellen Welten, je nach Fähigkeiten Aufgaben zugewiesen bekommen, die vor allem in der Hilfeleistung für die in unterentwickelten Sphären befindlichen Anwärter auf Höherentwicklung bestehen. Auch auf materiellen Welten warten Aufgaben der Hilfeleistung, der positiven Beeinflussung, der Lenkung zur Höherentwicklung der Gutwilligen.»

«Sind das dann Schutzengel?» fragte eine Versammlungsteilnehmerin, die neben mir am Tisch saß.

«So kann man es nennen!» antwortete Iream.

«Du sagtest – Welten. Betreut der dauernd Jenseitige mehr als die Erde, von der wir kommen?» fragte die Frau.

«Eure Astronomen und alle gebildeten Erdenbewohner wissen von der ungeheuren Anzahl materieller Sonnenwelten, die sich in Galaxien mit Milliarden leuchtenden Körpern und deren begleitenden Sternen gruppieren. Da gibt es endlose Arbeit für die Höherentwickelten. Das allein schon auf materiellen Welten. Nun

157

gar erst auf Welten, die kein materielles Auge sieht. Es warten Tätigkeiten für Äonen auf jeden, der guten Willens ist oder es in der Zukunft sein wird!»

«Nimmt das nie ein Ende?» fragte mit fast besorgter Stimme ein älterer Teilnehmer der Zusammenkunft. Iream lächelte und sagte: «Weißt Du wie lang ein Äon ist? – Hab also keine Sorge, diese Arbeit hat nichts mit dem Leistungssoll irdischer Maßstäbe zu tun. Du kannst, wenn Du einmal so weit bist, Dich zwischendurch in Himmelswelten, wie man das irdisch nennt, ausruhen – bis Du vor Arbeitslust nicht mehr ruhen kannst. Und, ein Ende im Bewußtseinszentrum – Gott – hat alles einmal. Du wirst einstmals es als Krönung allen Seins empfinden, dies dann erreicht zu haben!»

Da wurde es plötzlich dunkel um mich, als ob das Licht ausgeschaltet worden wäre, und ich spürte, wie mich mein Körper aufnahm.

Fahrt in eine Stadt und – Morgengesang

Das Frühjahr kam und damit auch die Gartenarbeiten auf dem Kreuzberggrundstück. Am Sonnabend und Sonntag war ich damit ziemlich ausgelastet und schlief deshalb auch immer in der Hütte. Eines Morgens, etwa zwischen 4 und 4.30 Uhr, kam zuerst ein traumhaftes und dann ein vollbewußtes Erlebnis auf mich zu.

Ich wurde mir plötzlich bewußt, daß ich auf einem Motorrad durch ein hügeliges Gelände fuhr. Ein Schotterweg führte durch grasartige, mit einigen kleinen Blumen bewachsene Landschaft, der Himmel war mäßig blau. In einiger Entfernung sah ich die ersten Häuser einer Stadt, als ich ziemlich betroffen anhielt. Ich blieb aber auf dem Motorrad sitzen.

«Ich möchte doch ganz gerne wissen, wer sich diesen Scherz mit mir erlaubt!» dachte ich und schaute auf die Maschine unter mir.

Sie glich nicht dem Motorrad, das ich vor Jahren – ganz irdisch – besessen hatte, sondern eher einer Maschine, die ich einst in der Militärzeit gefahren hatte. Auch war sie mit grauer Farbe gestrichen.

Ich dachte sofort daran, daß die Betrachtung solcher Einzelheiten meistens den Rückzug in den Körper verursacht. Jetzt aber wollte ich wenigstens das Fahren auf einem astralem Motorrad noch ausprobieren.

Ich gab also Gas und fuhr los. Nun fiel mir auf, daß sich die Geschwindigkeit verringerte, als ich daran dachte, ob die Maschine wohl richtig funktioniere. Bis auf Schrittempo verlangsamte sie sich. Ich ärgerte mich und dachte daran, daß es doch schneller gehen müsse. Sofort fuhr die Maschine schneller und tuckerte auch richtig wie ein ganz irdisches Motorrad.

Zwischendurch überholte ich eine Frau, die völlig irdisch gekleidet den Weg auf die Stadt zuging. Sie beachtete mich aber nicht, und schließlich kam ich am Stadtrand an und fuhr zwischen Häuserreihen, die wie eine normale Siedlung aussahen, in Rich-

159

tung auf das Stadtzentrum. Die Straßen waren hier übrigens mit gutem Pflaster und teils mit richtigem Asphalt versehen.

Ich sah nur wenige Fahrzeuge, aber viele Spaziergänger auf den Straßen. Dann bemerkte ich einen großen Schulhof, auf dem Jugendliche laut lärmten. In der Mitte stand ein Lehrer, der anscheinend Aufsicht hatte.

Ich hielt jetzt mein Motorrad an, weil ich etwas sah, was mich sehr interessierte. In der langen geschlossenen Häuserreihe vor dem Schulgebäude mit dem Hof, auf dem sich die Halbwüchsigen austobten, stand ein Haus mit einer Reihe großer Schaufenster an der Vorderfront. Eines davon war voller Elektrogeräte.

Das war eine Sensation für mich. Was machte man hier in der Astralsphäre mit Elektrogeräten?

Ich schob das Motorrad auf den Bürgersteig, stellte es neben dem Schaufenster ab und entdeckte erst jetzt, daß auf dem Gepäckträger der Maschine mit Riemen ein Karton befestigt war. Neugierig sah ich nach, was wohl in dem Karton sein könnte. Es waren zu meinem Erstaunen alte und wohl vielfach gebrauchte Putzlappen.

Ich schaute mich um. Es war niemand da, der mir zusah. Wahrscheinlich war auch der Witzbold, dem ich diese merkwürdige Erfahrung mit dem Motorrad zu verdanken hatte, weit weg.

In diesem Moment hörte ich zwischen den Häusern hindurch die laute Stimme des Lehrers vom Schulhof her, der die Jugendlichen zusammenrief.

Ich ging nun zum Schaufenster und betrachtete die ausgestellten Geräte. Da waren Bügeleisen, Heizsonnen – alles, was ein solches Geschäft üblicherweise führt. Während ich noch nachdachte, wie ich wohl klären könnte, wie man diese Dinge hier gebraucht, hörte ich von der Schulhofseite her, wie der Lehrer mit lauter Stimme zu den Kindern sagte:

«Nun, meine lieben Freunde,» (ich bin nicht sicher ob er «Freunde» sagte) «ihr müßt ja jetzt gleich zurück, da der Morgen auf der irdischen Welt euch erwartet – und so wollen wir noch ein schönes Abschiedslied singen!»

Dann begannen die Kinder zu singen. Zuerst einfache Lieder, wie man sie in Schulen oft hört.

160

Doch dann schwoll der Chor der jugendlichen Stimmen zu einer
Stärke und Harmonie an – die ich nicht für möglich gehalten
hatte.

Erregt verließ ich meinen Platz vor dem Schaufenster, küm-
merte mich auch nicht mehr um das Motorrad und lief den
Häusern entlang, um einen Durchgang zum Schulhof zu finden.
Währenddessen ertönte der Gesang in immer herrlicheren Akkor-
den, und als ich endlich einen Weg zur Schule um den Häuser-
block herum gefunden hatte, war der Gesang zu einer Fülle und
bewegenden Harmonie angewachsen, daß mir die Tränen in die
Augen stiegen.

Dann hörte ich gerade noch verabschiedende Worte des Lehrers
– und im gleichen Moment fühlte ich mich hinweggezogen.

Ganz langsam wachte ich diesmal auf.

Außerhalb meiner Gartenhütte war alles still. Es war nichts zu
hören, was irgendwie Anlaß zu einer Vortäuschung solch harmo-
nischen Chorgesanges gegeben haben könnte.

Empfang auf der anderen Seite

Sehr aufschlußreich war für mich eine Begegnung mit meinem Vater auf der anderen Lebensseite am 21. August 1973.

Es war schon gegen Morgen, etwa um vier Uhr, als ich meiner Situation bewußt wurde. Ich hielt mich in einer Wohnung auf, die sich offenbar in einer Sphäre nahe der Erde befand. Durch die Fenster dieser Wohnung sah ich einen nicht sehr hellen Himmel. Mein 1931 verstorbener Vater stand so vor mir, wie ich ihn in Erinnerung habe.

Mein Vater sagte mir, er sei hierhergekommen, um mir und meiner Frau Josy einiges zu sagen.

Jetzt erst gewahrte ich, daß meine Frau und ich in je einem der Sessel saßen, die hier in der Wohnung standen. Wir erhoben uns und begrüßten den Vater. Er fing ohne weitere Umstände an, uns eine längere Erklärung über die Eigenart der «Materie» zu geben.

Er sagte, daß Materie sich nur durch die Dichte unterscheide. Auch in den Erscheinungswelten außerhalb des irdischen und sonstigen materiellen Kosmos sei alles Materie. Wir unterschieden zu Recht «stofflich» und «feinstofflich», aber es gebe viele Abstufungen der Feinstofflichkeit.

Alles, was Erscheinungswelt sei, bestehe aus Materie und besitze Form, aber die Gesetzmäßigkeiten seien fließend verschieden. So sei für die Wesen, die eine Feinstoffwelt bevölkern, alles so real, wie sich in unserer schwer-materiellen Welt alles stabil und festofflich verhalte.

Es sei auch falsch, immer von verschiedenen Dimensionen zu reden. Die Welten in sich treten uns immer in den bekannten drei Dimensionen von Länge, Breite und Höhe entgegen. Man sehe sich also auf der irdischen Ebene wie in den Astralwelten – solange die Erscheinungswelt bestehe – immer den bekannten drei Dimensionen gegenüber. Dadurch hätten wir überall Lebens-

*raum, Umwelt und eine Geographie analog der irdischen Welt. Ja,
es habe schon vor der Schöpfung irdischer Welten immer einen
solchen Zustand gegeben, denn irdische Welten seien nach den
Vorbildern weit früher geschaffener feinstofflicher Welten gebildet. Das harte Leben der Materie herrsche allerdings nur im dicht-
materiellen Kosmos.*

*Ich fühlte mich durch die Rede meines Vaters veranlaßt, einige
Male kräftig meine Hände zusammenzuschlagen, um meiner Frau
zu beweisen, daß hier alles so stabil und materiell sei, wie wir es
auf Erden gewohnt sind.*

*Während ich so mit den Händen laut klatschte, fiel mir plötzlich
eine im Hintergrund des großen Zimmers sich hin und her bewe-
gende Frau in schwarzer Kleidung auf. Mein Vater sah sie auch
und lächelte.*

*Es war meine jüngste Schwester, die hier in einem fast träumen-
den Zustand umherwandelte und sich dabei mehrmals vom Boden
abhob — offenbar ohne uns wirklich zu bemerken.*

*«Sie ist voll Trauer über ihren psychisch schwierigen Zustand»,
dachte ich mir und wandte mich wieder meinem Vater zu.*

*Da gab dieser mir ein Zeichen wie zum Abschied, und mit
ziemlichem Schwung fühlte ich mich plötzlich sinken und wachte
dann irdisch auf.*

Auch diesmal war meiner Frau keine Erinnerung gegeben. Ich
nehme aber an, daß solche Belehrungen für das Unterbewußtsein
einen förderlichen und aufbauenden Charakter haben können. Da
meine jüngste Schwester sich in dem gleichen Raum befand, den
mein Vater zu unserer Begegnung benutzt hatte, kam ich später
auf den Gedanken, daß er, aus höheren Sphären kommend, uns
getrennt zur Belehrung zu sich rufen ließ und möglicherweise
meine Schwester nach meiner Frau und mir auch eine besondere
Belehrung erhielt.

In dieser Zeit, es war am 10. September 1973, erhielt ich noch eine
besonders eigenartige Belehrung:

Es war im Grunde wieder einmal eine drastische Warnung. Ich kam wie traumhaft in ein kleines Zimmer, in dem Dia-Bilder an eine Wand projiziert wurden.

Iream erklärte mir mit ruhiger und freundlicher Stimme jedes Bild, das an der Wand aufleuchtete. Zuerst erschienen Porträts von Menschen, die ich kannte, die aber nicht mehr lebten: so ein Kollege, der an einem Herzinfarkt gestorben war; dann ein anderer, der infolge einer Überbeanspruchung seiner Vitalität vor nicht langer Zeit die Erde verlassen hatte.

«Frieden in der Seele ist Voraussetzung für die Erfüllung aller Aufgaben!» sagte Iream und erklärte weiter: «Dieser hier», er zeigte auf das Bild eines der ehemaligen Kollegen, «wurde von der Außenwelt bedrängt – dann kam noch manches andere hinzu, das seine Vitalität untergrub. – Einen Platz des Friedens braucht jeder Mensch, wenn er nicht zerbrechen will.»

Dann sah mich Iream scharf an: «Deine Vitalität ist auch nicht so groß, wie es wünschenswert wäre.»

«Wie soll ich Belastungen durch Streitigkeiten ausweichen?» fragte ich nun.

«Gleichgültigkeit produzieren ist oft der einzige Weg», gab er mir zur Antwort.

«Und wenn auch das versagt?» entgegnete ich.

Iream sah mich wieder längere Zeit an: «Im schlimmsten Fall – Abbruch der Inkarnation», sagte er langsam und bedauernd.

«Du kennst die Methoden der günstigen Selbstbeeinflussung», führte Iream weiter aus. «Diese hier», er deutete auf die Bilder der Kollegen, «wußten nichts davon.» Dann fuhr er mit Nachdruck fort: «Von Dir erwarten wir Erfüllung des Auftrages. Übe Dich darin: Lasse alle Angriffe durch Streit, Mißgunst, Unfrieden an Dir abgleiten. – Beteilige Dich nicht an unnützen Auseinandersetzungen! – Zur Not sei gleichgültig! – sonst ...»

Da erschien auf einmal das riesengroße Bild eines unendlich großen Wassers – das Meer.

Ich wußte, was das zu bedeuten hatte. Iream verschwand hinter einem Nebel, und um mich wurde es im Abwärtsgleiten dunkel.

Das Fürstenschloß

Ein Erlebnis, das ich wegen seiner Seltsamkeit immer gut im Gedächtnis behalten, dessen Datum aber nicht notiert habe, war folgendes:

Ich befand mich zusammen mit Iream in einer hellen Parklandschaft unter blauem Himmel, und er sagte mir, ich solle besonders das «Schloß» im Park einmal genauer ansehen. Dann ließ er mich allein, und ich ging auf Parkwegen, zwischen hohen Bäumen und über Lichtungen mit Blumenrabatten, auf das Schloß zu.

Es war bewohnt, wie ich jetzt feststellte. Es sah dem Schloß Sanssouci in Berlin-Potsdam ähnlich, hatte aber nicht dessen breite Treppenanlage, auch war es dicht von hohen Bäumen umgeben. Vor einer großen, halbrunden Terrasse, die dem mit einer Kuppel versehenen Mittelbau vorgelagert war, befand sich ein großer Blumen- und Blattpflanzengarten. Mir fielen besonders große Sonnenblumen und einige über mannshohe Blattpflanzen auf, die einen wahren Dschungel vor der Terrasse bildeten.

Am Rande stand ein Mann in einer Kleidung wie zur Zeit Friedrichs des Großen, also um 1750 etwa, und unterhielt sich mit auffällig dröhnender Stimme mit dem Gärtner, der im Garten unterhalb der etwa fünf Meter erhöhten Terrasse gerade dabei war, die Blumen zu begießen.

Den Gärtner selbst konnte ich von meinem Standort aus, auf dem Kiesweg zur Terrasse hinauf, nicht sehen, aber ich hörte das Rascheln der Blätter der riesengroßen Blattpflanzen und das Plätschern des Wassers, mit dem er die Pflanzen goß. Außerdem sah ich, wie sich die Pflanzen bewegten, während er durch die Reihen der prächtigen Sonnenblumen ging.

Der Mann auf der Stirnseite der Terrasse gab dem Gärtner wohl mit seiner befehlsgewohnten Stimme Anweisungen, was er da unten tun solle. Ich hatte den Eindruck, daß er der Herr des

Schlosses, also irgendein Fürst vergangener Zeit war, der hier sein Jenseitsleben führte.

«Vielleicht war er ein guter Fürst», dachte ich bei mir, denn eigentlich hatte ich so etwas in einer so schönen Astralwelt nicht erwartet. Der Fürst hatte weiße, anscheinend gepuderte Haare mit einem Zopf, trug weiße Gamaschen und Kniebundhosen; er sah ganz gut aus und schien etwa 35 bis 40 Jahre alt zu sein. Er nahm von mir, auch als ich auf die Terrasse hinaufging, keinerlei Notiz. Vielleicht sah er mich nicht. Es sprach mich auch keiner der Diener oder sonstigen Bewohner des Schlosses an, von denen mir über ein Dutzend begegneten.

Dann zweifelte ich plötzlich an der Echtheit meines Erlebnisses als Astralwanderung und dachte, daß ich doch träume, denn der «Gärtner» hielt plötzlich über die Riesenblumen eine an einem langen Metallrohr befestigte große Brause, wie die einer Gießkanne, und ließ von oben her, etwa drei Meter über dem Boden, Wasser auf die Blumen herabregnen.

«So etwas gibt es doch nicht», dachte ich und nahm mir sofort eine der Blumen vor, um zu versuchen, sie mittels Imagination zu verändern. – Es ging aber nicht! – also konnte es doch kein phantastischer Traum sein.

«Vielleicht hat dieser Gärtner eine besondere Gartenbrause erfunden», dachte ich.

Nun, da ich das Schloß von außen gesehen hatte, ging ich hinein. Menschen, die alle wie um 1750 gekleidet waren – besonders eine ältere Dame auf einem Rokoko-Sofa fiel mir auf –, gingen hierhin und dorthin, unterhielten sich oder schauten aus dem Fenster in den Garten.

Das Schloß war wie alle Schlösser dieser Art eingerichtet, und ich wollte schon, da mich niemand ansprach und anscheinend auch niemand sah, wieder hinausgehen, als plötzlich Iream wieder da war und mich aufforderte, durch die Zimmerflucht in den rechten Seitenflügel des Schlosses zu gehen.

Dieser Seitenflügel lag rechts vom Mittelgebäude mit der Kuppel, die nicht höher als zwei Stockwerke war. Dieser Seitenflügel schien mir unbewohnt, obgleich mit vielem Mobiliar versehen.

Eine merkwürdige, dumpf unheimliche Stimmung umfing mich

hier. In einem großen, prächtig mit vergoldeten Möbeln ausgestatteten Zimmer deutete Iream auf einen breiten Polstersessel.

Da sah ich einen Menschen oder vielmehr das neblige Abbild eines Menschen wie in schlafender Stellung sitzen, wobei er sich anscheinend im Zustand der Auflösung befand.

Ich sah Iream einigermaßen erschreckt an, und er sagte:

«Es ist die Astralleiche einer der Vorfahren des Fürsten, der sich vor einiger Zeit in eine höhere Sphäre zur besseren geistigen Entwicklung begeben konnte.»

Ich war sprachlos – so etwas hatte ich noch nie gesehen.

Iream führte mich in weitere Räume und erklärte mir, daß die Schloßbewohner hier nicht hineingingen, da sie es, so wie ich jetzt, unheimlich fänden, sich diese Auflösung der Körper ihrer Angehörigen ansehen zu müssen.

Die Räume machten auch sonst einen alten, ungepflegten Eindruck. Auf meine Frage zeigte mir Iream noch weitere solcher Astralleichen, die teils nur noch wie ein Nebel auf Sesseln oder Ruhesofas lagen. Manche Gestalten sahen wie durchlöchert aus und waren nur noch als grauweißer Nebel erkennbar.

«Mit der Zeit lösen sich die Reste der Astralkörper ganz auf», sagte mir Iream. «Der Übergang von einer Sphäre zur anderen ist kein Vorgang wie der irdische Tod», erklärte er mir dazu, «es ist ein angenehmer Akt zu höherer Entwicklung.» Dann ließ er mich wieder allein.

Nun ging ich wieder aus dem Schloß hinaus und weiter in den Teil des Parkes, der entgegengesetzt zu meinem bisherigen Weg lag.

Hier gab es zwischen hohen Laubbäumen Wasserläufe mit kleinen Brücken darüber und auch Teiche mit Seerosen – ich glaube, daß darin auch Goldfische schwammen – und zwischendurch kleine, künstliche Felsaufbauten als Steingärten mit vielen Blumen. Als ich einmal auf einer der Brücken stehenblieb, um mir die schönen Blumen anzuschauen, bemerkte ich, daß immer eine Anzahl junger Burschen und Mädchen in geringem Abstand hinter mir hergingen. Die Mädchen sahen aus wie siebzehn bis zwanzig Jahre alt, sie kicherten ab und zu. Mir schien sicher, daß man mir absichtlich folgte, und ich hörte einen der jungen Burschen sagen:

«Das ist sicher ein Professor, der uns erforschen will.»

Was das bedeuten sollte, war mir nicht klar, aber ich nahm an, daß die jungen Leute Dauerbewohner dieser Lebenswelt des Astralreiches waren und mich irgendwie als von der irdischen Welt kommend erkannt hatten. Sie kamen aber nicht näher, wenn ich stehenblieb. Also ging ich auch weiter und kam nach einigen hundert Meter an einen Zaun mit einem Tor. Hier endete das Parkgelände um das Schloß, und dahinter begannen weite Wiesen und Waldflächen aus Nadelbäumen.

Auf einmal wurde ich zurückgeholt und landete wieder im Irdischen.

Eine andere ganz kurze Exkursion blieb mir deshalb so gut in Erinnerung, weil ich dabei ein Aufsehen erregte, das mir ob seiner Besonderheit peinlich war. Das Erlebnis wurde daraufhin auch sofort abgebrochen.

Ich befand mich, nachdem ich aus dem Körper abgeholt worden war, hoch oben über einer kleinen Stadt, die von weiten Grünflächen, einem schmalen, aber langen See sowie von einem Wald umgeben war.

Der Himmel über mir war nicht sehr blau, eher blaßneblig, und ich schwebte in einem weißen Gewand und seltsamerweise mit weißen Turnschuhen abwärts, geradewegs auf den Stadtrand zu. Als ich tiefer hinabkam, ging mein Flug in eine flache Kurve über. Ich sah mich direkt auf den schmalen See zuschweben. Nun sah ich auch am Ufer ein Gebäude mit einem Garten davor und erkannte, daß es ein Ausflugslokal mit vielen Tischen und Stühlen war.

Alle Gartentische waren voll mit irdisch gekleideten Menschen voll besetzt. Zwischen dem Terrassengarten und dem Seeufer war nur ein schmaler Uferweg, und die Gartenterrasse lag etwa drei Meter über dem Wasserspiegel.

Als ich hinunterschwebte, bemerkte ich, daß ich unmöglich den schmalen Weg zwischen Terrassenwand und See treffen könnte und deshalb wahrscheinlich auf dem Wasser landen würde.

Ich hatte zwar keine Angst, ins Wasser zu fallen – aber ich

strengte meinen Willen an, um sanft aufzusetzen. Tatsächlich gelang mir das auch tadellos. Ich sank mit den Füßen nur etwa einen Zentimeter in die Wasserfläche ein und ging dann in langen Schritten über die Oberfläche des schmalen Sees auf das gegenüberliegende Ufer zu. – Das aber erregte bei den Gästen des Ausflugslokals ein ungemeines Aufsehen!

Man rief sich laute Worte zu, sprang auf, um besser sehen zu können, und von den hinteren Tischen liefen die Leute an die aus Holzbalken bestehende Brüstung der Terrasse, um das Wesen zu sehen, das da auf dem Wasser zum anderen Ufer lief.

Ich war über diese Aufregung, die ich offensichtlich verursacht hatte, so erschreckt, daß ich auf dem Wasser stehenblieb und nun meinerseits die aufgeregten Leute anstaunte, die mich staunenswert fanden. Mir war das unerklärlich, da ich meinte – so etwas müßte doch hier völlig normal sein!

Ich hatte sofort ein ausgesprochen schlechtes Gewissen, solche Aufregung verursacht zu haben – aber schließlich war ich ja nicht auf meine eigene Verantwortung vom Himmel gefallen. Ich drehte mich jedenfalls rasch wieder um, strengte meinen Willen an und schwebte nun in langen Sprüngen zum anderen Ufer des Sees hinüber. Drüben angelangt, strebte ich auf den Wald zu. Währenddessen hüllte mich wieder der mir schon bekannte Nebel ein zum Rückzug ins Irdische …

Ein denkwürdiger Auftrag

Am 30. Oktober 1973 kam ein bemerkenswert eindringliches nächtliches Erlebnis auf mich zu.

Es war nachts, kurz vor ein Uhr, als ich meiner selbst bewußt wurde. Ich saß auf einem breiten Gartenstuhl vor einem großen Tisch. Dieser stand auf einer steinernen Terrasse vor einem größeren Haus. Alles spielte sich in einer nicht sehr hellen, gebirgigen Landschaft ab. Rund um das Haus und die Terrasse standen hohe Laub- und Nadelbäume.

Vor mir, sowie rechts und links vom Tisch, saßen gleich mir auf bequemen Gartenstühlen drei Männer mittleren Alters, die sich jetzt abwechselnd mit mir unterhielten. Sie waren mit Uniformen aus unauffälligem khakifarbenem Stoff bekleidet, wie sie etwa die Amerikaner tragen. Alle drei Männer trugen um die Hüften eine Koppel mit einem Dolch zur Seite, wie früher unsere Flieger.

Die drei Männer waren, das wußte ich bei dieser Begegnung, «Generäle», und sie sprachen mit mir als mit einem ihrer Kameraden – das heißt, auch ich war General. Letzteres war mir nach diesem Vorfall zunächst nicht erklärlich, weil ich weder Ehrgeiz, Wünsche noch sonstigen Anlaß hatte, mich in einen solchen Rang zu erheben.

Ich trug bei dieser Begegnung keinerlei uniformes Kleidungsstück, auch keinen Dolch, sondern war in ganz ziviler Kleidung.

Das Gespräch drehte sich um eine Angelegenheit, die mit meiner irdischen und auch karmischen Vergangenheit zusammenhing. Während wir nun so sprachen, zogen die drei Generäle mit durchaus freundlichem Gesichtsausdruck jeder seinen langen Zierdolch und legten ihn, mit der Spitze auf mich weisend, in feierlicher Weise vor mir auf den Tisch.

Sodann erklärten sie mir, daß ich einstmals, als wir vier Generäle auf Erden lebten, in eine schwierige und sehr gefährliche Situation gekommen war. Ich sei mit meiner Truppe in einem

Gebirgstal in höchster Gefahr gewesen, und sie drei hätten mir rechtzeitig zu Hilfe kommen können.

Damals hätte ich geschworen, diese Hilfe durch eine Tat meinerseits zu belohnen. Dazu sei es aber im irdischen Leben nie gekommen. – Nun aber, da sie hier im Jenseits vorankommen, also in eine höhere Sphäre gelangen möchten, habe man sie beauftragt, mich, den noch irdisch lebenden Kameraden, daran zu erinnern, daß ich ein Anliegen, das für die geistige Verfassung der Menschen ein wenig nützlich sei – auch wirklich ausführe. Meine Durchführung dieses Vorhabens sei dann die Einlösung des einstigen Versprechens, und sie drei dürften dann – da sie ihren Auftrag mich zu erinnern ausgeführt hätten – in eine lichtere Sphäre einziehen.

Ich war nach dieser Eröffnung zunächst völlig sprachlos und wohl auch verlegen. Ich erinnere mich, daß ich versuchte, die drei Männer, die ihre Dolche so spitzig auf mich zu auf den Tisch gelegt hatten, durch Reden über zunächst nebensächliche Dinge von ihrem Thema abzulenken.

Da zog der Mann mir gegenüber eine Landkarte aus seinem Rock. Er faltete sie auseinander und legte sie vor mich hin. Jetzt kam eine Erinnerung über mich. Ich nahm einen der Dolche in die Hand und deutete mit der Spitze auf die Karte, wo ein tiefeingeschnittenes Tal zwischen zwei Gebirgszügen eingezeichnet war.

«Hier ist es gewesen!» sagte ich. Die drei Männer nickten erfreut, und einer deutete mit dem Zeigefinger auf den Eingang und den Ausgang der tiefen Schlucht und sagte:

«Von hier – und von dort aus haben wir Dir gegen den Feind rechtzeitig Deckung geben können!»

Ich legte den Dolch vorsichtig wieder so hin, wie er zuvor gelegen hatte. Der Mann mir gegenüber machte ein befriedigtes und freundliches Gesicht.

Ich sagte nun, daß ich tun werde, was mir möglich sei, obgleich man berücksichtigen möge, daß meine Mittel sehr beschränkt seien.

Danach standen wir alle vier auf. Die Herren mir gegenüber steckten ihre Dolche wieder in das Seitengehänge am Koppel. Sie

verneigten sich höflich und wie mir schien auch ein wenig förm-
lich. Ich tat desgleichen.
Auf einmal löste sich alles um mich auf, und durch einen Nebel
hindurch fühlte ich mich rückwärts hinweggerissen, um mit einem
Stoß im Bett zu landen.

Sehr verschiedenartige Gefühle kamen über mich. Ich fühlte mich
gewarnt, eine Aufgabe nicht zu vergessen. Ich dachte daran, als ich
am 31. 12. 1972 durch die Eifel wanderte, daß mir dabei der
Gedanke gekommen war, meine Erlebnisse von 1945 einer größeren Anzahl Menschen mitzuteilen. Es sollte eine Niederschrift
werden, um aufzuzeigen, inwieweit der Mensch verantwortlich
und mitverantwortlich ist für das, was auf unserer irdisch-mate-
riellen Welt geschieht, und welchen Weg wir im Kosmos vor uns
haben.

Es war mir klar, daß dies ein nicht geringes Opfer an Geld von
mir forderte, aber bereits damals hatte ich das Gefühl, als ob
dieser Gedanke nicht allein aus meinem eigenen Denken, meinem
persönlichen Wollen kam.

Die Zeit ging dahin – zwar tauchte der Gedanke daran des
öfteren auf, aber zur Verwirklichung kam es nicht. Nun dachte ich
wieder daran – aber ich fühlte mich auch bedrängt. Ich nahm mir
vor, alles gründlich zu durchdenken. Erst zwei Stunden später
konnte ich bis zum Morgen schlafen.

Als ich mich später in einer Meditation an Hereiam wandte, ob die
von mir am 31. 12. 1972 gedachte Aktion überhaupt sinnvoll sei,
bekam ich zur Antwort, daß auch die kleinste Aktion gegen das
luziferische Prinzip im Menschen eine Kettenreaktion guten Willens auslösen kann. – Jeder, der meint, Tätigkeiten dieser Art
anderen überlassen zu dürfen, fehlt in der Front derer, die – wenn
sie in genügender Anzahl sind – eine Wand des Mißtrauens unter
den Menschen zum Einsturz bringen können. – Jeder sollte mit-
helfen, das Denken der großen verantwortlichen Menschen auf
Frieden zu lenken. Auch kleinste Aktionen guten Willens können
unter Umständen einen Krieg verhindern.

So behielt ich also die drei «Generäle» gut im Gedächtnis, und erst viel später kam eines Nachts ein vielleicht bedeutsames Symbolbild auf mich zu.

Ich selbst befand mich bei diesem kurzen Vorgang – wie in einer karmischen Erinnerung – in einem dick mit Heu ausgepolsterten Leiterwagen, der mit zwei Pferden bespannt war, auf der Fahrt über eine eisige, schneeverwehte Landschaft. Ich saß, in Decken gehüllt, mit etwa vier weiteren Personen in dem Wagen; vorn der Kutscher im Pelz mit einer langen Peitsche in der Hand.

Auf dem schneeverwehten Gelände marschierten ohne jede Ordnung Tausende von Soldaten in teils elendem Zustand – nach Westen. Wir alle waren auf der Flucht vor den Russen. – Wir waren die aus dem ausgebrannten Moskau flüchtenden Reste des napoleonischen Heeres.

Während der Wagen nur mühsam über Eis und Schnee vorankam, dachte ich daran, daß der Kaiser ja längst in Sicherheit sei und daß ich versucht hatte, mit dem General der Kosakenregimenter ein Abkommen zu treffen, uns an der Flucht nicht zu hindern. Das war aber nur halb gelungen. – Ich selbst war ein General und floh hier mit vier weiteren Offizieren nach Ostpreußen.

Vielleicht deshalb die Sache mit den drei Generälen.

Das wäre eine ganz neue karmische Erkenntnis, die mir aber einen großen Teil Unwahrscheinlichkeit enthielt.

Der 30. 10. 1973 verblaßte jedoch wieder vor anderen Ereignissen, die vordringlicher wurden. Ab und zu kam mir die Begegnung mit den drei Männern und der Gedanke vom Sylvestertag 1972 wieder mit Nachdruck in den Sinn. War die Forderung spirituell-esoterisch berechtigt und ich führte sie nicht aus – so war mir klar, daß es unangenehme Folgen haben könnte. Andererseits waren mir genügend Fälle bekannt, in denen mediale Menschen sich Forderungen von willensstarken, aber geistig nicht hochstehenden Jenseitsbewohnern gegenübersahen – und sie erfüllt hatten. Die Folge war dann die Ausnutzung eines Menschen durch einen jenseitigen Geist – was oft in Lächerlichkeit ausartet und mit hohen finanziellen Aufwendungen verbunden ist.

So war es Jahre zuvor einmal geschehen, daß in einer Badean-

173

stalt eine junge Frau gerade auf dem Sprungbrett (!!) stand, als ihr ein strahlendes Wesen, eine jenseitige Ärztin erschien, die von ihr eine Aktion gegen eine «Seuche» unter den Menschen verlangte.

Es handelte sich um einen seit Jahrzehnten bekannten osmotisch wirksamen Virus, die Toxoplasmose im Tier- und Menschenfleisch. Nach mehreren Jahren großer Brief- und Artikelaktionen über Zeitungen und Zeitschriften blieb nichts übrig als die Lächerlichkeit einer sektiererischen Gruppe, in deren Mittelpunkt die Visionärin stand. – Die Vision war sicher echt – der Geist der jenseitigen Ärztin auch. – Nur das Geschrei um die «Seuche» war absolut nichts Neues.

Es gibt leider Jenseitige, die hier auf Erden immer noch ehrgeizige Pläne haben, anstatt sich um ihren eigenen Fortschritt im Jenseits zu kümmern.

Für mich wollte ich da einen Riegel vorschieben und beschloß zu versuchen, mit dem einstmals mir so aufgeschlossenen «Meister der Sendung» in Kontakt zu kommen oder «Hereiam» nach der Wahrheit und Berechtigung des Verlangens der «Generäle» zu fragen. Ich nahm mir vor, zu diesem Zweck den nächsten Urlaub im Gebirge zu nutzen, da ich hier immer die sichersten Auskünfte erhalten hatte.

Aber zunächst, es war am 16. Juni 1974, benutzte ich eine Wanderung in der Eifel, die sich den ganzen Tag hinzog, um einen innerseelischen Kontakt zu meinen jenseitigen Betreuern zu erhalten. Ich fragte, ob ich – im Hinblick auf die Forderung der drei Generäle – für meinen Bericht über meine Erlebnisse von 1945 die Erlaubnis bekäme, den Namen des Jenseitigen zu benutzen.

Dies wurde mir aber recht bestimmt abgelehnt.

Ich wurde nachdrücklich darauf hingewiesen, daß der wirkliche Name eines Menschen oder jenseitigen Bewohners, in Konzentration gedacht oder ausgesprochen, einen telepathischen Anruf darstelle. Niemand aber wolle in seinen Obliegenheiten durch solche Anrufe häufig gestört werden – wenn er nicht darin eine selbstgewählte Aufgabe sehe.

Auf meine Frage nach einem von mir gewählten Decknamen wurde mir das erlaubt. – Seitdem verwende ich die Namen «Hereiam» und «Iream».

174

Ob ein merkwürdiger Traum in der darauffolgenden Nacht ein Hinweis darauf war, daß die luziferischen Kräfte mein Vorhaben für unerwünscht hielten, konnte ich nicht ganz klären, jedenfalls nicht in diesen Tagen. Ich träumte, daß ich von einigen dunklen Gestalten mit «Hinrichtung» bedroht würde. Daraufhin erschien mein Vater – und verharrte schweigend bei mir, worauf die Dunkelwesen sich zurückzogen.

Dann trat ich meinen Urlaub an. Nach zweitägiger Fahrt kam ich in den Dolomiten an der Pala-Gruppe an. Ich wählte für mein Rundzelt einen Platz vor einem hohen Felsen. Jedoch nach kaum zwei Stunden kam ein Jeep mit zwei freundlichen Umweltschützern, die mir klar machten, das man nicht hier, sondern zweihundert Meter weiter weg zelten dürfte. Das ärgerte mich zwar – aber nachträglich stellte sich heraus, daß der neue Zeltplatz innerhalb eines großen Camping-Areals sehr gut und richtig für mich war.

Der Anblick der nahen Felsformationen war phantastisch schön, und nur wenige Schritte entfernt floß ein klarer Bergbach vorbei. Ich befand mich hier in einem Felsengarten mit wenigen Bäumen. Alle hier kampierenden Urlauber konnten sich hinter und zwischen den Felsblöcken einen geeigneten Platz auswählen.

Am 12. August suchte ich zum wiederholten Male meinen Meditationsplatz auf einer kleinen Wiese zwischen einigen uralten und bizarr gewachsenen Zirbelkiefern auf. Nach einiger Zeit der Versenkung auf diesem ziemlich unzugänglichen Platz oberhalb der Zelte stellte ich die mir so wichtige Frage nach dem Sinn der von mir geplanten Aktion und ob daraufhin negative Wirkungen der dämonischen Welt die Folge wären?

Meine anschließenden Notizen lauteten so: «Auf Deine wenig kluge Frage erhältst Du diese Antwort: Für den ‹Herrscher› dieser Welt bist Du nicht mehr interessant, und er wird Dich auch nicht mehr fesseln und die Aktion stören, weil er die Ambitionen der kleinen Empörer, Sektierer und Eigenbrötler nicht als wichtig für seine Aufgabe auf der irdischen Welt ansieht. Sie können diese Welt nicht in ihrem Fortgang stören, und ihre Aktionen sind sowieso nur für die geistig Hochstrebenden wirksam. Diese will der ‹Herrscher› dieser Welt nicht halten, denn sie sind in einer minimalen Zahl. Ihm bleibt genug zu tun, und er hat für diese Welt reichlich Anhänger.»

Nun wußte ich es also genau. Der «Herrscher» dieser Welt, den man oft fälschlicherweise als luziferisch oder auch teuflisch ansieht, der aber – besser verstanden – für die reizvoll scheinende, aber in Wirklichkeit harte und grausame Schulung der Menschen zuständig ist – der würde mich nicht beachten. Immerhin ein Trost – wenn auch keine Antwort auf meine Frage nach dem Sinn und der Zweckmäßigkeit meiner Absicht.

Die Tage gingen mit Wanderungen in den Bergen dahin.

In einer Felsgegend vor der Palagruppe entdeckte ich mehrere tief in den Berg getriebene Stollen, Unterkünfte für italienische Soldaten im ersten Weltkrieg.

Ich weiß nicht genau, wie ich auf den Gedanken kam – vielleicht weil ich in dem Buch «Meditation und Konzentration» von Sivananda davon gelesen hatte, wie günstig zu einem solchen Zweck der Aufenthalt in einer Höhle sein kann. – Jedenfalls kam mir der Gedanke, in einer dieser Höhlen zu übernachten. Vielleicht, daß man mir dort besser klarmachen könnte, ob meine geplante Aktion – also auch der Auftrag der «drei Generäle» – eine vernünftige und zu verantwortende Sache sei.

So verließ ich denn am Nachmittag des 20. August mit allem Zubehör den Standort meines Zeltes und stieg über Wald und Felswege zu dem Berggebiet auf, das von alten Stollen nur so durchlöchert war.

Gegen Abend zündete ich in einer mir zusagenden Höhle ein Holzfeuer an, um die Mücken auszuräuchern. Dann bereitete ich mein Nachtlager und stimmte mich selbst auf die Absicht dieser Übernachtung ein.

Als das Feuerchen niedergebrannt und der Rauch verzogen war, kroch ich in meinen Schlafsack.

Seltsame Träume kamen in dieser Nacht. – So hatte ich mit einer einschienigen und zweischienigen kugelförmigen Eisenbahn zu tun. Irgendwer erklärte mir etwas aus dem Bereich der Technik – aber Antwort auf meine Frage bekam ich in keiner Weise.

Gegen Morgen träumte ich von zwei U-Booten und hatte den

Eindruck, als ob man mir ironische Erklärungen über diese Dinge gebe.

Am Vormittag tröstete ich mich über den nächtlichen Mißerfolg mit dem von hier aus besonders herrlichen Blick auf die gesamte Pala-Gruppe, die schönen Alpenrosen, die hier blühten und einer Anzahl Murmeltiere, die unweit von mir ihr Spiel trieben. Am Nachmittag packte ich wieder meinen Rucksack und trat den Rückzug zu meinem Zelt an.

An diesem Abend lag ich wie üblich auf meiner Luftmatratze im Zelt und schaute zwischen den zur Seite gezogenen Zeltvorhängen auf die Felswand unterhalb des Cimone-della-Pala. Diese Felswand hat oberhalb einer vereisten Kante ein geripptes Felsgewirr als Abschluß, links davon liegt ein kleines vergletschertes Firnschneegebiet, und rechts davon fällt die Wand in das Hochtal ab.

Ich dachte daran, daß ich bisher keine Antwort auf die mich bedrängende Frage erhalten hatte, ob meine geplante und nun auch spirituell von mir geforderte Aktion sinnvoll und zweckmäßig sei.

Natürlich spielte die finanzielle Seite solch einer Aktion eine große Rolle. Schließlich hatte ich an meine Familie zu denken. Ich wollte keinesfalls in den Fehler einiger Spiritisten und Sektierer verfallen, auf Befehl eines Geistes irgendeinen zwecklosen und allein der Selbstbestätigung dienenden Akt zu vollziehen.

Die vergangene Nacht hatte mir keine Antwort gegeben. Ich lag mit verschränkten Händen unter dem Kopf da und schaute auf die Felswand.

Plötzlich durchflutete mich etwas wie ein heißer Schreck. Ich fuhr aus meiner waagerechten Lage hoch, setzte mich auf und starrte auf die ferne Felswand. Dort drüben an der Wand, wo ich bisher schon den ganzen Urlaub hindurch nur Felsrippen und wirre Linien gesehen hatte, standen – riesengroß und ganz deutlich für mich lesbar – Buchstaben.

f. Jesus stand dort. Ich saß wie erstarrt da und konnte nicht begreifen, warum ich das nicht schon früher bemerkt hatte.

Dann kam mir der Gedanke an eine Täuschung. Ich verharrte eine Stunde; dann ging ich hinter das Zelt und bewegte mich in der breiten Felsrinne, in der das Zelt stand, hin und her. – Die Buchstaben blieben deutlich und klar, bis es Nacht wurde.

Mein erster Blick am Morgen richtete sich – auf die Wand. Die Buchstaben standen immer noch dort, obgleich das Licht der Sonne nun von der anderen Seite einfiel.

Als ich mich angekleidet hatte, entfernte ich mich etwa hundert Meter vom Zelt und stellte fest – nur im Umkreis von ca. fünfzig Metern um das Zelt konnte man an der Wand **f. Jesus** lesen.

Ich war erschüttert. Mußte ich ausgerechnet an diesen einzigen Platz mein Zelt bauen, um die Schrift lesen zu können?

Warum aber sah ich die Buchstaben erst seit gestern, nach dem Mißerfolg in der Höhle? Schon vierzehn Tage war ich hier und hatte Tag für Tag die Felswand betrachtet.

Hatten die Umweltschützer mich in höherem Auftrag hierher gewiesen? – Gewiß nicht. Sie hatten auch andere Zeltler hier in den Felsengarten gewiesen.

Für mich war die Schrift an der Wand eine Antwort; ich las darin, **für Jesus** sollte ich etwas tun. Daß ich eine noch drastischere Antwort bekommen sollte, wußte ich im Moment noch nicht.

Am nächsten Tag brachte ich einen Brief nach Paneveggio. Ich wusch Wäsche im Bach. Dann machte ich mich an die Arbeit, einige Farbschäden am Wagen auszubessern. Zwischendurch schaute ich immer wieder zur Felswand – die Buchstaben blieben unverändert. Am Nachmittag kamen zwei Männer, die, wie mir schien, Reporter waren. Sie bauten auf einer etwa drei Meter hohen Felsrippe hinter meinem Zelt einen Fotoapparat mit Stativ auf, und als die Sonne schön strahlte, machten sie mehrere Aufnahmen in Richtung Cimone-della-Pala.

Am 25. August war eine große Anzahl Zeltler abgefahren. Das Wetter hatte sich sehr verschlechtert und am folgenden Tag war ich praktisch allein auf dem Platz, nur am anderen Ende des Felsengartens, dreihundert Meter entfernt, sah ich noch ein einsames Zelt. Ich machte einige Aufnahmen, besonders von einem urigen Baum, der phantastische Formen über einen Felsbrocken gebildet hatte. Am Nachmittag lag ich wieder im Zelt und schaute auf die auch bei Regen oder Sonnenschein immer sichtbaren Buchstaben.

Besorgnisse wegen einer Täuschung hegte ich keine mehr. Es war aber auch niemand mehr da, den ich fragen konnte, ob auch er die Buchstaben wie ich sehen könne.

Bildungen von Formen, Figuren, Gesichtern in den Felslandschaften der Alpen sind für den Alpenwanderer nichts Besonderes. Man ist als Kenner dieser Gegenden daran gewöhnt, und es hat weder etwas Aufregendes noch Erschütterndes an sich, solche Äußerungen der Natur zu sehen. Einflüsse von Wasser, Eis und Schnee tun ein übriges, daß solche Erscheinungen entstehen und, falls sie nicht im festen Fels gegründet sind, auch wieder verschwinden.

Was ich jetzt allerdings ebenso plötzlich wahrnehmen konnte wie die Schrift **f. Jesus,** das schlug bei mir ein wie ein Blitz, tief im Innersten wurde ich getroffen.

Denn ich erkannte auf einmal unter der Schrift, die in den Felsschroffen die Buchstaben «f. Jesus» ergaben, an der anscheinend glatten Felswand darunter – und zwar genau (!) darunter – ein Gesicht, welches ich eine Stunde später in einer Skizze festhielt und hiermit beschreibe: Es war das Gesicht eines Mannes mit Bart. Ein Teil der Brust war deutlich erkennbar; der Mann hatte den rechten Arm erhoben und deutete mit der Hand auf etwas, das er auf dem Kopf trug. Auf dem Kopf aber war eine Art Geflecht mit senkrechten Linien zu sehen, das sich im Gesamtbild als Dornenkrone erkennen ließ.

Der Mann hatte den Mund wie zu einem Ruf geöffnet und schaute mit seinen deutlich erkennbaren, weit geöffneten Augen in das Tal der Venegia hinab.

Ich habe von dieser Erscheinung eines Jesusbildes unter der Schrift «f. Jesus» mehrere Aufnahmen gemacht. Sie zeigen nur schwache Konturen einer Felszeichnung. Viel besser ist dieses Felsbild auf einem 28 mal 38 cm großem Kalenderbild zu erkennen, das ich nach meiner Rückkehr von dieser Reise in einem Buchladen sah und sofort erwarb. Es war einwandfrei eine Reproduktion der Aufnahme, die die Reporter hinter meinem Zelt von der Felsbank aus in Richtung des Cimone-della-Pala gemacht hatten.

Ich bilde mir nicht ein, daß ein Geist oder eine sonstige transzendente Wesenheit Schrift und Bild zeitgerecht hingemeißelt hat. Zwei Jahre später konnte meine Frau an Ort und Stelle das Bild nicht mehr erkennen – ich selbst nur noch geringe Konturen. Möglicherweise sind bestimmte Stimmungen nötig, um bestimmte Bilder zu sehen. Man kann die Frage stellen – wieso ein Bild, das überhaupt nicht erwartet wurde? – Psychologen wissen sicher auch dies «mit dem ach so mächtigen Unterbewußtsein» zu deuten – wenn man die nötige Naivität hat, dem Menschen eine solche Macht des «Unterbewußtseins» in einer untergründigen Anwandlung von Größenwahn zuzumuten.

Ich habe mich mit dem faktischen Erleben zufriedengegeben.

Die von mir begehrte Antwort wurde mir jedenfalls – so gründlich wie nie erhofft – zuteil, und ich habe entsprechend gehandelt.

Als ich am nächsten Tag das Hochtal verließ, hielt ich nach einigen Kilometern Fahrt an der Stelle an, wo der Weg in einen Wald einmündet und stieg hier aus dem Wagen.

Das Felsenbild war auch von hier aus noch deutlich sichtbar – und es war mir, als schauten seine «Augen» mir prüfend nach.

Oft habe ich mir Gedanken gemacht, ob und wie es möglich sein kann, daß im materiellen Bereich soviel «Zufälligkeiten» auftreten können und daraus ein logisch zusammenpassendes Bild, ein Felsenbild, entstehen kann. Es war ja auch nicht das erste Mal, daß ich in der Materienwelt erlebte, was man in der Astralwelt als gegeben hinnahm. Diese Belehrung war jedenfalls eindrucksvoll und unmißverständlich.

Nach meiner Rückkehr von dieser denkwürdigen Urlaubsreise machte ich mich sofort an die Arbeit, um das angefangene Manuskript für die geplante und – befohlene – Aktion zu vollenden. Es umfaßte einen Teil meiner Begegnung mit der Transzendenz im Jahre 1945 und war die reale Beschreibung des wirklichen Vorganges.

Der Herr der Welt

Nach vielen irdischen Erlebnissen in schönster Gebirgswelt war es kaum verwunderlich, daß mir eines Nachts die andere Lebenswelt – die Astralwelt – wieder geöffnet wurde.

Interessanterweise war es auch hier eine phantastische Bergszenerie, die man mir zeigte.

Als ich meiner Situation bewußt wurde, befand ich mich – begleitet von Iream und noch einem weißgekleideten Wesen – in schwebendem Zustand über einem sehr weiträumigen Hochtal. Riesige und schneebedeckte Berge, ich glaube höher als die Alpen, begrenzten den weiten Horizont. Der Himmel schien mir tiefblau. Wir verhielten unser Schweben über einer großen, grünbewachsenen Felsplatte, und über eine Talsenke hinweg sah ich in wohl dreihundert Meter Entfernung auf einer Felsterrasse eine größere Gruppe Menschen stehen.

Diese Menschen sahen merkwürdig aus. Sie waren so gekleidet, wie es in Indien üblich ist: teils recht bunt, einige mit Turban. Es fiel mir sofort auf, daß auch einige Männer in Uniform dabei waren. Besonders aufmerksam wurde ich auf einen Mann, der auf einen blank gezogenen Säbel gestützt und mit ordenbekränzter Uniformkleidung sowie einem Turban auf dem Kopf zu uns herüber schaute. Auf einmal lösten sich drüben aus der Menschengruppe drei Männer: Sie waren in helle lange Gewänder gehüllt und kamen – schwebend – über dem Taleinschnitt zu uns herüber auf unsere breite grüne Felsplatte.

Iream und mein anderer Begleiter gingen den dreien bis an die Vorderkante der Felsplatte entgegen, und dann sprachen die fünf miteinander. Ich selbst war stehengeblieben und hörte dem Gespräch zu.

Die drei Abgesandten sprachen von einem schweren Entschluß, den die Gruppe drüben gefaßt hatte, da es sich um einen weittragenden politischen und militärischen Akt handle. Man habe über

«Medien» mit dem «Herrn der Welt» Verbindung aufgenommen, der ihren Absichten zugestimmt habe. Aber man wolle durch eine möglichst unbeteiligte und unbeeinflußte Person noch einen besonderen Kontrollversuch unternehmen.

Es handle sich darum festzustellen, ob die Erscheinung des «Herrn der Welt» eine Schöpfung der Phantasie vieler interessierter und voreingenommener Menschen ihrer Völker – oder ob er eine tatsächliche Macht und Realität sei. Zu diesem Zwecke hätten sie – die drei Abgesandten – die Bitte an höhere Leiter im Bereich der höheren Lebenswelt eines anderen Volkes herangetragen, geeignete Testpersonen zu bestimmen. Nun freue man sich über dieses Treffen und bitte einen Versuch durchführen zu dürfen.

Schon während des Gesprächs der fünf Männer war mir aufgefallen, daß sich einige tausend Meter in Richtung der Schneeberge ein seltsames Phänomen entwickelte.

Dort, über einem Tal zwischen den Bergen, wurde auf einmal eine riesige Erscheinung sichtbar.

Sie glich einer überdimensionalen Buddhafigur und schwebte ohne Bewegung frei im Raum.

Ehe ich mich versah, kamen Iream und der andere Weißgekleidete auf mich zu. Die anderen drei betrachteten mich freundlich, aber sehr aufmerksam.

Nun sagte Iream zu mir, ich wisse ja, worauf es ankomme – ich solle nun aktiv werden.

Ich kann eigentlich nicht sagen, ob mir bei diesem Auftrag sehr wohl war. Ich bekam aber gleichzeitig die innere Zusicherung, daß man mich von fern begleiten werde. Ganz im Gegensatz zu sonstigen Astralwanderungen machte mir diesmal das Schweben überhaupt keine Mühe. Ich näherte mich nun, langsam und frei im Raum schwebend, der immer riesiger erscheinenden Buddhafigur.

Ich konnte und durfte nicht ausweichen, außerdem spürte ich deutlich den Schutz und die Nähe meiner beiden Begleiter. Als ich mich über Berge und Täler hinweg der riesigen Gestalt ausreichend genähert hatte, befand ich mich etwa in Gürtelhöhe der Kolossalstatue. Nun verhielt ich und konnte dieses Phänomen genau anschauen. Mindestens siebzig Meter überragte mich die

Erscheinung, und ebensoweit befand ich mich auch von der Statue entfernt.

Jetzt sah ich, daß diese Erscheinung voller Leben war. Das Gesicht war so ebenmäßig und schön, wie es eine von Künstlern hergestellte Statue kaum sein konnte. Die Augen waren fast geschlossen, nur durch einen schmalen Spalt zwischen den schön geformten Lidern schien die Erscheinung, wie in tiefer Meditation, vor sich hin auf den Talboden zu schauen. Die Statue war das Vollkommenste, was ich mir unter einer im Lotussitz dargestellten Buddhastatue vorstellen kann. Ich war mir absolut sicher, daß meine eigene Imaginationsfähigkeit mit der Erscheinung, die stabil, undurchsichtig und doch lebendig schien, nichts zu tun hatte.

Das Gesicht war das Schönste, was mir je erschienen war. Die schwungvollen Augenbrauen und der Mund schienen eher einer Frau als einem Manne zu gehören. Aber – es war eine männliche Ausstrahlung, die ich spürte und die mich zu äußerstem Respekt und Vorsicht mahnte. Das wunderschöne, bartlose Gesicht glich dem eines Europäers; die Kleidung, ein faltenreiches Gewand, ist mir als rosafarben in Erinnerung. Der Kopf schien mir von einer Art Helm oder turbanartigem Tuch bedeckt.

Als ich nun, in der Absicht des telephatischen Auftrages, nach der Realität der Erscheinung fragte, da schien ein ganz leichtes Lächeln über das Gesicht der Kolossalfigur zu huschen, und zu meinem erregten Staunen hörte ich die sonore, schwingende Stimme der Erscheinung:

«Ich bin real und wirklich wie ihr alle – nicht ich
bin aus euch – eher seid ihr alle aus mir.»

Noch ehe ich recht diese Worte überdenken konnte, wurde ich mit großer Geschwindigkeit zurückgeholt. Ich befand mich wieder auf dem grünen Felsplateau, sah drüben die Gruppe, die sich in Aufregung zu befinden schien, sah Iream und den anderen Begleiter und die drei Abgesandten der Gruppe drüben.

«Real ist er!» hörte ich mich sagen, und vielstimmig hörte ich die Abgesandten es mehrfach wiederholen. Ich fühlte mich erschöpft. Dann versank ich in einen Nebel und wachte im realen «irdischen» Leben auf. Es war vier Uhr morgens.

Ich habe vor vielen Jahren, in einem Buch von Ossendowski, erstmals – und es blieb bis heute das einzige Mal – von dem Begriff «Herr der Welt» gelesen.

Keinesfalls kann ich sagen, ob eine echte Begegnung mit einem solchen Urwesen, Erzgeist oder sonstigem Phänomen stattgefunden hat.

Mein Christus-Erlebnis

Es geschah, bei irdischer Nacht außerhalb meines Körpers, in dem Dorf, in dem sich das «Ruhehaus» befindet und von dem aus ich schon einmal den schwarzen Felsen bestiegen hatte. Ich glaubte aber zunächst nicht an eine Astralwanderung, weil eine dort getroffene Zusage anscheinend nicht eintrat.

Als aber diese Zusage, die sich für mich als ein zentrales Erlebnis herausstellen sollte, eintraf, bat ich meinen Geistführer wegen meines Unglaubens um Vergebung. – Folgendes trug sich zu:

Viele Menschen, in verschiedenen Kleidungen und sehr irdisch anzusehen, befanden sich heute auf einem Platz vor den ersten Häusern dieses reizvollen Gebirgsdorfes, das ich nun schon recht gut kannte. Hier am Dorfeingang befand sich eine große Wiese; der rechts und links mit großen Felsbrocken eingerahmte Bergweg, so breit wie ein Fahrweg, führte über die Wiese hinweg in das Dorf hinein, wo das «Ruhehaus» steht, in dem oft Astralwanderer die irdische Nacht beim Anblick taghellter, herrlicher «Dolomiten-Berge» verbringen.

Meine Mutter war auch unter den vielen Leuten. Sie war jung, und nichts mehr war von den Alterserscheinungen zu sehen, die sie im Jahre 1947 hatte, als sie 57jährig in einem Krankenhaus in Berlin starb.

Heute fand ein besonderes Ereignis auf diesem Wiesenplatz statt, über das sich die Leute hier miteinander unterhielten. Auf der Wiese stand unweit vom Weg ein Bauwerk, das ich früher nie bemerkt hatte. Es war eine ganz einfache Baracke, etwa so groß wie ein Baubüro für einen Neubau, wie man es häufig bei Großbauten sieht. Mit dieser Holzbaracke, die so einfach und ganz irdisch aussah, hatte es aber offenbar eine besondere Bewandtnis. Die Leute hier erzählten sich, man könne dort hineingehen und sich für besondere «Besuche» bei den Männern dort drinnen

185

anmelden. Man hatte das «Baubüro» also zum besonderen Zweck der Voranmeldung hier aufgebaut.

Ich stand eine Weile unschlüssig mit vielen anderen herum und sah zu, wie auf der einen Seite des «Baubüros» ständig Leute hineingingen und es auf der anderen Seite wieder verließen.

Schließlich trat auch ich ein. In einem langen Gang, wo etwa zehn Leute vor mir warteten, befand sich ein großer Tisch, der den ganzen Raum der Länge nach ausfüllte. Hinter dem Tisch standen drei junge Männer in hellen Gewändern, die sich die Wünsche der Leute anhörten.

Im Hintergrund der Baracke gewahrte ich einen Mann in weißer Kleidung, offenbar der Leiter der Aktion, der alle Besucher der Reihe nach anschaute.

Ich hörte die verschiedensten Wunschäußerungen. Einer wollte seine Mutter wiedersehen. Ein Mann bat um ein Treffen mit seiner Frau, die vor kurzem gestorben war. Und dann verspürte ich, so glaube ich, starkes Herzklopfen. – Ein Mann hatte gesagt, er möchte den Herrn der Christenheit sehen dürfen.

Der Mann im Hintergrund nahm sich dieses Besuchers an und sagte ihm etwas, was ich nicht verstand. Als ich an der Reihe war, sagte ich mit innerer Spannung:

«Ich würde gern – Jesus Christus sehen.»

Da trat der Mann im weißen Kleid zu mir und sagte freundlich, ich solle auf den Platz in der Mitte des Dorfes gehen, dort würde ich weitere Anweisungen bekommen.

Ich ging also aus der Baracke hinaus, vor der noch viele Leute auf Einlaß warteten, und lief zur Dorfmitte. Das waren etwa einige hundert Meter. Dort befand sich vor einer niedrigen Felswand ein freier, mit Bäumen umstandener Platz. Hier stieg der Fels zu einem etagenartigen höheren Plateau an, auf dem das Haus des Bürgermeisters und noch andere Häuser standen. Ob es wirklich der «Bürgermeister» war, der hier wohnte, darüber bin ich mir nicht sicher. Man hatte mir einen Begriff gesagt, den ich nicht richtig übersetzen konnte. Es war ein Wort, das wohl eher «oberster Herr» oder «geistiger Lehrer» bedeutete.

Als ich auf diesem Platz ankam, waren schon etwa ein Dutzend Menschen da. Darunter war auch ein Kind von etzwa zehn Jahren, ein Mädchen, das sich etwas albern benahm. Es tanzte unbefangen um uns herum, hatte ein helles Kleidchen an und auf dem Rücken Engelsflügel aus weißer Pappe umgebunden, wie man es bei Weihnachtsaufführungen in Schulen zuweilen erleben kann.

Auch aus dieser etwas lächerlichen Beobachtung heraus hatte mein Tagesverstand eine Zeitlang geglaubt, daß dies wohl alles nur ein Traum gewesen war, bis ich eines Besseren belehrt wurde.

Warum sollte nicht auch der Gottessohn Kinder empfangen und sie nachts zu sich kommen lassen, wenn sie ihn gerne sehen wollten – und warum sollte nicht ein Kind in seiner kindlichen Freude eine Maskerade tragen, die es von irdischen Zeiten her im Bewußtsein bewahrte?

Auf einmal kam von oben, von dem Haus des geistigen Oberhauptes, ein starker Lichtblitz, der uns allen ins Bewußtsein brachte, daß wir jetzt empfangen und belehrt werden sollten.

Wir gingen nun alle auf einem kurzen Serpentinenweg vor das Haus dort oben. Der Mann, der uns in einem weiß und violett leuchtenden Gewand entgegentrat, erklärte kurz und bündig, daß wir – jeder in einer bestimmten, in Kürze stattfindenden Zeit – zu einer Versammlung geführt würden, wo wir Jesus Christus sehen würden.

Dann waren wir entlassen, und ich fand mich im Nachtdunkel meines Schlafzimmers wieder.

Es geschah in der nachfolgenden Zeit viel, was die irdischen Belange anbetraf, aber nichts erlebte ich sonst – nichts. Zweifel an der Realität des Erlebnisses kamen in mir auf, und ich fand mich mit der Unsicherheit der Transzendenzbegegnung schon ab.

Doch am 31. März 1963, etwa nachts um 1 Uhr 45, landete ich mit einem schockartigen Stoß wieder im Körper – und folgendes war geschehen, um dessen Erinnerungsbild ich mit aller Geisteskraft minutenlang kämpfen mußte.

Ich hatte mich ganz plötzlich in einer Landschaft befunden, die etwa dem unteren Sommerland entsprach. Es war eine Gegend mit Wiesen, Blumen und Büschen. Menschen gingen hier spazieren, saßen oder lagen auf der Wiese. Es waren auch Bäume zu sehen.

Meine Frau war dabei, und in einiger Entfernung sah ich meine
Schwester Waltraud auf der Wiese sitzen. Ich sprach mit Josy, als
plötzlich ein Mann in hellem Gewand zu mir trat und sagte, ich
solle mich sofort in Meditationshaltung hinsetzen.

Ich tat wie gewünscht und – im gleichen Augenblick fühlte ich
mich ergriffen und emporgehoben. Bevor ich die Augen öffnete,
sagte der Mann neben mir, ich solle nochmals in tiefe Konzentra-
tion gehen. – Sofort fühlte ich mich abermals emporgehoben, als
ob ich mich in einem schnell steigenden Fahrstuhl befände.

Dann stieß mich mein Begleiter leicht an. Ich öffnete die
Augen und gewahrte zunächst ein blendendes Licht, an das ich
mich erst langsam gewöhnen mußte.

Dann, als ich mich umsah, gewahrte ich eine große Versamm-
lung von jungen und alten Leuten, von Männern, Frauen und
Mädchen, die alle auf einer herrlich blühenden Wiese mit kurzem
Gras und vielen Polsterblumen lagerten.

Rundum waren leuchtende, sandgelb getönte, niedrige Felsen
zu sehen, die den Hintergrund des weitausholenden Halbrunds
bildeten. Einzelne Felsgruppen und auch Felsnadeln auf dem
Wiesenplan bildeten die Kulissen vor dem Hintergrundfels. Mit-
ten durch diese herrliche Landschaft und unter einem Himmel,
wie ich ihn schon einmal am astralen Meer gesehen hatte, als ich
vom schwarzen Fels versetzt wurde, floß ein sehr breiter Wild-
bach mit klarstem Wasser über goldig strahlendem Kies- und Fels-
grund, wie ihn sich ein Mensch kaum schöner vorstellen kann.

Es war eine einfach himmlisch zu nennende Landschaft, und
ich begann mich an den Gesprächen der Leute hier zu beteiligen,
die wie ich eben hier angekommen waren und nun auf etwas
warteten.

Einer der Leute meinte zu mir, diese herrliche Gegend hier sei
eine astrale Entsprechung des Jordan-Quellgebietes. Ich nahm das
zur Kenntnis, kann mir aber kein Urteil darüber erlauben. Weiter-
hin sah ich auf einmal unter den vielen Leuten, die alle helle
Gewänder trugen, eine Gruppe sitzen, die mir auffiel. Es waren
alles junge Leute – Jünglinge, die mit hellen stahlblauen Röcken
und mit ebensolchen Hosen bekleidet waren und fast uniform
wirkten. Diese jungen Leute schauten freundlich um sich, es

*waren ausgesprochen schöne junge Männer, aber sie beteiligten
sich nicht an den Gesprächen und saßen still auf den Felsblöcken
oder auf dem Blumenteppich. Es waren etwa zwölf Personen.*

*Auf einmal ging eine Bewegung durch die Lagernden. Ich sah
mehrere Leute aufstehen. Ich sah auch einige sich erheben und
dann niederknien, alles war in Bewegung. Gespräche hörten auf,
ein allgemeines Raunen ging über den Platz.*

*Vor dem hochgewachsenen Mann in strahlend weißem Gewand
fielen einige Frauen zu Boden, wurden aber lächelnd mit einer
freundlichen Handbewegung angewiesen, dies nicht zu tun.*

*ER war aus einer der Felskulissen herausgetreten und ging nun
ganz langsam, jeden mit Handbewegung und lächelnd begrüßend,
zwischen den Menschen auf dem Wiesenplatz hin und her – Jesus
Christus.*

*Ich kann nicht mehr sagen, ob es die Gewalt des Geschehens
oder einfach die Unfähigkeit eines normalen kleinen Erdenmenschen ist, all das in sein irdisches, körperliches Gehirn zu übertragen, was hier in den folgenden Minuten – vielleicht auch Stunden
geschah.*

*Ich bin sicher, daß ich alle Vorgänge wach miterlebte, und in
meinem Geistgehirn ist sicher alles aufbewahrt, aber in meiner Unvollkommenheit konnte ich bei der Rückkehr nicht alles übertragen.
Doch das wenige war und bleibt mir unvergeßliches Erleben.*

*Jesus begann zu uns zu sprechen, nachdem er uns angewiesen
hatte, uns wieder zu lagern.*

*Er sprach über die Notwendigkeit des Erdenlebens und die
kosmischen Bedingungen, die unseren Erdengang zur Grundlage
geistigen Aufstiegs machten. Er sprach auch über höhere Welten
und die Aufgabe der Materie im Leben aller Wesen. Er sagte
tröstende Worte über das unglückliche Erleben in der Materie und
gab Hinweise, wie man sich verhalten sollte, um alles – im Guten
wie im Schlechten – ohne Schaden für seine geistige Entwicklung
zu überstehen.*

*Er sprach in einer so natürlichen Weise, ohne Pathos, ohne
erhobenen Zeigefinger, wie es kaum ein Mensch vermag. Genau
habe ich auch in Erinnerung behalten, was mir dann in seiner
Bedeutung recht unklar blieb.*

Jesus ging plötzlich an den breiten, etwa einen halben Meter tiefen, kräftig strömenden Wildbach und sagte, wir sollten uns alle ein der Aufgabe und Wirkung der Materie entsprechendes Experiment ansehen, das uns jetzt gezeigt würde.

Alles stand auf und strömte zum Bachufer, das mit goldigem Sand und Kieseln das kristallklare Wasser beidseits begrenzte. Etwa zwei bis drei Meter vom Wasser entfernt standen unregelmäßig verstreut Felsblöcke herum, wie das im Hochgebirge oft der Fall ist. Ich suchte mir sofort einen Platz auf einem hohen Felsblock, von wo ich den Wildbach und beide Ufer sowie den ganzen Versammlungsplatz gut übersehen konnte.

Ein freundlicher Zufall wollte es, daß Jesus gerade jetzt in etwa gleicher Höhe, in wohl sechs Meter Entfernung, auf einer Felsbank stand und in das Bachbett schaute.

Da fiel mir auf, daß sein volles Haar, besonders am Hinterkopf, sehr hell mit blonden Haaren durchsetzt war.

Seitdem weiß ich auch, daß alle Bilder von Jesus, die teilweise einen eher süßlichen Charakter zeigen, nicht stimmen. So muß ich zusammenfassend sagen, daß er uns als großer, kräftiger Mann mit halblangem, hellbraunem Haar und mäßigem Vollbart — blond durchsetzt — erschienen ist. Seine Augen waren blaugrau. Sein Gesichtsausdruck war ebenmäßig streng bis mild. Man konnte von ihm ebensowohl Güte wie auch äußerste Härte erwarten. Es war nichts Weichliches an ihm. Seine hohe Überlegenheit war unmißverständlich.

Nun stand ich also auf dem Felsblock und schaute ins Wasser hinunter.

Da sah ich plötzlich, wie in der Strömung des Wassers eine Schlange entstand. In wenigen Handbreit Abstand formte sich im selben Augenblick plötzlich ein — Aal.

Aal und Schlange begannen sich nun auf einmal zu recken und wurden immer länger. Es sah aus wie ein Wettlauf im «Wachstum».

Die Sache sah dramatisch und gleichzeitig auch gefährlich aus. Wir schauten alle gespannt zu und von irgendwoher sagte jemand in witzigem Ton:

«Wettlauf zwischen Geist und Materie!»

190

Ich sah, wie Jesus auf das Geschehen im strömenden Wasser schaute und auf einmal leicht die rechte Hand anhob.

Da waren Aal und Schlange schon schätzungsweise an die vierzig Meter lang geworden, und nun – ganz plötzlich – wuchsen Aal und Schlange am Kopf zusammen.

Das lange Monstrum war nun in seinem Wachstum gestoppt.

Doch wieder geschah etwas Erstaunliches. Die Jünglinge in den stahlblauen uniformen Gewändern sprangen auf einen Wink von Jesus vom Boden auf, zogen plötzlich alle ein Schwert aus strahlend hochglänzendem Stahl – ein Kurzschwert und sprangen mit wenigen Sätzen über die Felsbarriere hinunter in das Bachbett.

Dort hoben sie den Aal aus dem Wasser – während die Schlange meines Wissens verschwand – und hieben ihn mit ihren Schwertern in kleine Stücke. So unglaublich oder unglaubhaft es mir später erschien – aber im selben Moment verbreitete sich über den ganzen Platz ein durchdringender Geruch von – geräuchertem Aal.

Die Jünglinge nahmen in Blitzgeschwindigkeit immer ein Stück Aal auf ihre schlanke Schwertspitze und übergaben allen Anwesenden ein Stück davon. Man drängte sich herzu, und jeder bekam, soviel ich sah, seinen Anteil.

Doch was nun mir selbst geschah, kann ich kaum in seiner Bedeutung für mich ermessen.

Ich stand plötzlich vor – Jesus, und ich wußte ebenso plötzlich, daß ich jetzt einige Fragen stellen durfte. Es waren nur zwei Fragen, die ich in ureigenster Angelegenheit stellte. Sie wurden mir von Ihm klar beantwortet, und während Er sprach, fiel mir auf, daß Er dabei die Lippen gar nicht bewegte.

Ich selbst bewegte meine auch nicht, wie ich im gleichen Moment feststellen konnte, die Stimme aber hörte ich klar und deutlich.

Kurz danach verschwand plötzlich die Lichtwelt.

Ich sank rasend schnell abwärts. Der Begleiter im hellen Gewand war wieder bei mir. Dann hielt das «Fallen» an, und wieder sagte mein Begleiter: «Konzentriere Dich!» – und weiter ging es abwärts.

Da spürte ich plötzlich, wie meine Erinnerungen wie ein Dunst von mir wegströmten.

Ich preßte die Hände an den Kopf und bat, daß man mir die Erinnerung belassen möge.

Da sah ich wieder die Ebene, in der ich vor kurzem mit meiner Frau zusammen war.

Ich kämpfte um die Erhaltung meines Bewußtseins und – mit einem starken Ruck im Körper wurde ich wach.

Die sofort vorgenommenen Notizen haben mir wenigstens den wesentlich scheinenden Teil dieses einmaligen Erlebnisses erhalten können, und meine Dankbarkeit für diese Erfahrung werde ich mein Leben lang bewahren.

Zweiter Teil
Offenbarungen

Der «Fall» der
prä-kosmischen Geist-Welten

Eine Stimme sprach:

«Du sollst eine weitere Belehrung erhalten.»

Damit wurde plötzlich alles um mich in blaues Licht getaucht. Ich sah nichts mehr um mich, aber ich hörte eine durchdringende sonore Stimme, die sinngemäß folgende Ausführungen machte:

«Du hast den Beweis Deiner kosmischen Existenz in Dir selbst gefunden. Jeder kann ihn finden – und wird ihn irgendwann finden, wenn er an der Schwelle der Reife steht. Er wird dann ein Sucher sein. Ein Sucher nach Wahrheit aber zieht auf geheimnisvolle Weise jene Menschen oder Mitteilungen zu sich heran, die ihm die Wahrheit bewußt machen.»

Das sagte der Unsichtbare und fuhr fort:

«Ich hatte Dir versprochen mitzuteilen, wie es einst war, damit Dir bewußt wird, daß alle Deine Nöte vorübergehen. Nicht, daß Du Deine irdische Not mit diesem Wissen zum Verschwinden bringen kannst, gleich einem Zauber, einer Vision, nein! Du und alle Irdischen leben auf dieser, eurer Welt, die auf Ursache und Wirkung bis ins einzelne reagiert, damit ihr in der Kraft und Wirkung eurer Gedanken und Taten lernt, euch zu disziplinieren. Dadurch, daß ihr diese Wirkungen in ihren ersten kosmischen Ursachen erkennt, lernt ihr sie beherrschen und werdet Heilung eurer Nöte in den Maße finden, wie ihr euch selbst und den Mitn enschen helft, durch aufgenon n enes Wissen die undisziplinierte Wirklichkeit eures Lebens zu bändigen.

Der Ablauf, den ihr Menschen Zeit nennt, ist immer und wird immer gleich sein. Egal, ob ihr das registrieren könnt oder nicht, und gleichgültig, ob ihr als Menschen auf Erden weilt oder nicht. Denn Zeit ist Ausdruck von Bewußtsein. Jedoch ist euer Bewußtsein nicht immer zur Wahrnehmung fähig. Trotzdem ist immer Bewußtsein, und euer Bewußtsein ist in dem großen, endlos geweiteten All-Bewußtsein. Aber um daran teilzuhaben, müßt ihr erst dazu fähig werden – und jeder wird das irgendwann erreichen.

Es war bereits einstmals so. Ihr wißt es nur nicht mehr und geht deshalb durch die Welt, damit sie es euch wieder neu ins Bewußtsein bringen kann. Dies ist der Grund, weshalb sich der Mensch, der seiner Reifezeit entgegenlebt, nach großen übergeordneten Gedanken, nach reiner Liebe, nach irgend etwas Erhöhtem, nach den Sternen und nach Erweiterung seines winzigen, beschränkten Seins sehnt. Viele stürzen gleich träumerisch Dahinwandelnden zunächst in den Abgrund. Schrecklich ist es für diejenigen, die ohne jegliche Hilfemöglichkeit dabei zusehen müssen! Natürlich und unvermeidbar erscheint es denen unter uns, die es an sich selbst in früheren Erdengängen erlebt haben. Dies ist entschuldbar vor der Urkraft des Universums und auf dem Wege, der dereinst allen Licht, Erkenntnis und Vollkommenheit bringen wird.»

Da wurde die Stimme leiser und mit traurigem Klang fuhr sie fort:

«Doch unentschuldbar ist es, daß einst der Sturz geschah, als noch alle Beteiligten Licht umfloß. Gar nicht so falsch sind eure Sagen von einem Luzifer und nicht so unzutreffend ist, daß es nur einen Teil der grenzenlosen Zahl der Wesen traf. Wie hätten auch je Gefallene den Abgrund verlassen können, wenn sie nicht Hilfe von den Nichtgefallenen erhalten hätten.

Natürlich seid ihr entsetzlich klug – so meint ihr – und macht es denen unnötig schwer, deren Bewußtsein durch viele irdische Leben so erweitert ist, daß sie den einstmals Mitgefallenen zu helfen bereit sind. Dazu kommt, daß jene, die ihr Priester nennt, nicht immer das Wissen besitzen, das für ein solches Amt auf Erden notwendig wäre.

Zu allem Übel habt ihr auch noch falsche Vorstellungen von der Urkraft allen Seins, die ihr mit Namen wie Gott, Allah, Brahma, Jehova und dergleichen benennt. Mögt ihr eure Priester belasten, aber Unreife ist doch der Grund dafür, daß ihr nicht selbständig zu denken vermögt. Ihr habt eine Wissenschaft und solltet allein schon dadurch schneller zu der Einsicht kommen, daß die erschaffende Urkraft allen Seins nicht verantwortlich ist für die Fehlhandlungen einer fast unendlichen Zahl ihrer Wesen.

Ich will nun erzählen, wie es mir einst selbst erging. Zuvor sei jedoch Dir, der Du es wissen willst, gesagt: Ebensowenig wie der einstige Befehl – *Es werde Licht!* – der Anfang der Schöpfung war, sondern der Beginn einer Rettungsaktion für Verirrte, ebensowenig sind eure irdische Welt und alle irdischen Welten sowie alle Galaxien mit ihren Milliarden Sonnen samt den dazugehörenden Planeten die Haupterscheinung des Lebens.

Die irdischen Welten sind in der Gesamterscheinung – Dasein, Leben oder wie man es ausdrücken will – recht nebensächlich. Das mag so manchem Erdenbewohner in seinem Drang nach Bedeutung einen Stoß versetzen. Aber solche Stöße haben viele von ihnen nötig.

Alle irdischen Welten sind im Grunde eine sekundäre Erscheinung der primären Welten des kosmischen Daseins!

Du willst die Begründung?

Nun denn, so entnimm sie meinem folgenden Bericht:

Ich lebte einst in Frieden und Glück in einer Welt, die aus strahlendem Licht, aus Schwingungen von Harmonie und herrlichsten Farben und Formen bestand. Es gibt nichts Vergleichbares auf irdischen Welten, und so kann ich kaum umschreiben, wie wir lebten und empfanden. Wir, damit meine ich mich selbst in der Gemeinschaft einer nicht nennbaren Zahl mir gleicher glücklicher Wesen, liebten unsern Erschaffer. Dieser Erschaffer war jedoch nicht der oberste Erschaffer des Alls. Er war eines der Urgeschöpfe, die von einem noch vollkommeneren Wesen erschaffen wurden. Doch auch dieser Vollkommene war nicht der Ausstrahler der Urkraft selbst. Wir wußten dies alles, wir konnten in uns selbst die Urkraft erschauen, doch diese in unserer Außenwelt nicht suchen. Das war gut so, und wir lebten und schafften aus der Kraft des Geistes. Wie das vor sich ging? Dies kann ich einem Irdischen schon eher erklären. Wir schufen nicht mit Werkzeugen und der Hände Arbeit, sondern mit dem Geiste allein. Wir stellten uns etwas besonders Schönes in Form, Harmonie oder sonstiger Eigenart vor. Wenn es in Einklang mit dem Willen der Urkraft war, die wir in uns befragten, so wurde es Wirklichkeit. Dies war eine erregende, uns ganz ausfüllende, wunderbare und beglückende Tätigkeit.

Nicht möglich ist es mir zu sagen, welche Zeiten vergingen in solchem schaffenden Sein, seit ich aus der Kraft meines persönlichen Erschaffers projiziert war. Es waren lange und glückliche Geisteswege, nicht zu vergleichen mit den winzigen kurzen Wegen im engbegrenzten Bewußtsein, die ihr zur Zeit auf Erden macht.

Doch dann – irgendwann hatte es begonnen – kamen zuerst einige, dann viele von uns auf seltsame Gedanken. Diese bestanden darin, daß man wissen wollte, wie groß das Potential – so würde man auf Erden sagen – der Freiheit sei, unser Schaffen selbständig zu bestimmen. Es war eine Bewegung, die für uns ein neuartiges Glück zu sein schien. Allzuspät erst spürten wir, daß es aber etwas war, das wie ein Rausch über uns kam. Wir suchten zu ergründen, wie weit wir schaffen durften, ohne daß das Licht der Urkraft in uns unsere geistige Mitte verließ. So kann ich es zu erklären versuchen. Auf Erden würde man wohl sagen, man gab sich modernen Ansichten hin und wollte ausprobieren, wie weit sie dem einzelnen zum Wohle dienten.

Ich will nun gleich gestehen, es bekam uns nicht gut. Viele von uns verloren ihre Schaffenskraft. Es wurden Gemeinschaften gebildet, die nach den Ursachen dieses Versagens forschen sollten. Dazu schien es den Leitenden solcher Gemeinschaften notwendig, gründlichst alles zu untersuchen und zu tun, was die Geschädigten selbst getan hatten.

Anstatt nun unseren Erschaffer um Hilfe zu bitten, hatten sich allzuviele, ja eine Zahl, die ihr auf Erden mit Trillionen bezeichnen würdet, bereits so in die gleichen Fehler wie die Geschädigten verloren, daß sie die Klarheit der geistigen Sicht einbüßten. Da ihnen das Bild der Urkraft nicht mehr in ihrer geistigen Mitte – ihr auf Erden würdet wohl sagen, in der Vorstellungskraft – erscheinen konnte, so mußten sie von ihren eigenen Kräften zehren. Damit begann jedoch die Lawine des Unglücks. Die unsicher gewordenen Helfer, das heißt die Gemeinschaften zur Erforschung der Ursache des Unglücks, wurden eine weitere Ursache des Unglückes der zahllosen Mitläufer auf immer dunkler werdendem Weg. Eigene Energien, nicht die unerschöpfliche Urkraftenergien, mußten geopfert werden, um Versuche zu planen, mit denen man sich selbst und den anderen helfen wollte. Zahlloser denn je wurden die Wesen, Formen und Gedankengespinste, die daraus entstanden und den einzelnen Urheber immer mehr der Schaffenskraft und zuletzt seines Bewußtseins beraubten!

Ich will es kurz machen: Irgendwann wohl muß unser Erschaffer bemerkt haben, daß in seinem Schöpfungsbereich mit seinen Wesen nicht mehr alles in Ordnung war. Da aber umfing uns bereits schon tiefe Lethargie.

Äonen später hat mir einer der freundlichen Helfer, die ihr als Erzengel oder Götter bezeichnet, Bilder im Geiste zukommen lassen, die mir sehr halfen, alles zu verstehen. Danach ist ein Sturm des Mitleidens über die nicht von der Urkaft gelösten Wesen gekommen, und das große Vater-Mutter-Prinzip, die Urkraft allen Seins, hat einen Plan entwickelt, wie die verfinsterten Wesen zum Licht des Urbewußtseins zurückzuführen seien.

Da uns die zahllosen Welten und Dimensionen des Geistes nicht mehr wahrnehmbar waren, mußten wir, die Verfinsterten, Bewußtlosen und in unendlich viele Restbewußtseinspartikel zerstäubten Wesen, durch eine besondere Methode des Zusammenfließens zu neuem Bewußtsein gebracht werden.

Wir sollten werden und sind auch schon in großer Anzahl geworden, was wir einst waren, um uns später einmal mit der Urkraft zu vereinen.

Es geschah nun, daß in dem leeren, finsteren Raum eine neue Dimension des Seins entstand.

Unsichtbar sind die irdischen Welten für die zahllosen Welten des Geistes, außer wenn die Bewohner jener Dimensionen sie studieren wollen. Unsichtbar ist die Welt des Geistes für die Bewohner der Welten der Materie, bis auf jene, die sich bereits aus ihr hervorgerungen haben.

So aber begann es: Der Urkraftwille befahl – *Es werde Licht!* Da flammte es in der Unendlichkeit auf. Das Feuer materieller Glutnebel bildete Sonnen. Kreisende Wirbel ergaben die Welten, auf denen den Wesen, die sie bewohnen sollten, das Gesetz des Geistes nicht zur Verfügung stand. Das harte Gesetz, daß Wirkung auf Ursache folgt, sollte jene belehren, die den Weg aus der Finsternis heraus suchten.

Der Befehl – *Es werde Licht* – wird noch weiter in Zeit und Raum für Sonnen und Planeten erschallen – bis die Erlösung ein vollendetes Werk ist.

Du Erdenmensch fragst mich zu Recht nach dem Vorgang, denn Du kennst die Entwicklungsgeschichte der Erdenwelt, soweit sie euren Wissenschaftlern offenkundig wurde.

Nun! Liegt der Vorgang nicht wie ein aufgeschlagenes Buch vor Dir?

Doch dies sind Dinge, die sich in der Zeit abspielen, in *eurer* Zeit, ihr Erdenmenschen.»

Ein Denkmodell

Ich befand mich einmal vor einem großen Haus, etwa im Stil der Gründerzeit erbaut, mit einem großen Rundturm auf dem Dach. Das Haus hatte unglaublich viele Räume und anscheinend auch Wohnungen. Auffällig war vor allem ein mittlerer Saal, in dem Besprechungen und Konferenzen abgehalten wurden.

Ich habe das große Haus selten von außen gesehen. Wenn ich dort eintraf, gelangte ich zumeist in einem der langen Korridore zum Bewußtsein, und eine ältere Dame führte mich zu dem Raum, in dem ich heute zu Besuch geladen war.

Das Haus befand sich nicht auf der Erdenwelt; es stand – und steht sicher noch – in einem Land mit wenig Licht (trüb wie bei uns an einem Novembertag), was für uns Erdenmenschen, die lernen wollen, eine Bedeutung zu haben scheint. Dort traf ich nämlich oft Iream, den «Mittler» zu Hereiam, der mir gesagt hatte, daß ich weitere Belehrungen erhalten würde.

Iream lehnte in einem Sessel und trug ein weißes Gewand. Auch ich saß in einem Sessel im Abstand von etwa sechs Metern zu ihm, und wir waren ganz allein im Saal.

Iream sagte: «Der Kurvenausschnitt der Geisteswertentwicklung im Menschenleben wiederholt sich zumeist an die Tausende Male –. Es geht mit euch auf und ab – scheinbar; in der Summe aber nur aufwärts – bis der Geist so reif ist, daß die Energie ausreicht, um sich ohne weitere Materiewanderungen in den höheren Welten zu behaupten.»

Dann fuhr er fort: «Der irdische Tod ist eine Station kosmischen Lebens!»

«Warum erinnern wir uns nicht?» fragte ich.

«Es ist besser so! Außerdem entwickelt jedes irdische Leben ein neues Gehirn. Niemand könnte alle Schrecken vergangener Leben ertragen! Die *Zukunft* muß Ziel jeden Erdenlebens sein.»

«Erinnern wir uns später?»

«Ja, wenn die Reife ausreicht!»

«Warum bekam ich auf dem Berg mit dem Kreuz die kosmische Entwicklung des Menschen in dieser Kurvenform dargestellt?»

«Weil Du es in dieser Darstellung so am besten begreifen konntest. Deine technische Schulung war nicht umsonst. Ein Mensch, der kunstvolle Bilder malt, würde eine solche Aufklärung wahrscheinlich in Form eines allegorischen Bildes erhalten. Doch merke auf!» sagte Iream, «Du sollst Dir für Deine Erkenntnis ein stützendes Denkmodell schaffen, und dazu habe ich Dir noch einiges zu sagen.»

Am nächsten Tag machte ich mir viele Notizen. Draußen, außerhalb meines kalten möblierten Zimmers, war die Straße und Landschaft in Frost erstarrt. Es war der Winter 1946/47, und die Not der Menschen war alltäglich. Das niedergeschriebene Modell sah folgendermaßen aus:

Die körperlichen Kräfte des Menschen kann man in einer Durchschnittskurve erfassen, die in steilem Bogen von der Geburt bis etwa zum 27. Lebensjahr ansteigt, dann langsam absinkt und bis gegen Lebensende sich wieder der Null-Linie annähert. Das ist ganz natürlich.

Die geistigen Kräfte, unter denen man Lernfähigkeit, Denken im allgemeinen, die Fähigkeit zur Urteilsfindung, gedankliche Betrachtung – also Intelligenz im weiten Sinne – versteht, lassen sich ebenso in allgemein durchschnittlicher Kurvendarstellung festhalten. Diese Kurve erreicht im allgemeinen etwas später als die körperliche Leistungsfähigkeit ihren Höhepunkt und verbleibt auch länger in beachtlicher Leistungshöhe. Wird der Mensch alt, so fällt diese Kurve jedoch ähnlich der körperlichen Leistungskurve ab und nähert sich lange oder kurz vor dem Tode fast ganz der Null-Linie. Auch dies ist ein ganz natürlicher Vorgang, ebenso wie sich jeder andere Vorgang auf der Welt in seinem Beginn, seinem aktiven Ablauf und seinem mehr oder weniger schnellen Ende in einer Kurve darstellen läßt.

Ist dies alles was in einem Leben geschieht? Ist damit erfaßt, wie eine Sache, ein Vorgang, ein Mensch entsteht – und vergeht? Ja, sagen viele Menschen. Nein! sagen auch viele Menschen. Diejeni-

Abb. 2

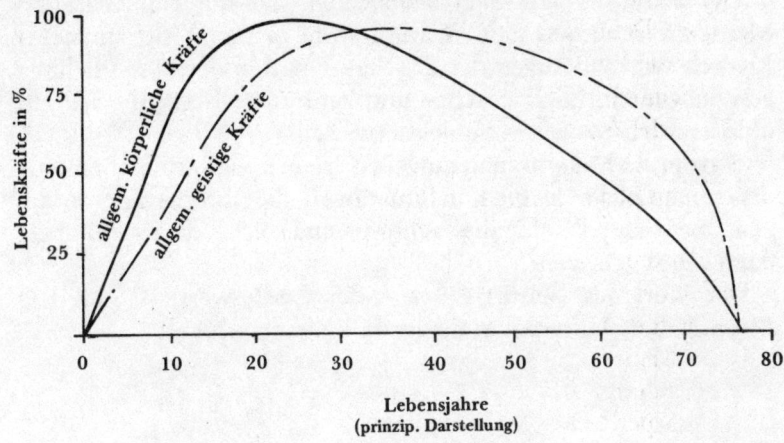

Lebensjahre
(prinzip. Darstellung)

gen, die ja sagen, scheinen in der Überzahl zu sein, und sie sagen zu jenen, die nein sagen, sie täten es nur aus Angst vor dem Tode und wollten sich die Unsterblichkeit sichern.

Keineswegs ist mit den Kurven der körperlichen und der allgemeinen geistigen Leistungskraft alles charakterisiert, was den Menschen ausmacht. Mit ihm ist noch etwas anderes verbunden, das sich nicht so leicht erfassen läßt. Es ist das innerste Ich, ein unnennbares Etwas, ein Wert, eine geistige Substanz könnte man sagen, die zuweilen aus den Worten, aus den Handlungen, den Taten oder auch Unterlassungen der Menschen herausleuchtet oder sich erfühlen läßt.

Wie viel zu kurz ist doch ein Menschenleben, um den Menschen zu erfassen!

Andere Menschen haben Erfahrungen gesammelt, haben Bücher geschrieben. Wer hinschaut, findet vieles bestätigt, was andere schrieben, sagten oder schlußfolgerten.

Wer in seiner Kindheit Tiere liebte und nicht tötete, der liebt Tiere auch noch im höchsten Alter und tötet nicht. Wer jeden Wurm zertrat, kaum daß er laufen lernte, hält die Achtung vor dem Leben auch im hohen Alter nicht für wesentlich.

Viel Seltsames läßt sich beobachten, das auf den Geist des Menschen schließen läßt. Warum wohl benimmt sich mancher Mensch vor den Augen der Zuschauer und in der Öffentlichkeit gesittet wie ein Edelmensch – und kann ohne Kontrolle sich als übles, verachtenswertes Subjekt erweisen?

Warum wohl kann man zuweilen erleben, daß Menschen, von denen man nicht viel hielt, in Situationen, die Aufopferung verlangen, über sich selbst hinauswachsen – und solche, die Kraft haben, dann elend versagen?

Der Wert des Geistes ist es – der Geisteswert! –, der dem Menschen als Individuum die letzte Prägung gibt!

Abb. 3

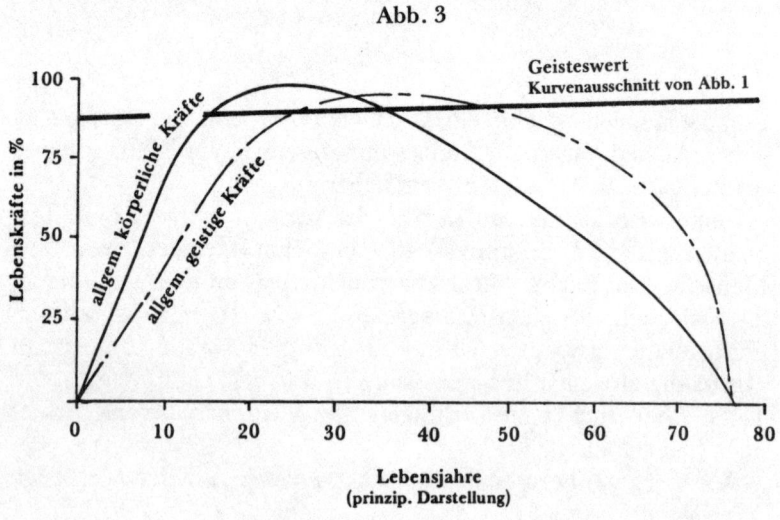

Lebensjahre
(prinzip. Darstellung)

Der Geisteswert ist, entgegen dem Gesetz der irdischen Natur, keine Kurve, sondern eine Gerade, jedenfalls im irdischen Leben.

Da es jedoch im Gesetz der kosmischen Natur keine Ausnahme geben kann, so muß sich die Kurve des Geisteswertes jedes einzel-

204

nen Menschen im kosmischen Dasein erfüllen. Das wiederum heißt:

Das kurze irdische Dasein genügt nicht, die gesamte Kurve der menschlichen Geistesentwicklung aufzuzeigen.

Also ist der Teil, die Gerade der Geisteswertkurve im irdischen Menschendasein, ein Kurvenausschnitt. Es ist ein winziger Teil eines in kosmischen Zeiten und Räumen ungeheuer ausgedehnten Vorganges der menschlichen Entwicklung.

Der kosmische
Entwicklungsgang des Menschen

Ich war allein. Ich sah spiralige, feurige Nebel kreisend sich in einem Punkt vereinen. Ich hielt mich für nervlich angeschlagen und legte mich auf das Ruhebett.

Da trat Hereiam aus dem Nebel eines unbestimmbaren Hintergrundes heraus.

«Du hast Zeiten, in denen Du einigermaßen tauglich für ein Gespräch bist – aber, wenn Du das Ziel Deines Lebens erreichen willst, so wirst Du Dich noch sehr bemühen müssen», sagte er.

Ich betrachtete die fast physisch sichtbare Erscheinung erstaunt.

«Ich will Dir heute erzählen, wie ich mich aus dem Dunkel heraus- und zum Licht hingearbeitet habe», sagte Hereiam.

«Es sind heute etwa hunderttausend Erdenjahre her», begann der sonst Unsichtbare zu erzählen, «als ich das erste Mal imstande war, meine Inkarnationen und meinen Entwicklungsgang voll zu überschauen.

Ich bin zwar seither noch einige Male auf der Erde gewesen und habe die Gelegenheit benutzt, um einige kaum wieder gutzumachende Dummheiten zu begehen, aber – na ja – mit dem «Herren dieser Welt» ist eben schwer zurechtzukommen.»

Der Erschienene wurde zunehmend undeutlicher und machte eine resignierende Handbewegung.

«Was waren das für Dummheiten, und wie ist es mit dem «Herrn der Welt?» fragte ich sehr interessiert und war ein wenig stolz auf die fraternisierende Art, in der ich zu dem Erschienenen sprechen durfte.

Dieser sah mich wieder scharf an und verschwand dann ganz aus dem Blickfeld.

«Die Dummheiten?» hörte ich seine Stimme, «ja, die schlimmste bestand darin, daß ich meine Mitmenschen, die ich einmal als König beherrschte, zu meinem Glauben bekehren wollte. Ich habe es bitter bereut und über ein Jahrtausend benötigt, ehe ich von den Nachwirkungen frei wurde. Und der «Herr dieser Welt» ist jener Urgeist, der vom Herrn des Weltalls beauftragt wurde, diesen Planeten aufzubauen und zu betreuen, bis dieser seine Aufgabe erfüllt hat.»

«Davon steht doch gar nichts in der Bibel!» entfuhr es mir.

Nach einer kleinen Pause hörte ich den Unsichtbaren sagen – und ein wenig ironisch war es wohl gemeint:

«Dort steht manches nicht! – Wie sollte es auch, es war kein Reporter eurer modernen Zeit dabei.»

Daraufhin nahm ich mir vor zu schweigen.

Der Unsichtbare fuhr fort: «Auch der «Herr eurer Welt» und jeder Geistesführer lernt durch seinen Auftrag und an den von ihm betreuten Wesen. An der Eigenart einer Welt kann man den Herrn erkennen, wie an einer Familie die Eigenarten des Familienvorstandes. Im Bereich der irdischen Welten lebt ein Wesen von der körperlichen Vernichtung des anderen. Auf einigen Weltenkugeln geht es milder, auf andern härter zu. Eure Erde ist eine der harten Welten, und entsprechend ist ihr Herr. Jede Schuld muß ihm abgedient werden, ehe er den zum Licht strebenden Schüler entläßt.»

«Ist er denn auch ein …», sagte ich leise und wünschte sogleich, daß ich nichts gesagt hätte. Doch der Unsichtbare sprach sofort:

«Ja, auch er ist vor dem kosmischen Herrn kein Unschuldiger am Entstehen der Materiewelten, aber er ist der Stärksten, der Fortgeschrittensten einer, der eine solche Aufgabe meistern kann. Nicht zum Vergnügen, aber zum Heil der von ihm betreuten Wesen!»

Sofort kam mir der unangenehme Gedanke, als was für ein Wesen denn nun unser Begriff – Gott – aufzufassen sei.

Fast ungeduldig und unwirsch kam sofort die Antwort: «Oh, was seid ihr Menschen doch für Wesen, in Massenwahnvorstellungen befangen, selbstverständlich gibt es den – GOTT. Es ist der Herr im Kosmos, die Urkraft, die ihr euch besser als allumfassende *Kraft* von höchster Intelligenz vorstellt, anstatt als Einzelwesen. Laßt endlich davon ab, die Urkraft, die eine grenzenlose Zahl von Welten schaffte und immer noch schafft, in eure Vorstellungswelt pressen zu wollen. Es schadet nur eurem geistigen Fortschritt. Ihr habt in euren Religionen Engel, Erzengel und Heilige; diese Gedanken sind nicht in jedem Fall unrichtig. Laßt aber die albernen Märchen von Teufeln und dergleichen fallen. Die Großen im Kosmos, die euch helfen aus dem Zustand geistiger Umnachtung herauszukommen, brauchen keine Teufel zu eurer Erziehung und Bewußtseinserweiterung. Sie brauchen nur euch selbst, aber *ihr* spielt diese Teufel zuweilen in wahrhaft nicht zu überbietender, vollkommener Weise.»

«Und warum lassen die Großen das zu?» platzte ich heraus. «Weil nur die wenigen Fortgeschrittenen unter euch freiwillig nach Bewußtseinsvervollkommnung streben. Die vielen anderen aber nicht. Ein geringer Teil will die Arbeit an sich selbst durch faule Mittel umgehen und sich in Traumwelten stürzen. Die große Mehrheit aber sucht nur Befriedigung niederer Triebe und will nichts davon wissen, daß sich der Mensch allein durch Selbstdisziplin aus dem Sumpf seiner Wahnvorstellungen retten kann. Niemand lernt dadurch, daß er freie Bahn für seine Gelüste findet.

Entkrampfung nennen viele unter euch dieses seltsame Austoben. Wer wirklich geistig strebt, muß Widerstände überwinden. Die Grenzen der Freiheit seines Tuns werden dem Menschen durch Widerstand bewußt. Durch ungehemmte Freiheit für den Rücksichtslosen, andere zu unterdrücken, zu beschimpfen und zu belästigen, erzieht ihr nur Verbrecher.

Durch unbegrenzte Freiheit des Austobens lähmt ihr die Vitalkraft des Körpers, die letztlich notwendig ist, damit ein gesunder Geist in einem gesunden Körper wohnen und dieser Geist nach Erweiterung seines Horizontes streben kann. Es gibt bei euch Niedertracht und Gemeinheit, Krieg und Vernichtung, weil noch nicht genügend Menschen begonnen haben, ihre Triebe zu disziplinieren; und weil sich fast jeder bemüht, des anderen Herr zu sein, anstatt sich selbst zu beherrschen.

Es gibt keinen anderen Weg, um aus dem Sumpf des Unwissens herauszukommen. Gewiß, die bewußter gewordenen Menschen leiden schwer. Doch einmal muß es endlich dazu kommen, daß die Fortgeschrittenen auf eurem Planeten in der Überzahl sind – und dann wird sich manches ändern!

Doch nun zu mir:

Lange bevor das Weltenfeuer Sonnen und Planeten bildete, und lange noch bevor mir das Bewußtsein schwand, da gehörte ich zu einem Forscherteam, das in Angst und fast in Panik zu ergründen suchte, weshalb so viele von uns ins Nichts versanken. Wir begingen den gleichen Fehler wie die Versunkenen. Wir hatten keinen Kontakt mehr mit den belebenden Kräften des Lichtes, die wir Urkraft nennen. Und doch sandten wir immer neue Stöße unserer Energie aus. Wir suchten damit nach den entschwundenen Formen unserer Schöpfung. Fanden wir in der Weite des Alls solche Ergebnisse unseres Tuns, so befiel uns neuer Schrecken. Starr und ohne Leben war das einst Belebte. Mit der Kraft der Verzweiflung suchten wir nun zu beleben, wozu unsere Kräfte bei weitem nicht mehr ausreichten. Immer geringer, immer schwächer wurden unsere Energieausstrahlungen und damit wir selbst. Wir hatten uns in unendlich viele Energiepotenzen geringster Kraft zersetzt. – Es war unser kosmischer Tod.

Dann, nach Äonen, schauten unsere Augen in eine seltsame Welt von Gestein, Erde, Pflanzen, Tieren und Elemente, die wir als Feuer und Wasser, Erde und Luft kennenlernten. Wir begriffen zuerst nichts – später aber lernten wir. Schließlich wurden wir belehrt, wie du jetzt belehrt wirst, und dann erkannten wir, die aus meiner Zeit geboren wurden, wie alles gekommen war.

In allem, was ist, steckt die Kraft gegenseitiger Anziehung. Selbst die gewaltigste Explosion im All erzeugt zwar zunächst nur Chaos, aber dann zeichnen sich Wirbel ab und kreisende Bewegungen, die alles in *einem* Punkt wieder sammeln, was einst auseinanderstrebte. So geht es der Materie, und so geht es dem Geist. Doch ist Materie nichts als eine besondere Ausdrucksform des Geistes zu bestimmtem Zweck.

So entstanden auf Befehl des Urkraftwillens Sonnen- und Erdenwelten. Dann die ersten Zellen, lebende Gebilde, die Pflanzen, Mikroben, kleine und größere Wesen. Dies alles aber waren und sind, solange Materie besteht, die auf besondere Weise gefesselten und in das Gesetz der Kausalität eingefangenen Energiepotenzen, in die wir uns einstmals zersprengt hatten. Diese Fesselung verhinderte jede weitere Entfernung der chaotisch gewordenen Energien aus dem Urkraftwillen. Wie in einem Destillationsvorgang sammelte sich das Kleinere zu Größerem, das Geringere zu Wertvollerem. So traten Wesen der mannigfaltigsten Art auf, und jeder von euch kennt sie.

So einfach der Vorgang der Bewußtseinssammlung für die einst aus dem Urkraftwillen aus Übermut entflohenen Seelen ist, so wenig ist er doch dem Erdenwanderer mittlerer Bewußtseinslage gegenwärtig. Kommt es jedoch zu Lichtblicken, so trübt oft falsches Denken die Wahrheit.

Es ist nicht so, daß etwa ein intelligenter Hund oder ein sonstiges hoch entwickeltes Tier die Geistesenergie ergibt, durch die dann zur rechten Zeit ein Mensch ausgeboren wird. Jeder Erdenmensch war ja bereits einmal vor der Zeit der Materiewelten erschaffen, und ein Tierleben ist nur ein geringer Teil neuen zukünftigen Menschenlebens, also der Energie, die einstmals seinen Geist ausmachen wird und sich dann zur letztnotwendigen Bewußtseinssammlung den Menschenkörper aufbaut. Viele Tierseelenenergien sind notwendig, sich zum Menschengeist zu konzentrieren. Eine Mücke wird also nie ein Elefant, aber eine Anzahl Elefanten oder sonstige intelligente Tiere können für einen Menschen die geistige Kristallisationsenergie liefern. Milliarden von Kleinstwesenenergien, bei denen kaum von geistiger Energie gesprochen werden kann, ergeben also erst ein intelligentes Tier – und so geht es weiter. Das Zusammenfließen der Geist- und Seelenenergien zur Bewußtseinserweiterung der Wesen geht also aufwärts ebenso vor sich, wie es ähnlich einst, vor der Materiezeit, mit uns abwärts ins Dunkel ging.

Die Trübung des Denkens bei der Suche nach Wahrheit macht euren Ärzten oft zu schaffen, weil man erforschte, daß Zellengewebe von Mensch und Tier – ohne das ganze Wesen – am Leben erhalten werden können. Wer aber begriffen hat, daß Materie das Spiegelbild der Geistesenergien ist, wird über ein solches Verhalten selbst kleinster Zellenaufbauten keine Zweifel mehr am kosmischen Lebensprinzip haben. Die einst zersplitterten kosmischen Lebenskräfte, die jede Gelegenheit nutzen, um sich sammelnd zu neuem Bewußtsein in jeder Materiezelle ausdrücken zu können, befolgen den Befehl der Urkraft noch für unendliche Zeiten. So sind verwirrende Experimente eurer Mediziner möglich, die euch den Tatsachen der kosmischen Existenz und nicht dem Zweifel näher bringen sollten. Die Frage nach dem Ort eurer Seele im Körper sollte eher ein Scherz als ein Problem sein, da doch die Geistenergie den materiellen Körper jedweden Wesens aufbaut. Geistenergie ist aber überall, und sie nimmt in jeder Potenz jede Gelegenheit wahr, sich bemerkbar zu machen. So geht sie auch nicht am Reagenzglas des Experimentators vorüber. Solange nicht die Materie dem Zerfall preisgegeben ist, kann also auch ein Körperteil wieder belebt werden. Dem bewußten Geist aber, der den Körper vielleicht kurz zuvor bewohnte, ist das Wirken der nachdrängenden, allerfüllenden und unbewußten Energie gleichgültig. Er hat den Weg in die *Zukunft* zu gehen, während das Unbewußte aus der Vergangenheit ans Licht drängt.»

Der Unsichtbare verhielt seine Rede.

Eine Frage drückte mich und stand wie ein Block im Raum, und sogleich sagte ich langsam: «Darf der Mensch denn Tiere verzehren, wenn sie seine Vorläufer, ja eigentlich seine Verwandten sind?»

Die Antwort, die nun folgte, erschien mir sehr verwirrend, doch dann begriff ich.

«Die Tiere sind weder Vorläufer noch Verwandte. Die Tiere sind – der Mensch selbst! Sie sind seine einst zersprengten Wesens-, Bewußtseins- oder Seelenanteile. So könntest Du es nennen. Ich sagte schon, kein Tier ergibt die ganze Seele eines Menschen. Jedes dieser Wesen ist nur ein geringer oder je nach Entwicklungsstufe winzigster Anteil des Menschen. Falls es Dir aber in Zukunft Gewissenschmerzen bereiten sollte, wenn Du auf dem Teller vor dir ein angenehm duftendes Steak hast, so denke daran, daß im gesamten Kosmos, soweit er materiell ist, die Aufnahme von Nahrung bedeutet, daß die vollkommene Idee Gottes, der Urkraft, Brahma, Allah oder Jehova – oder wie die höchste Kraft irgendwo sonst genannt wird –, immer das weniger Vollkommene in sich aufnimmt, um das Höherwertige aufzubauen. Nahrungsaufnahme ist also eine Entsprechung vervollkommender Tätigkeit des höchsten Gottes. Der Mensch aber, der

diesen notwendigen Vorgang benutzt, um unnötigen Speck anzu-
setzen, entwertet diese Handlung nur für sich selbst, nicht für den
Kosmos. Wenn nun ein Mensch, in Ahnung oder Kenntnis der
Zusammenhänge, die Aufnahme von Fleischnahrung ablehnt, so
ist er entweder über wesentliche Stufen seiner Entwicklung hinaus
und wird sich bald nicht mehr irdisch inkarnieren, oder er will die
Geisteswertigkeit für sich selbst oder in den Augen der anderen
erhöhen. Jedoch wird der Wert des Menschengeistes nicht von
seiner irdischen Nahrung bedingt, sondern gekennzeichnet von
seinem Denken und seiner edlen oder unedlen Handlungsweise –
seinem Bewußtseinshorizont.

Wer die sichere Empfindung hat, für seinen Geisteswert etwas
tun zu müssen, der sollte bei der Seele und nicht beim Körper
anfangen. Was ihn vom Geist der Urkraft trennt, muß überwunden werden. Es ist dies eine Arbeit, die eine Läuterung seiner
seelischen Haltung gegenüber den Mitmenschen notwendig
macht. Die Gedanken sollen scharfer Kontrolle unterzogen werden. Die Taten dürfen in ethischer Hinsicht nur noch von Wohl-
wollen und Sauberkeit der Gesinnung diktiert werden. Liebe zum
Gott der Urkraft kann nur der sich selbst und anderen beweisen,
der seine auf Erden höchstentwickelten Geschöpfe liebt – die
Menschen. Wird dies echt und in Wahrheit angestrebt, so wird der
Körper eines solchen Suchers nach Vollkommenheit von selbst
Abneigung gegen alles entwickeln, was diesem Streben schadet.
Neigungen und Gelüste, die einen solchen Weg erschweren, wird
er fallenlassen können. Ein solcher geistig strebender Mensch wird
noch vieles mehr durch seinen sich entwickelnden Geisteswert
erreichen als mancher glauben mag, der dies für Wunschgebilde,
Phantasie oder für märchenhafte Euphorie hält.

Wer die Trennung vom Urgeist allen Seins mindert, der überwindet auch das, was ihn von den Menschen trennt, die eine
ähnliche Geistesrichtung haben: der überwindet selbst Unglück
und Not besser als andere Menschen. Das haben auch alle Großen
im Geiste so gelehrt.

Was aber trennt die Menschen? – Zunächst jede Art, sich
besser, höher, wertvoller zu dünken. Niemand braucht deshalb
auf Bildung, Wissen, Auszeichnung vor den Mitmenschen zu

verzichten, damit er sich nicht «getrennt» vorkomme. Ob er das ist oder nicht, hängt von seiner Einstellung zu den Geringsten unter seinen Mitmenschen ab, seiner Liebe und Achtung, die er nicht nur äußerlich, sondern auch in seinem Denken und Handeln seinen Mitmenschen entgegenbringt. Es ist klar, daß damit in der Anschauung und im tatsächlichen Tun und Lassen eines solchen Menschen, der die Trennung überwinden will, alles fortfallen muß, was an solchen Einflüssen durch Rasse, Religion, Weltanschauung oder sonstigen Einrichtungen oder Privilegien entsteht. Nicht vergessen werden darf dabei noch die in den Köpfen vieler männlicher Menschen dominierende Vorstellung vom höheren Wert des Mannes. Er hüte sich zu meinen, es gäbe einen Geisteswert des Mannes und einen solchen der Frau. Bei relativ gleichem Alter und gleicher kosmischer Entwicklung der Seele seit der Ausgeburt aus dem Dunkel der Unbewußtheit, gibt es nur *einen* Geisteswert. Entläßt der selbstherrliche Mann die Wahnvorstellung seiner besseren Besonderheit nicht, so verursacht er die Umpolung seiner irdischen Wesenheit in einer zukünftigen Inkarnation und wird sich dann zwangsläufig durch Erfahrung holen müssen, was ihm bis dahin durch seine Arroganz entging.

Man strebe also danach, jede Art von Trennung zu überwinden, was nicht heißt, daß man deshalb nun eine große Verbrüderungsaktion betreiben muß. Der Eremit in der Wüste ist eventuell von seinen Mitmenschen weniger getrennt als ein Mensch, der täglich mit Hunderten seiner Mitmenschen zusammenkommt. Auf die Verbundenheit und auf die Liebe im Geiste kommt es an. Die Außenwelt kann täuschen – im Geiste ist die Wahrheit.»

Damit beendete Hereiam seine Rede. Der kreisende Lichtreflex über mir entschwand nun vollständig, und ich fand mich im dunklen Zimmer allein.

Lebensrichtlinien für diese und die jenseitige Welt

Eines Tages, es war am späten Abend, spürte ich wieder, daß ich nicht allein war. Ich sah Iream in weißem Gewand in mindestens zehn Meter Entfernung auf einem Sessel außerhalb meines Zimmers sitzen, etwa da, wo sich der Hof hinter dem Haus befand. Ich war an obskure Bilder gewöhnt und sah mehr das innere Bild mit Iream als das irdische mit der Zimmerwand, die mir schemenhaft und durchsichtig erschien. Ich setzte mich in einen Sessel und schaute zu Iream hinüber. Er schien nachdenklich – dann kreiste ein Licht über ihm, und nun merkte ich, daß Hereiam aus seiner Sphäre durch ihn zu mir in der Erdensphäre sprechen wollte. Später habe ich es aufgezeichnet. Alles, was er sagte, ist mir wie eingebrannt und unvergeßlich in Erinnerung geblieben:

«Wissen ist Macht! Das haben kluge Erdenmenschen in frühester Zeit erkannt. Wissen ist jedoch nicht nur Macht nach außen gegenüber den anderen, die diese Macht nicht besitzen, sondern auch der innere Mensch profitiert davon. Wissen gibt ebenso inneren Frieden, wenn dies Wissen groß genug ist, um zu sagen, woher der Mensch – kosmisch gesehen – kommt, warum er das teils recht schwierige Erdenleben absolviert und was ihn danach erwartet. Dieser Frieden kann dem Wissenden auch dann noch nützen, wenn es das Erwarten des Unausweichlichen ist. Kein Zustand ist von Ewigkeit. Der Wissende kennt die Abläufe und stellt sich – je nach Geistesgröße – darauf ein.

Kein Gott ist verantwortlich für unsere menschlichen Dummheiten, unsere eigensüchtigen Handlungs- und Denkweisen sowie für die Verbrechen unter uns. Der Gott, der jedes Haar, das von unserem Haupte fällt, kontrolliert, ist eine Erfindung der Schwächlinge, die zu keiner Selbstverantwortung fähig sind. Um dies zu erkennen, braucht der Mensch nur einen klaren, unvoreingenommenen Verstand.

Der Gott aller Welten und Galaxien des Universums gab uns den Verstand, damit wir ihn benutzen und nicht auf einen Weisen oder einen Unsichtbaren der vierten Dimension warten müssen. Wenn solches aber geschieht, so soll es eine Stärkung für diejenigen sein, die guten Willens sind. Erhöhte Verantwortung erlangen alle jene Menschen, deren Wissen zur Macht wurde, denn – und dies ist nicht allen Wissenden irdischer Weisheiten offenbar – Gedanken sind, gezielt angewandt, die größte Macht im ganzen Universum. Zwar wird auf Erden die Wirkung der üblen Gedanken erst offenbar, wenn Bomben fallen oder Raketen die irdische Luft durchheulen – aber Ursache für alles waren Gedanken. Ebenso haben gute Taten, die so selten sind, keinen anderen Anfang. Weltweit kann sich auf diese Weise wie ein Gewitter eine Katastrophe aufbauen, deren Herannahen zuerst allein in den offenbar gewordenen Gedanken bemerkbar wird, bis das erste Donnergrollen das neueste Schrecknis sichtbar werden läßt.

So aber erlangt auch der einzelne Mensch, ohne ein gewaltiger Präsident oder Potentat zu sein, in seinem Bereiche – Macht: Seine Gedanken entzünden im nächsten Mitmenschen Zuneigung, Haß oder Mißtrauen, je nachdem, was der erste Denker in sich trug. Man kann nicht sagen, daß der andere ein lieber Mensch sei – und denken, daß er ein Lump ist. Der andere wird öfter, als man gemeinhin glaubt, die Wahrheit spüren, auch wenn ersterer zu seinen giftigen Gedanken ein freundliches Gesicht zeigt. So entsteht ein sich weitender Kreis guter oder böser Kräfte. Jeder kann helfen und dazu beitragen, ein Sender guter Gedankenkräfte zu sein!

Man mag sich vorstellen, wieviele Denker es zuwege bringen, eine Kriegskatastrophe aufzubauen. Ist es ein einzelner, mit irdischer Macht ausgestatteter Demagoge, so braucht er nicht allzu viele, die seine Gedanken bejahen. Jedoch auch eine allgemeine den Menschen bedrängende Angst- oder Mißtrauenspsychose bringt es in entsprechend längerer Zeit fertig, was ein Diktator in seinem Machtwahnsinn schafft. Aber alle diese furchtbaren Kriegs- und Zerstörungsgedanken müssen in vielen Menschen Resonanz finden, ehe der kriegslüsterne Anführer es wagen kann, seine Vernichtungsbefehle zu geben. Dann kann sogar ein Mißverständnis, eine plötzliche Panik, zu einer solchen zerstörerischen Kriegsorgie führen.

Sollte nicht jedem denkenden Menschen klarwerden, daß, was durch zerstörerische Gedanken zerschmettert werden kann, ebenso durch Gedanken des ruhigen, sachlichen Überlegens, des Wollens von Frieden und Verständigung zumindest in seiner zerstörerischen Dynamik aufgehalten werden kann? Wenn tausend unvernünftige Menschen an Tod und Vernichtung denken, dann gibt es in der Psyche der mindestens gleichen Anzahl Menschen einen erheblichen Wirbel von Angst und Sorge. Wenn aber tausend vernünftige Menschen gezielt ihre Gedanken dagegensetzen, dann fällt es den Unvernünftigen bereits bedeutend schwerer, ihr Wollen anderen aufzuzwingen. Die telepathische Kraft solcher Gedanken stützt Zweifel an dem Widersacher. Jeder kann das im kleinsten Kreis, in unmittelbarer Umgebung oder in großer Gemeinschaft ausprobieren – besonders wenn er willens ist, den Friedensgedanken unter den Menschen zu fördern.

Man vergesse dabei nicht, daß wir alle von einem großen Vater-Mutter-Prinzip – Gott genannt – abstammen. Rufen wir dieses Prinzip zu Hilfe für unser Wollen, so haben wir außerdem eine Stütze, damit jene, die ihre zerstörerischen Gedanken direkt auf das Opfer richten, nicht aktiv werden können. Der Magier in seiner irdischen Vernichtungsmacht sendet seinen Haß unmittelbar ans Ziel. Der Dienende des Lichtes kennt die Grenzen seiner Macht und weiß um seine Möglichkeiten. Er bittet das Licht um Hilfe und unterstellt sich seinem Wollen.

Wir sind damit bei einem Teil des Problems angelangt, das die Ursache so mancher «Not» vieler Menschen ist, denn der Begriff dessen, was gut oder böse sei, ist nur allzu verschieden.

Es brauchte darüber nicht so verschiedene Auffassungen zu geben, wenn mehr Menschen als bisher sich dafür interessierten, woher wir im Urgrunde stammen und wohin wir auf unserem kosmischen Entwicklungsgang gehen. Wir Menschen könnten alle unseren Wegweiser im Universum kennenlernen. Das Koordinatenkreuz ist die graphische Darstellung unseres Falles aus der Urkraftnähe in die wiederholten Materieleben. Diese sind zugleich Rettung und Ermöglichung einer erneuten Bewußtseinserweiterung unserer Ichheit. Die vor jedem Menschen in seiner kosmischen Zukunft liegende erneute Annäherung und unendliche

Erweiterung seines Bewußtseins mündet schließlich in das Wesen der umfassenden Urkraft allen Seins ein.

Wer diese Kenntnis annimmt und den Aberglauben von der Einmaligkeit oder letztlichen Sinnlosigkeit irdischen Lebens abwirft, und wer erkennt, daß die vielfach angenommene Unwirklichkeit des jenseitigen Seins eine Schutzhaltung gegenüber den Freuden irdischen Lebens darstellt, der lernt einzusehen, welche Haltung er dem Problem von Gut und Böse gegenüber einnehmen muß. Vernünftiges Handeln bestimmt hier ebenso wie in irdischen Dingen – allerdings mit veränderten Zielen – das Verhalten.

Verpflichtungen sind für die Menschen so gut wie keine damit verbunden. Nur das Denken wird ein klein wenig korrigiert, einige Grade in Richtung Gemeinsamkeit, einige Grade in Richtung Gewaltlosigkeit und Verständnis für den Mitmenschen.

Ein wenig eigener guter Wille kann als gutes Beispiel gewaltige Wirkungen auf andere haben und eine Kettenreaktion des guten Willens hervorrufen.

Dies gilt für den kleinen Mann, die Frau, den alten wie den jungen Menschen ebenso wie für den Minister, den General, den Präsidenten. Keiner ist ausgenommen vom Weg auf dem Koordinatenkreuz der kosmischen Entwicklung, und keiner schlüpft ohne Arbeit an sich selbst vorbei an den Wächtern zu einem Himmel, wie er ihn sich wünscht. Keiner aber, auch wenn man von ihm sagt, daß er ein «Großer» gewesen sei und er ein Leben hatte, das ihn erfolgreich dünkt, kann hoffen, im Nichts zu ruhen und den Folgen seiner Taten zu entgehen. Er wird aufwachen müssen: die Hölle der ihn Hassenden oder der Himmel der ihn Liebenden wartet auf jeden. Die wägenden Kräfte des Guten und des Bösen entscheiden, wohin er gehört. Groß aber wird dort nur einer sein, der auch einen großen Geisteswert bewiesen hat, und dazu hat er auf der Erde Zeit gehabt, ganz gleich, ob er Straßenfeger oder Präsident gewesen ist.

Wer auf der Erde meint, er könne nur glauben, was er sehe – der möge bei seinen Thesen bleiben. Die Zeit wird ihn lehren, und im Kosmos gibt es viel Zeit für jene, die nicht lernen wollen. Schließlich werden sie einsehen, daß sie blind gewesen sind.

Jeder nach geistiger Wachheit, nach Erweiterung seines

Bewußtseins Strebende kann sich selbst Fragen stellen und sie entsprechend zu beantworten suchen.

Der Mensch lernt nicht, indem er seinen Trieben und Wünschen nachgibt. Hart stößt sich die Freiheit des einen an dem Freiheitsanspruch des anderen. Des einen Freiheit hört dort auf, wo die Freiheit des anderen nach vernünftigen Maßstäben anfängt. So sollte es unter allen gutwilligen Menschen sein, auch in der Erziehung der Kinder. Niemand lernt seine Grenzen kennen, ohne sich zuweilen dabei den Kopf zu stoßen – denn nur dadurch lernt er seine wirkliche Entwicklungsrichtung kennen.

Der Weg vom Dunkel zum Licht ist kein Sonnenweg – aber er führt ins Sonnenlicht kosmischer Befreiung.

Gäbe es ein echtes Miteinander der Menschen, so gäbe es viel weniger Probleme. Jedoch der Mensch ringt sich aus dem Dunkel beengten Bewußtseins empor. Hingabe an das Licht liegt dem weiblichen Wesen eher als dem Mann. Hingabe aber reißt gewaltig dahin, wo die anziehende Kraft wirkt. Ist diese Kraft lichtvoll, so geht es mit dem Wesen aufwärts. Ist diese Kraft dämonisch, so geht es in die dunkle Tiefe. Deshalb mahnen die verschiedenartigen irdischen Licht- und Schreckensbilder die Kräfte und Dinge zu prüfen, die von uns Hingabe fordern. Hingabe an die Urkraft, an Gott, wird von jeher gefordert.

Die Kirchen? Wie selten weiß noch jemand eine gute Antwort. Man zuckt die Schultern. Sie haben weitgehend versagt! Doch stürze niemand etwas um, für das er nicht etwas Besseres erstellen kann.

Die Räume der Kirchen sind allzeit gute Orte für Verinnerlichung und Meditation. Niemand braucht sich an unfähige Vertreter der Kirche zu halten, da er als Mensch mit Verstand wissen muß, daß man keine Schwarz-Weiß-Malerei treiben sollte und auch die unfähigsten Kirchenvertreter einst einen über alles fähigen Gründer hatten – und an diesen Lichtträger dürft und habt ihr euch zu halten.

Wir, die wir in der von euch oft «vierte Dimension» genannten Welt leben und wirken – ganz ähnlich und doch anders als ihr auf Erden –, sind nicht allwissende und erhabene Engel, nur weil wir für euch, ihr Lebenden in der dritten Dimension, unsichtbar sind. Wir können irren, wir haben Fehler, aber wir wissen mehr als ihr.

Unser Bewußtseinshorizont ist entsprechend jener Welt, der wir angehören, erheblich erweitert. Unsere Fehler sind nicht jene der primitiven Welten der dritten Dimension. Wie viele von euch Menschen der dritten Dimension schon von ihren unsichtbaren Freunden erfahren haben, gibt es auch nicht nur eine Welt der vierten Dimension, sondern ungeheuer viele, viel mehr als das Universum Welten der dritten Dimension hervorbrachte. Damit unterscheiden sich aber auch jene Welten und ihre Bewohner in ihrer Fortgeschrittenheit und ihrem Bewußtseinshorizont. Auch vieles andere ist damit verbunden, was jedoch jetzt hier nicht erklärt werden kann. Jedoch sei gesagt, daß innerhalb der vier-dimensionalen Welten den Bewohnern höherer Ordnung die Bewohner geringerer Ordnung ebensowenig sichtbar sind, wie die Bewohner der dreidimensionalen Erdenwelten jene der vierten Dimension nicht sehen können. Es ergibt sich daraus der euch Erdenmenschen wohl seltsam erscheinende Umstand, daß ein Bewohner der vierdimensionalen Welten höherer Ordnung unsichtbar einen solchen Bewohner geringerer Ordnung in geisti-ger Entwicklung anleitet, ebenso wie Menschen auf Erden von jenen der nichtirdischen Welten angeleitet werden können, wenn sie solchen Kontakt suchen. Ein weiterer Umstand ist, daß alle Bewohner höherer Welten sich jederzeit in weniger entwickelte Welten, unsichtbar oder auch sichtbar, begeben können; jedoch ist der Weg für die noch nicht ausreichend Entwickelten zu Welten höherer Ordnung versperrt, es sei denn, ein Bewohner solcher Welten nimmt sie unter seinem Schutz- und Kräfteschirm vorüber-gehend mit in eine solche höherentwickelte Welt. Daher die Erleb-nisse eurer bereits befähigteren Erdenmenschen, die oft die Ursa-che solcher Erkundungsreisen nicht wissen und ihren Begleiter, der meistens unsichtbar bleibt, auch nicht erkennen. Daß dies zuwei-len mit von uns ausgesuchten Menschen im Schlaf geschieht, ist vielen der Wahrheitssucher unter euch bekannt.

Dies ist ein kurzer Abriß über den Aufbau der Lebenswelten im Universum. Wer denken kann und seinen Verstand guten Willens benutzt, wird das Gesagte logisch finden. Nichts ist im Grunde leichter zu verstehen als die Wahrheit, die in sich logisch nach Ursache und Wirkung geschlossen ist. Die komplizierten Erklärungen für Leben, Werden und Vergehen, die manche eurer Wissenschaftler vertreten oder das sture Nichtsehenwollen offenkundiger Mißverhältnisse zwischen den Erscheinungen des Lebens auf der Erdenwelt und den Meinungen jener, die sich für Erklärungen zuständig halten, bringt die Menschheit der Wahrheit nicht näher. Doch auch wer einen großen Teil der Wahrheit im Universum kennt, ist nicht geschützt vor Fehlern und Stürzen, die seinen Geisteswert verdunkeln. Niemand verliere jedoch den Mut! Zu fallen ist keine Schande, aber zu faul, zu feige oder zu anmaßend zum Aufstehen, zum Neuanfang zu sein, das ist eine Schande. Jeder, der nach Erweiterung seines Bewußtseinshorizontes strebt, sollte, auch wenn er hundertmal Fehler begeht, zum hunderteinen Male wieder neu beginnen. Dies sei besonders allen denen gesagt, die Erkenntnis über die Ursache und den Sinn unseres Seins im All suchen.»

Natürlich ist nicht alles so gesagt worden, wie ich es später hier niedergeschrieben habe. Viele dieser Mitteilungen kamen wie eine Art Block auf mich zu, der eng zusammengepreßt alles enthielt, was ich in mein Bewußtsein aufnehmen sollte.

Es war oft wie eine Gravur in meine Seele oder wie ein einbrennender Strahl, und deshalb konnte ich vieles lange Zeit später aufschreiben. Wenn ich es tat, kam oft die Kraft, die es vermittelt hatte, wieder auf mich zu – verbunden mit heftiger seelischer Erschütterung. Dabei wurde kritisiert oder bestätigt. Mir wurde also deutlich zu verstehen gegeben, ob ich richtig oder falsch wiedergab.

Urvorgänge

Als ich einmal fragte, wie man sich den Schöpfungsvorgang vorstellen könne, bekam ich folgende Erklärung:

«Als sich die Urkraft aus der Einheit zur ersten Wahrnehmung in Spannung begab – da wurde Raum.

Der erste Konzentrationspunkt ruhte in sich selbst. Doch sofort begann ein Zweites das Erste zu umkreisen. Und es begann – Zeit.

Die geringst zu denkende Zeit verfloß und Myriaden Lichtpunkte umkreisten als Vielfaches das Erste. Das Erste erkannte sich im Vielfachen. Und es entstand der Wille, sich im Unendlichen zu ermessen.

Somit war das Vielfache aus dem Ersten. Und im Unendlichen entstand – Bewußtsein.

Es expandierte Kraft in den Raum. Das Bewußtsein der Urkraft spiegelte sich in der Unterschiedlichkeit – und doch geschah dies alles im Bewußtsein der Urkraft selbst.»

Als umfassende Quintessenz wurde gegeben:

1.) «Alles was ist, kommt aus der Urkraft. Es gibt keine Kraft, keine Erscheinung, kein Bewußtsein – nichts, das nicht der Urkraft entstammt.

2.) Die Urkraft ist höchstes Bewußtsein. Alles entstehende Bewußtsein hat in der Urkraft seine letzte Ursache.

3.) Kein Bewußtsein kann je vergehen – denn es bestand vor seiner irdischen Wirksamkeit und wird, nach der letzten Wirkung in den Welten, von der Urkraft wieder aufgenommen.

4.) Alles Entstandene kehrt einstmals zurück in die Urkraft.»

«Das erste Ich – der Ersterschaffene – betrachtete die ihm gemäße Umgebung. Er war zufrieden und doch nicht glücklich. Er stellte seine eigene Person aus sich heraus. Er stellte imaginativ sein Bild vor sich hin – und gab ihm Leben.

Und er gab seinem lebendigen Bilde den Auftrag gleiches zu tun, wie er es tat.

Das lebendige, geschaffene Bild tat solches mit seiner Person und schuf weitere Bilder, gleich ihm selbst voller Leben, voller Denken, Ichempfindung und Freiheit im Wollen. – Weiter wurde der Auftrag gegeben zum Schaffen von neuen Ich-Zentren, von Umgebungen voll Schönheit und Zweckmäßigkeit. Die festgehaltenen Vorstellungen wurden dauernd, da kein Widerstand war – und für das Vorgestellte war es dauernd, da für dieses «Zeit» war. Die Zeit aber verfloß im Raum, der aus der Vorstellung war. Eingeordnet in Zeit und Raum war alles, was ablief.

Da Zeit und Raum aber imaginativen Vorstellungen des Erstgeschaffenen entspringen, so bleibt auch alles darinnen, gleich wie es sich bildet und unabhängig davon, was ein Wesen in seiner Getrenntheit und Nichtbewußtheit der ersterschaffenen Kraft sich vorstellt, tut oder denkt.

Aber schon der Ersterschaffene, da er eine Vorstellung, also eine Imagination der Urkraft ist, hat selbst keine Vorstellung von seinem Erschaffer. Die Urkraft hat das Bild des Ersterschaffenen aus ihrem Bewußtsein geschöpft und wurde zum Schöpfer des Begrenzten aus eigener Unbegrenztheit. Da das Begrenzte nie aus dem Unbegrenzten heraustreten kann, so vermag ein solches Begrenztes sich zwar infolge der eigenen Beschaffenheit ein Bild seiner Ursache, seines Schöpfers zu machen, das Unbegrenzte aber selbst nie wirklich zu erfassen.»

Auf eine Frage an Hereiam über die Möglichkeit des Verbleibens in den Jenseitssphären erhielt ich die Antwort:

«Dauernd kann nur jener dort existieren, der nicht in den Fehler von ‹einstmals› zurückfällt. Der Irrtum der ungezügelten Wunscherfüllung durch die im leibfreien Zustand wirksame Imagination darf nicht mehr begangen werden. Geschieht das doch, so setzt das durch den Ersterschaffenen eingesetzte Universalgesetz des Zwanges, zur Urkraft zurückzukehren, mit seiner Wirkung ein. Die undisziplinierte Seele verfällt dann in einen Erschöpfungsschlaf – und früher oder später träumt ein Embryo in einem irdischen Mutterleib – einem neuen Erdenkursus entgegen.»

Dabei kommt niemand um die Erfahrungen herum, die notwendig sind, um sich endgültig von den materiellen Welten lösen zu können. Was sind das nun für Erfahrungen?

Mir wurde von Hereiam und auch von anderen erklärt, es handle sich darum, alles Festhalten, alles Anhaften, alles Abhängigsein von Besitz, alles Habenwollen, alles Macht-aus-üben-Wollen im Sinne des Einflußnehmens auf Mitmenschen, ohne daß dazu ein wirklich zwingender Grund zwecks dringend notwendiger Hilfeleistung vorhanden ist – all das müsse der Anwärter auf Befreiung vom Weg durch die Materie fallen und ohne Bedauern zurücklassen können.

Auch unsere irdischen Begriffe von Ehre, Auszeichnung, selbst Dank und Anerkennung im Sinne des Höher-bewertet-Werden als die Mitwelt gehören dazu.

Niemand aber darf ohne Schaden das materielle Dasein etwa unterbewerten, als unwichtig ansehen. – Das jeweils gerade gelebte Leben – sei es in der Materie oder sei es in den Jenseitsbereichen – ist das bedeutendste und wichtigste Dasein für die geistige Entwicklung.

Es ist Unsinn zu glauben, nur im irdischen Dasein mache der Mensch für die geistige Entwicklung bedeutende Erfahrungen – und es ist ebenfalls Unsinn zu meinen, man komme in seiner Entwicklung ohne materielle Erfahrungen aus.

Man kann seine Entwicklung beschleunigen oder auch verzögern, umgehen kann sie niemand.

«Vielen mag immer die nächsthöhere Stufe wichtiger erscheinen als das Plateau, auf dem sie sich gerade befinden.

Ist es nicht im Grunde auch richtig so? Gäbe es überhaupt ein Streben, wenn man mit dem jeweiligen Zustand zufrieden wäre?

Diese Haltung kann jedoch auch Gefahren bergen. Man denke an einen Schüler, der sich nur die Aufgaben der nächsthöheren Klasse vor Augen führt – und die jetzt zu leistende Arbeit unterschätzt und vergißt. Er wird nicht eher in die höhere Klasse kommen – bis er die Unterstufe absolviert hat.»

Über Tod und Jenseits

Eines Tages fragte ich, wie es eigentlich sei, wenn man stirbt. Hier auf der Materiewelt wird man geboren, hat aber kein Bewußtsein seiner Person und keine Erinnerung. Und wenn man drüben ankommt? Sinngemäß sagte mir Iream:

«Es ist wie das An- und Ausziehen einer Maske!» –

Iream sagte oft etwas, was witzig oder ironisch klang und wie man sich hier auf Erden die Denkweise eines erhabenen Geistes kaum vorstellt.

«Der auf der Erde verabschiedete Mensch», so sagte Iream, «ist nach dem sogenannten Tod genau dort, wo er hergekommen ist – oder anders gesagt, in dem Zustand, aus dem er kam, mit ein klein wenig Zustandsverbesserung, falls er sich im Erdenleben um die Entwicklung seines Geisteswertes bemüht hat. Er kann sich an das Erdenleben voll erinnern. – Er hatte für dieses Leben in der Materie, das auf den Geist wie das Eintauchen in einen unangenehmen neuen Zustand wirkt, eine Art ‹Taucheranzug› erhalten. Hat dieser Taucheranzug seine Dienste getan, so kommt der Geist wieder zurück in den normalen Zustand seines Lebens und in die Sphäre, die seinem Geisteswert entspricht. Er kann sich hier dann überlegen, was für den eigenen Geisteswert nun weiter zu tun sei.»

Schließlich fragte ich, ob etwas daran sei, was ich einmal in einer Zeitschrift von einem spiritistischen Medium gelesen hatte: Das Medium hatte behauptet, daß die durch eine Atombombe getöteten Menschen die endgültig Toten seien, also kein nachtodliches Dasein hätten.

Ich sah bei dieser Frage Iream nicht, sondern hörte ihn nur, hatte aber den Eindruck, als ob er sich über eine solche Frage vom Erdenplan reichlich amüsierte und sie auch anderen «drüben» weitergab, die sich darüber ausließen, wie unwissend doch die Menschheit sei. Schließlich erklärte Iream:

«Alles, was es im Universum gibt – Dinge, Wesen, Vorgänge –, kommt aus dem Willen und Gedankenbereich Gottes. Auch das von negativen Wesen geschaffene und verursachte Geschehen spielt sich letztlich im Bewußtsein Gottes, des Urgeistes, ab. –

Gott läßt im Laufe der Entwicklung das niedere, unvollkommenere durch das höhere Wesen ersetzen, aber niemals das Ihm nahestehende vollkommenere durch das Ihm ferne Negative aufheben oder vernichten. – Eine Atombombe kann das Materielle vernichten, aber niemals den Geist eines materiell ummantelten Menschen. Der Geist gehört nicht der materiellen Welt an. Wenn ihm die materielle Ummantelung weggerissen wird, dann findet er sich plötzlich auf der für ihn gültigen Geistesebene wieder. – Die Atombombe kann auf dieser Ebene nicht einmal ein Blatt eines Baumes bewegen – sie ist nicht mehr als ein lauer Säuselwind auf eurer Erde.»

Iream sagte mir, dies sei ausdrücklich zur Weitergabe auf der Erde bestimmt. Gegenteilige Behauptungen stammten von unwissenden oder bösartigen Geistern und auch aus den Gedanken wichtigtuerischer und geltungssüchtiger Menschen.

Über die Dualseele

«Frauen können sich nie zur höchsten Erkenntnisfähigkeit entwikkeln – sie müssen sich erst als Mann inkarnieren können, um das zu erreichen. – Und der Beweis», so sagte der Sprecher überzeugt, «es hat noch nie einen weiblichen Buddha gegeben!»

Der Kreis, in dem die obige Äußerung mit Nachdruck vertreten wurde, bestand aus einigen älteren und wenigen jüngeren Männern, bei denen ich freundlicherweise als lernbegieriger und angehender Esoteriker zugelassen war.

Noch am gleichen Abend bat ich Iream auf die erwähnte Frage um eine Antwort. Diese fiel folgendermaßen aus: «Wie Dir schon einmal gesagt wurde, gibt es keine Geisteswertkurve des Mannes oder der Frau. Es gibt nur eine Geisteswertkurve des – Menschen; eine Dynamik, die letztlich zur Vereinigung aller Aktivität in der Urkraft führt. Gewiß ist die Frau nicht in dem Maße wie der Mann an den logischen Denkprozessen beteiligt, die in Vergangenheit und Gegenwart zu glücklichen wie auch zu unglücklichen Ergebnissen auf dem Erdenplan führten. Vom kosmischen Standpunkt aus gesehen ist das aber kein Nachteil. Das in Intellektualismus ausartende Denken, das dem Mann eher als der Frau liegt, ist ein Nachteil für den geistigen Fortschritt.

Hingabefähigkeit und Erschauen einer Sache, eines Zusammenhanges, ohne tüftelnde Kritik, dürften den Weg zurück zur Urkraft eher beschleunigen als eine Denkweise, die sich selbst Hürden aufbaut, die nur in langen zeitlichen Prozessen zu überwinden sind.

Ein Wesen, das immer wieder als Frau über diesen Planeten wandert, kann viel eher die Wiederkehr in die zwingende Materie abbrechen und sich in kosmischen Bereichen weiterentwickeln als der sich immer wieder Denkhindernisse schaffende Mann. Die Frau kann damit früher in kosmisch nicht-materielle Bereiche übergehen, als es der Mann infolge seiner mangelnden Hingabefähigkeit vermag. Genauer gesagt: Die dem Manne vergleichbaren

Intellektuellen unter den Frauen, die von der lobenden Männlichkeit gern als Intelligenzbestien bezeichnet werden, gehen gemeinsam mit ihnen den längeren Erdenweg bis zum Übergang in kosmische Entwicklungsbahnen. Die Frauen aber, die hier solche Eigenarten nicht entwickelt haben, jedoch in kosmisch-geistiger Hinsicht dem Manne gleich sind, finden wir dann bereits in den sogenannten Himmelsphären.

Damit dürfte auch ein Esoteriker der eingangs beschriebenen Sparte sich denken können – wo er einen weiblichen Buddha finden würde!!»

Wir Menschen haben auf dem Gebiete des «Glaubens» und des spirituellen Denkens so manche Begriffe entwickelt, die oft allzumenschlichen Meinungen, Wünschen oder Ängsten entspringen. So fragte ich meine jenseitigen Betreuer auch einmal, ob es stimme, daß es – Dualseelen – gebe.

Die Antwort war kurz und knapp:

«Wir sind im Grunde alle Dualseelen; es liegt an uns selbst, wie ähnlich wir uns werden wollen und können.»

Diese Meinung ist wohl aus dem recht naiv scheinenden Glauben entstanden, daß Gott die Seelen einst in einen männlichen und in einen weiblichen Teil schied, die sich nun durch die Zeiten hindurch unentwegt suchen.

Es mag mancher seine Ansicht darin bestätigt sehen, wenn er bei manchen Ehepaaren das Glück seltener Übereinstimmung sieht oder selbst erlebt. Es ist aber sicher, daß bei einer Milliardenzahl auf der Erde lebender Menschen sich gewiß viele in ihrem Wesen sehr ähneln müssen. Nur das Problem des Sich-Findens dürfte nicht für alle gelöst werden können.

Es gibt auch noch den Glauben an Führung, worunter die weitgehend Verantwortung Scheuenden verstehen, daß man selbst eigentlich nichts zu tun und auch nichts zu denken brauche, um seine Probleme zu lösen. Gott lenkt – sagt man dann –, und Gott soll natürlich auch die volle Verantwortung tragen. So entstehen die Verzweiflungsschreie, wie Gott auf der Erde Krieg, Mord, Krankheit und anderes zulassen könne. Atheisten begründen damit zuweilen ihre Einstellung zum Überirdischen: «Gott! Du offenbarst Dich nicht, wie ich es wünsche – und deshalb glaube ich nicht an Dich!!»

Ich glaube nun keineswegs, daß solch ein Ungläubiger ein Höllenaspirant ist. «Drüben» angekommen wird er seinen Irrtum einsehen, erlebt jedoch gewiß einen Zeitverzug in seiner geistigen Vervollkommnung. Es stellt sich allerdings die Frage, ob nicht jeder Mensch in seinen vielen Wiederinkarnationen einen solchen Fehler macht. Man sollte also vermeiden, einen Ungläubigen deshalb zu verurteilen.

«Führung» wird ganz gewiß sehr vielen Menschen zuteil – nur nicht in der Art und Weise, wie *wir* uns das wünschen. Es sind nicht immer göttliche Engel, die uns an die Hand nehmen oder ins Gewissen reden, aber – wir haben Freunde in der Jenseitswelt: Freunde, die uns aus früheren Inkarnationen kennen und die uns in manchen Situationen helfen können, wenn wir das wollen. Aber nicht immer wollen wir das, was für uns gut wäre.

Das «Bild» des Menschen

Es war Herbst geworden, und ich fuhr allein zu dem von mir häufig besuchten Laacher See. Heute lag tiefer Sonntagsfrieden über dem in der Sonne leuchtenden See und der ganzen Umgebung. Ich fuhr bis an das Ufer und setzte mich in einen Klappsessel dicht an das Wasser. Die Sonne spiegelte sich in strahlendem Glanz in den schimmernden Wellen.

Auf einmal kam zu dieser Lichtwirkung ein noch stärkerer Glanz hinzu – und da wußte ich, daß ich nur in der physischen Welt allein war.

Wie merkwürdig es so zwischen Menschen ist, die zusammen sitzen und schweigen. Immer fühlt sich einer verpflichtet, doch noch etwas zu sagen.

Schließlich meinte ich das auch tun zu müssen, und da ich immer Fragen mit mir herumtrage, so fragte ich – nicht laut, sondern im Geiste:

«Wie mag es wohl möglich sein, daß Heilige über dieses Wasser gehen können?»

Die Antwort – eine gar nicht erwartete längere Abhandlung – schrieb ich sofort nieder, da ich für solche Fälle immer ausreichend Schreibzeug mit mir führe.

Und Hereiam diktierte:

«Der Geist Gottes formte einst das Bild des Menschen. In Liebe sollten sie sich begegnen können. Die Form eines sichtbaren Körpers war dazu unerläßlich. Jede Begegnung, jedes Wahrnehmen braucht Form. Der Geist Gottes schuf nicht Abhängigkeit, sondern Unabhängigkeit, und so war jede Form im Ursprung unabhängig von anderen Formen.

Würde dieser Zustand auf die Erdenwelt übertragen, so würden wir seltsame Dinge erleben. Der Mensch, der auf der Landstraße ginge und dem es nicht gefiele nun weiterzugehen, da er sich unabhängig von der Ding-Welt fühlte, könnte sich vom Boden erheben und bequem seines Weges dahinschweben. Er könnte ebensogut in einen See eintauchen und wieder auftauchen, ohne daß seine Kleider durchnäßt würden. Denn der See und alles, was ist, ist ein Urbild seiner selbst. Nichts vermischt sich in Abhängigkeit von physikalischen Gesetzen mit dem Erscheinungsbild eines anderen Dinges. Der Baum an der Landstraße und die Blumen auf der Wiese blieben so schön wie geschaffen. Kein Altern könnte sie befallen, nichts könnte das Urbild des Schöpfungszustandes stören.

So könnten die Formen, die Urbilder der Dinge und Wesen wohl in Harmonie zusammenwirken. Alles aber wäre in Unabhängigkeit voneinander das Bild seiner selbst und getrennt vom Einfluß der anderen Wesen oder Dinge – wenn es das wollte.

Es ist leicht einzusehen – das wäre ein paradiesischer Zustand. Keine Gewalt könnte ausgeübt werden, die das andere Wesen nicht wollte, denn es wäre unabhängig und könnte sich sofort entziehen. Keine Krankheit und nichts Zerstörendes hätte Wirkung, da alles das Bild seiner selbst wäre, und nichts vermöchte andere Dinge zu durchdringen und mit seinem Bild zu verfälschen.

Auf der Erde ist dies aber nicht so.

Wesen und Dinge sind durchdrungen, umgeben, von überall her beeinflußt und bedroht. Selbst in den Körpern rumort es von hundert bis tausenderlei Wirkungen, von biologischen Gesetzen und von Wesen, z.B. in Gestalt von Mikroben. Gesundheit und Krankheit ist nicht mehr die Auswirkung des Bildes vom Wesen, das wir sind, sondern das Ergebnis von unendlich vielen Reaktionen des «Wirbels», in dem wir uns befinden und den wir Leben nennen.

Warum das alles so ist? Der dumpf im Leben Befangene weiß es nicht. Der Mensch, der die Erscheinung der Welt kritisch betrachtet, kann es ahnen, wenn er guten Willens ist. Wie aber stellt sich das Urbild des Menschen dem Wissenden dar?

Das Bild des Menschen, einst hervorgegangen aus dem Urgeist oder Urkraftzentrum, das wir Gott nennen, war und ist auch noch heute ein selbstschöpferisches Wesen. Wir brauchen uns nur umzusehen und sehen genügend Schöpfungen, die uns allerdings oft in Furcht und Schrecken versetzen. Diese dienen jedoch auch unserem Weg, dereinst das wahre Bild unserer wirklichen Wesensart wiederherzustellen.

Die Unabhängigkeit der Bilder, der Dinge und Wesen ist aufgehoben – zu unserer notwendigen Belehrung!

Einst war es ganz anders.

Dann verfielen zuerst wenige, dann immer mehr dem Drang haltloser Betätigung des selbstschöpferischen Willens. Das Ergebnis waren Myriaden geschaffener Wesen, die immer weniger dem Bild selbstschöpferisch beabsichtigter Projektionen des Gottesgeistes entsprachen. Das war den einstmaligen Menschenurbildern ebensowenig von Vorteil, wie Sinnlosigkeiten auch auf unserer Erdenlaufbahn nicht der Freude und Selbstvervollkommnung dienen.

Es vergingen Äonen, und in diesen Zeiträumen erstarrten die Menschenurbilder in der Anschauung ihrer geschaffenen Sinnlosigkeiten zu tatenlosen Masken.

Die Urkraft selbst griff nun ein. – Das Gesetz von Ursache und Wirkung weckte mit flammendem Blitz die Wesen aller Formen aus ihrer Lethargie.

Von nun an wurde hart belehrt, wer vom Weg des Willens der Urkraft abgekommen war.

Die Welten im All glühten auf. Nichts war mehr unabhängig – alles, bis zum Letzten, war der Kausalität unterworfen.

Wieder sind seit dieser Zeit neuen Anfangs Äonen vergangen. Viele Menschen haben gelernt und wissen, erwacht zu neuem Bewußtsein, die erhaltenen Belehrungen zu schätzen.

In Myriaden materieller Welten wurde der Weg in häufigen Wiederholungen und durch alle Formen hindurch von den Wesen gegangen, die sich jetzt als dem Gottgeist zugehörig erkennen.

Diese sehen sich selbst wieder als das, was sie einstmals waren und nun wieder sein wollen – ein Bild des wahren Menschen, herausgetreten aus dem Urbild – *Gott.* Sie wissen aber, daß sie, obwohl nicht in Gott vereint, doch nicht ohne ihn denken, handeln und von ihm unabhängig sein können.

Hat der Mensch auf der Erde genug Erfahrungen gesammelt, so

kann es bereits hier Augenblicke geben, in denen solch ein Mensch wieder ein Bild seiner selbst wird.

Er ist dann, wenn vielleicht auch nur für kurze Minuten, aus dem Gesetz der Kausalität entlassen. Er ist dann ein «Bild», das nicht von den Wirkungen der Dinge, Gesetze und eigenen Reaktionen abhängig ist.

Geschieht solches häufiger oder hat es gar bemerkbare dauernde Wirkung, so können wir die Seltsamkeiten erleben, daß solch ein Mensch von dem Gesetz der Anziehung des Erdballs nicht mehr abhängig ist. Das Wasser, über das er gehen will, trägt ihn. Das brennende Feuer verzehrt ihn nicht und tut ihm absolut nichts zuleide. Das Raubtier sieht in ihm keine Beute. Hunger und Durst finden in dem zum reinen Bild gewordenen Körper keinen Widerhall. Ja, es kann vorkommen, daß die Linse eines Photoapparates ihn nicht mehr sieht, obgleich das Menschenauge ihn noch wahrnimmt. – Das Bild des gottverbundenen Menschen ist Ausdruck der Urkraft geworden.

Unendlich groß ist das Potential der Steigerung zur Gottähnlichkeit. Es ist möglich, selbst über das Gesetz der Materienwelt hinauszuwachsen, da es auf ein «Bild» des Gottmenschen keine Wirkung hat. Krankheit und Tod sind nicht mehr wirksam. Der «Heilige», wie er nun genannt wird, besiegte sich und die Welt der Täuschung – er gewann Macht über sich und gehört nur – Gott!»

Soweit wurde mir diktiert.

Die Sonne strahlte an diesem Nachmittag herrlich schön auf den See, und dieser Anblick sorgte für eine gehobene Stimmung. Ich fragte nun, warum gerade *ich ausersehen sein sollte,* den Menschen mitzuteilen, wie der wirkliche kosmische Werdegang der Menschenseele aussieht. Ich habe Protokolle von spiritistischen Sitzungen gelesen, die so voller süßer Belobigungen eines Mediums oder eines bei der Sitzung Anwesenden waren – daß einem kritischen, wahrheitsliebenden Menschen die Augen übergehen.

Mir ist absolut klar, daß ein auf dieser Erde geborener Mensch, bis auf die wenigen Fälle, wo sich ein erhabener Geist inkarniert, den Erdengang für seine geistige Weiterentwicklung dringend nötig hat.

Welchen geistigen Wert wir wirklich und ohne Beschönigung haben, das erfahren wir überhaupt erst, wenn wir in der anderen Lebenswelt – nach dem irdischen Tode – wieder ankommen.

Aber *wissen* wollen wir es manchmal schon jetzt.

Die Gelegenheit erschien mir günstig – und so fragte ich. Die Antwort trug zur Festigung meiner Bescheidenheit wesentlich bei, und dieses Diktat will ich deshalb nicht der Vergessenheit anheimfallen lassen. (Herbst 1963, am Laacher See, Eifel)

Ich hatte den Eindruck, daß mir Hereiam mit durchdringendem, aber lächelndem Blick in die Seele schaute, als er sagte:

«Du bist nicht wesentlich und nicht wirklich sichtbar besser als all jene, die Dir Begleiter im Erdenleben und Zeitgenossen sind. Ja, mancher Deiner Mitmenschen ist Dir bei weitem überlegen – auch in der Liebe zu Gott und den geschaffenen Wesen. Was Dich des Vorzuges würdig macht, einer der Mittler des ewigen Geistes zu sein, ist etwas, was Dich weder im ungetrübten Blick Deiner eigenen Augen noch in der Kritik Deiner Mitwelt erhebt und Dir Grund gibt, Dich besser als Deine Mitmenschen zu dünken.

In Deiner Seele mischen sich primitive Züge der Sinnestriebe und der Lust nach deren Befriedigung mit dem hohen Bewußtsein der vergänglichen niederen Erdenhaftigkeit aller Gelüste. Du bist schwach, und Deine Physis zwingt Dich zum Genießen dessen, was Du als nicht genießenswert erkanntest. Du siehst das Licht Gottes und weißt um die Lächerlichkeit allen Strebens nach Macht, und doch giert der Erdengeist in Dir nach Bedeutung und wird mühevoll vom Intellekt in Schach gehalten, der um die Richtung des Weges zu Gott erfahren hat.

Keineswegs bist Du also «besser» als Deine Mitwelt. – «Anders» könnte man Dich nennen! Du bist primitiver, wo andere beherrscht sind und hast dies auch schon selbst erkannt. Du bist feinempfindlich und lichtaufgeschlossen, wo die beherrschten Intellektuellen der primitiven Dunkelheit des Nichtwissens huldigen oder sich ein Brett vor den Kopf gesetzt haben, um nicht sehen zu müssen. So laufen eure Intelligenzler, die ihr Kapazitäten des Wissens nennt, mit einem solchen Brett vor dem Kopfe herum, wie ihr es so treffend in eurer Sprache sagt. – Du aber bist nicht besser, sondern anders, hast auch ein Brett vor dem Kopf – aber eben ein anderes – und kommst bei weitem nicht schneller voran in der kosmischen Auskristallisation als jene, denen Du die kosmische Entwicklung des Menschengeistes mitteilen sollst.

Was Dich befähigt die Sonne des Weltengeistes zu sehen, ist etwas anderes, als Du manchmal gemeint hast. Es ist wie ein schmaler Kanal in die Höhe des Lichtes. Dieser Kanal öffnet sich immer dann, wenn jener andere Kanal, der zuweilen recht breit und weit ist und der zum Erdengeist führt, geschlossen ist. Es kommt auch darauf an, wohin der Blick Deiner Lüsternheit gelenkt ist: auf Lust und Sinnenwelt der Mitmenschen, die Deine niederen Wünsche entfachen oder, in besserer Erkenntnis, in Dir hemmen. Nicht umsonst haben eure Lehrer des Geistes immer betont, wie bedeutungsvoll der Umgang oder das Meiden des Umgangs mit Menschen ist, die dem Leben der Befriedigung frönen.

Es sei gleich die in Dir aufkeimende Frage beantwortet, warum nicht andere, besser entwickelte und Gott noch mehr zugewandte Menschen mit der Aufgabe betraut wurden, die Dir recht schwer erscheint. – Ganz einfach ist das. Jedem wird «seine» Aufgabe gegeben. Dir wurde die zu «Dir» passende aufgetragen. Der «Prediger» unter euch Menschen, der euch über einen Bereich der Schönheit der Gotteswelt belehrt und euch in zeitnahen Worten aufklärt, ist mit einer wohlklingenden Sprache, einer guten Ausdrucksweise begabt. Er ist vielleicht in vielen Dingen erfahrener und vollkommener als jemand, der über zeitferne Begebenheiten berichten soll.

Das letztere kann aber nur jemand ausführen, der mit der Gegenwart gar nicht so auf freundlichem Fuße steht. Viele Gründe mag es geben, die in der Tiefe der Seele eines also Beauftragten liegen, um gerade ihn solches tun zu lassen. Auch ein Abreagieren von Hast und Unmut über ein «Nicht-recht-fertig-Werden» mit dem Jetzt kann den Auftrag begründen, der den Ausführenden in Harmonie mit sich selbst und Gott bringt.»
Soweit dieses Diktat.

Inkarnation und Reifung der Seelen

«Viel mehr Menschen könnten die Wahrheit um unser Sein erfahren, wenn sie auf die innere Stimme achten würden, die dem Sucher nach Erkenntnis diese Wahrheit kündet. Es ist nicht erst die Erlaubnis durch einen Adepten oder Lenker irdischer oder geistiger Reiche notwendig, um die Geheimnisse der Schöpfung kundzutun. Von jeher trägt der Mensch die Antwort auf die Frage nach dem Woher, Weshalb und Wohin in der eigenen Brust, und von jeher gab es Weise – oder solche, die meinten, sie seien weise – die daraus ein Geheimnis machten. Nie hat Gott ein Geheimnis aus dem *Werden* der Vereinigung mit ihm gemacht.

Um aber nun nach so vielen unsicheren Darlegungen und falschen Auskünften aus der Menschen- und der Geisterwelt die Frage nach der Wiederkehr oder auch Nicht-Wiederkehr in das Erdenleben zu beantworten, sei Dir jetzt gesagt: «Du weißt und jeder könnte es wissen, daß Vergehen und Werden, daß jedes Aufhören und jeder Neubeginn ein Reifeprozeß ist. Reifung aber dient einem Ziel. Wer an die Sinnlosigkeit in den Vorgängen glaubt, die der Kraft des Ewigen unterstehen, wird so lange Sinnlosigkeit erleben, bis er zur besseren Einsicht gelangt.

Ein Wesen wie der Mensch wird also als Individualität nur dort existieren, wo er Reifung erleben kann. Kann er solches nur auf der Erde, so kehrt er dorthin zurück, auch wenn er schon Bewohner schönster Jenseitswelten war.

Du bist erstaunt, daß auch Bewohner solcher Welten keine rechte Auskunft wußten?

Viele Gründe kann es dafür geben. Der Hauptgrund aber dürfte sein, daß der Irrtum des denkenden Wesens steter Begleiter ist. Es ist gleich, ob sich dieses Wesen auf der untersten Stufe oder auf der obersten Sprosse der Leiter zur Gottvereinigung befindet.

Der Unterschied ist nur, daß nach oben die Irrtümer seltener werden. Auch gibt der wirklich Weise eher zu, auf bestimmten

235

Gebieten dem Nichtwissen ausgesetzt zu sein, was dem Ehrgeizling, der mühsam einige Stufen der Erkenntnis erstieg, bedeutend schwerer fällt.

Ein Grund für das Nichtwissen um die Wiederkehr kann aber auch Nichtinteresse sein. Es gibt Ungeheures zu erleben in den Lichtwelten höherer Ebenen. Oft geben sich die Bewohner dieser Welten völlig dem Weg zur Gottvereinigung hin. Wo bleibt da noch das Interesse an einem Weg zur dunklen Welt niederer Erfahrungen? – Man weiß es dann nicht genau, wenn Wesen aus dieser Welt danach fragen – denn man hat nichts mehr damit zu tun. Wenn die Dynamik der Reifung nicht nachläßt, kehrt ein Wesen der Lichtwelten auch nie mehr zur Erde zurück. Sehr gering ist nur noch das Interesse an einem Erleben, das einstmals Grundlage zu späterem Aufstieg war.

Reifung ist also das zwingende Ewigkeitsgesetz, dem alles unterliegt, was je geschaffen wurde. Dieses Gesetz bedingt ebensowohl Geburt wie Tod, Aufstieg wie Verfall, denn der geistige Kern ist die eigentliche Individualität, die die Vereinigung im Ewigen, das heißt in Gott sucht.

Mit Worten ist schwer zu beschreiben, was der willig auf der Erde reifende Geist erkennen kann, wenn er sich in stillen Stunden dem ewigen Gottprinzip zuwendet. Kein Befehl eines Meisters im Geiste, eines Mahatmas oder Erzengels hat ihm je verwehrt, Einblicke in Dinge zu bekommen, welche die Reifung der einzelnen Individualität zur großen Ewigkeitsgemeinschaft darstellen. Mögen auch geschriebene und gesprochene Weisungen und Behauptungen das einfältige Wesen beunruhigen, so ist auch dies als eine Art Reifung zugelassen – denn der Geist soll frei werden von den Banden, durch die er sich selbst gefesselt hat oder durch andere gefesselt wurde. Nur Widerstand gegen Fesseln macht endlich von diesen frei. So kann auch jeder Mensch und jeder Geist irgendwelcher Ebenen, wenn er sich nur entsprechend bemüht und eine bestimmte Entwicklungsstufe erlangt hat, Fragen beantwortet erhalten, die seine Reifung betreffen. Freiheit von allem, was die Empfängnisfähigkeit beschränken kann und das Einfließen der Wahrheit hindert, muß er unbedingt erstreben. Nur durch einen freien Kanal fließt das Wasser, und nur, wo die Bäume der Selbstgefälligkeit ihre Kronen nicht ausbreiten, erreicht das Sonnenlicht den fruchtbaren Boden.

So ist die Frage nach der Wiederkehr der menschlichen Seele und seines Geistprinzips in einen neuen irdischen Körper eigentlich recht leicht zu beantworten.

Es wurde schon durch manchen Weisen unter euch gesagt, und mancher, der nie öffentlich als Weiser erkannt wurde, wußte es genau, daß all jene wiederkehren, die sich selbst daran hinderten oder gehindert wurden, das Reifeziel der irdischen Ebene zu erreichen. Mag dies durch Mord oder Selbstmord, frühen Tod oder sonst eine Ursache geschehen sein, nie ist maßgeblich, was geschah, sondern es ist einzig ausschlaggebend, ob das Wesen in kurzer oder langer Lebenszeit ausreichende Reifung erlangt hat. – Es sei eindeutig gesagt: Jeder hat *seine* Reifung zu erreichen, aber jedes Menschenwesen hat mit *allen* anderen das *gemeinsame* Ziel endlicher Gottverwirklichung. Dies allein gibt den Ausschlag, in welchem Zustand ein Wesen fällt oder sich erhebt. Die Rückkehr zur Erde ist ein *Fall* für jenes Wesen, das die Kraft zur Gott-Verwirklichung noch nicht oder nicht mehr aufbringt. Es ist eine *Aufgabenerfüllung* für jene auf der Erde selten anzutreffenden Menschen, die hier aus Liebe zu der leidenden Menschheit eine schon mehrfach absolvierte Hilfsaktion erfüllen. Die Wiederkehr aber ist auch ein ersehntes Ziel für jene, die sich aus Mangel an Dynamik auf keinem anderen Plan entwickeln können.

Nun weiß aber jeder, daß die Kapazität des Verstandes für jeden Menschen eine Grenze hat. Entwicklung des Geistes ist vom Verstand abhängig. Es nützt in anderen Sphären nichts, den irdischen Verstand etwa als nutzlos und überflüssig anzusehen. Dies zu behaupten wird immer nur jenen überlassen bleiben, die keine Reife und nicht viel Verstand besitzen. Der Verstand kann ausgebildet werden, aber die Grenze seiner Aufnahmefähigkeit und damit die geistige Entwicklungsmöglichkeit sind nicht überschreitbar.

Nun nimm alle Deine Empfindungsfähigkeit zusammen und folge meinen Worten mit Deinem Verstand und Gefühl. –

Ebenso wie die Geist-Seele-Kapazitäten der Tiere – als Zeugnisse der ewigen Urkraft – die Partikel der sich wiederfindenden, geistigen Urkraftenergien Gottes sind und seit Beginn der Schöpfung zusammenfließend sich vereinigen – ebenso, wenn auch bedeutend bewußter, fließen Menschenenergien im Drange der Sehnsucht nach Vervollkommnung im göttlichen Licht zusammen, um *ein* Wesen höherer Bewußtheit zu bilden.

Nur der mangelhafte Verstand kann darin ein Erlöschen von Bewußtheit sehen, das Gegenteil ist der Fall! – Nie erlischt Bewußtheit bei der Entstehung höherer Bewußtseinskapazität durch Vereinigung. Die Erfahrungen in einem vereinigten Bewußtsein aber ergeben einen vergrößerten Radius der Erkenntnisfähigkeit und damit des Wissens und Könnens. Dies ist auf der Erde nicht anders als in den Himmelssphären.

Das neue, vollkommenere Wesen will nun neue Möglichkeiten erproben. Für eine bestimmte Entwicklungsstufe ist aber die Materie mit ihren vielseitigen Erfahrungsmöglichkeiten der beste Ausgangspunkt.

Nun dürfte schon klarer sein, warum die Bewohner der lichten Jenseitswelten oft sagen, sie hätten mit der Wiederkehr nichts zu tun. Sie haben damit auch nichts zu tun, weil sie es hinter sich haben. Denn viele Vereinigungen von Bewußtseinskapazitäten ergaben das Wesen, das jetzt eine noch stärkere Vereinigung mit Gott in lichten Höhen sucht. Die Erfahrungen niederer Art auf der Erdenwelt sind nicht mehr notwendig. Das Riesenheer derer aber, die bewußt oder unbewußt den Aufstieg zum göttlichen Licht suchen und unbestimmt fühlen, daß es den Weg gibt, denen jedoch noch das Wissen fehlt – diese sind es, welche die Millionenzahlen der Wiederkehrenden auf der Erdenwelt stellen.

Wie geht nun diese Vereinigung vor sich, und was ist die Folge?

Jeder Erdenmensch kennt den seelischen Zustand, irgendwann einmal eine Situation oder eine Aufgabe nicht mehr allein meistern zu können. Man ist mit seiner Kraft am Ende. Das Gefühl der Ohnmacht ergreift die Seele, und man weiß dann: Das schaffe ich nicht, die Aufgabe ist zu groß, das Ziel unerreichbar. – Es sei gleich gesagt: Jedes denkende Wesen kennt die Erschöpfung seiner seelisch-geistigen Kapazität, also auch der körperlose Mensch, der jenseitige Geist.

Was hilft in solchem Zustand? – Der seine Grenzen Erkennende schaut, wenn er noch ein bestimmtes Ziel verwirklichen will, nach Hilfe aus. Er findet sie in einem Mitmenschen, der mehr Wissen und Können, mehr Ausdauer besitzt oder der, wenn dies schon nicht der Fall ist, durch seine Gegenwart tröstend und stärkend wirkt. Auf der Erde wird man solche Menschen bald Freunde nennen. Es kann soweit kommen, daß der eine sich das Leben ohne den anderen nicht mehr vorstellen kann. Bei Ehepaaren sollte es immer dazu kommen, und es ist dies oft der Fall, aber leider nicht die Regel.

Ganz ähnlich spielt sich solches Geschehen in den nicht-irdischen Welten ab. Hier aber tritt noch etwas hinzu, was durch das Fehlen der irdischen Materie bedingt ist.

Zwei Wesen, die sich zutiefst lieben und verehren, können buchstäblich ineinander übergehen. Schon auf der Erdenwelt erlebt sich oft der eine Mensch im anderen, aber im Sinne der Empfindung, des Gefühls und der Gedankenannäherung. Ehepartner empfinden oft wie *ein* Wesen und Freunde manchmal wie zwei Seelen und *ein* Gedanke.

Wieviel eindrucksvoller ist nun solches Seelengeschehen ohne den hemmenden irdischen Körper. Durchaus bekannt ist, daß in den lichten Geistwelten die Vereinigung zwischen Mann und Weib eine wirkliche Vereinigung der Körper ist und daß vorübergehend – nicht nur sinngemäß, sondern tatsächlich – zwei Liebende als ein Körper in Erscheinung treten können.

Mit Schrecken mag der verständnislose, den geistigen Wahrheiten ablehnend gegenüberstehende Erdenmensch meinen, daß nun die Individualität, das einzelne Ich gefährdet oder gar erloschen sei. – Er frage sich aber einmal selbst, falls er es je tief erlebt hat, ob er sich erloschen oder in seiner Existenz gefährdet gefühlt hat, als er seinen Partner richtig aus tiefstem Herzen liebte –.

Ein Individuum gibt sich nie auf, wenn es sich mit einem anderen vereint!

Geist gewinnt umso mehr Ich-Bewußtheit, je mehr in der Vereinigung zusammenfließt.

Nun läßt sich der Skeptiker dies vorübergehend ganz gern gefallen. Die besorgte Frage aber wird lauten: Wie kann das ohne Schaden ein Dauerzustand sein?

Der kluge, intellektuelle Individualist wird seine Frage für sehr angebracht halten. Er sei aber nun gefragt: Wann warst Du je in Deinem irdischen Leben glücklich? War das Glück, falls Du es je erlebtest, nicht dann wirklich vollkommen, als Du Dich an irgend etwas – verloren hattest? War nicht die Selbstaufgabe an eine Idee, ein Werk, eine Liebe – das Glück? War es nicht die Hingabe an etwas, das Du nicht selbst warst? Vielleicht die weitgehende Aufgabe Deines Ich an etwas außer Dir?

Gewiß! Das Glück der Befriedigung der Wünsche ist ein typisch irdisches Glück. Jetzt ist aber ein Glück gemeint, das tief in der Seele glücklich macht und das nicht Befriedigung eines Triebes ist und nur nehmen will, sondern echtes Glück, das nur gibt – und damit den Gegenwert Glück erhält. Ganz selten gibt es dieses Glück im Leben eines Menschen. Zumeist kann man die Glücksmomente solcher Art an den Fingern einer Hand abzählen. Was ist es da verwunderlich, daß Menschen in zerstörerischem Irrtum nach Narkotika greifen, um Glück im Selbstvergessen zu suchen!

Aha, also doch Selbstaufgabe, wird der Skeptiker argwöhnen und an Individualitätsvernichtung denken. Das Glücksempfinden engsten Miteinanders wäre ihm noch annehmbar, aber das Glück des «Ineinanders» erscheint ihm zumindest höchst beängstigend. Nicht unwesentlich haben mangelhafte und falsche Darstellungen berufener und unberufener Schreiber und solcher, die sich geistige Lehrerschaft anmaßen, an dieser Beängstigung mitgewirkt. Kaum einer der geängstigten Individualisten – und das sind die allermeisten – ist daher imstande, sich in das Wesen des «Ich» und damit auch in das Wesen des göttlichen «Seins»« hineinzufühlen und hineinzudenken.

Sehr bald wäre erfaßt, daß ein gewohntes Nebeneinander allzuoft die Quelle unglücklicher Vereinsamung ist.

Der Irrtum der von der Urkraft trennenden, totalen Individualisierung gab als Sündenfall einst Anlaß zur heutigen Schöpfung.

Gott zieht die von ihm getrennten Wesen durch das Ineinandergehen ihrer Gefühle, Gedanken und schließlich auch ihrer Erscheinungsform wieder an sich. Aus der Entfernung vom Glück durch die Vielheit wird wieder das Einströmen des Glückes für jedes Wesen, das zur Einheit strebt.

Möge der furchtsam argwöhnende Skeptiker sein Empfinden und innerstes Seelengefühl aktivieren, um das unsagbare Glück der Vereinigung im Streben zur Gottvereinigung in sich zu erfassen. Je nach Reife der zur Einigung strebenden nichtirdischen Wesen vergeht kurze oder lange Zeit, ehe ihre Einheit vollkommen ist. Ist jedes der Einsgewordenen des Nebeneinanders müde, so wird auch keine Trennung mehr gewünscht, und die gewordene neue Form empfindet, fühlt und denkt in glücklicher Gemeinsamkeit. Ja! die Gesamtwesenheit erscheint bildlich in dem Aussehen der Wesen, die sich miteinander vereinigt haben. Ein Mensch der irdischen Vergangenheit, der vor Jahrtausenden über die Erde wandelte, könnte sich auch heute noch irdischen Augen manifestieren, obgleich er vielleicht schon längst zu einem Wesen vereinigt ist, das sich infolge seiner Vollkommenheit als erhabener Weiser oder Adept zu zeigen vermag. So kann also ein Mensch von damals auch heute noch ebenso sichtbar werden, obwohl er, falls er Vollkommenheit suchte, heute schon weit über den geistigen Stand der damaligen Entwicklung hinaus ist.

Nun ist bei all diesen Betrachtungen die Frage der Wiederkehr noch nicht völlig beantwortet. Wenn eine Einheit zweier Wesen oder sogar deren mehrerer nun in ihrer erhöhten Bewußtseinskapazität sich in ihrer vermehrten Wirkungsmöglichkeit betrachtet, dann treten neue Zukunftsaussichten auf. Die vereinigte Wesenheit empfindet den Drang zur Vervollkommnung stärker. Es ist dies nur durch Betätigung der gewonnenen neuen Kräfte möglich. Je nachdem Interessenrichtungen oder Fähigkeiten als Gesamtveranlagung der in sich geeinten Wesen vorhanden sind, je nachdem wird ein neues Feld der Betätigung gesucht. Hat das Wesen einen starken Drang zum Missionieren – dann hält es seine Wiederinkarnation auf der Erde vielleicht für zweckmäßig.

Nicht unbekannt ist euch Erdenmenschen die oft seltsam unangenehme Feststellung, daß zwei Seelen in einer Brust zu wohnen scheinen. Widerstreit der Gefühle beunruhigen dann das Herz, und der Kopfverstand weiß diese Uneinheitlichkeit nicht zu fassen. Es mag nicht ausgeschlossen sein, daß sich hierin zuweilen ein letzter Mangel an Einheitlichkeit der zusammengeflossenen Wesen bemerkbar macht. Die irdische Notwendigkeit zur Willensanspannung wird dies einmal ausgleichen, und vielleicht gab die Notwendigkeit, dies zu lernen, den letzten Anstoß für die Wiederankunft auf der Erdenwelt.

Nun könnte sich wieder der Skeptiker melden und sagen, daß von höherer Wesensordnung der sich im Widerstreit der Gefühle durch das Leben Kämpfenden nicht viel zu spüren sei. – Gar so unrecht hat der Skeptiker mit seiner Beobachtung nicht. Doch sei hier gesagt: Weit und entsprechend tief klafft die Auffassung irdischen Denkens auseinander über die Tatsächlichkeiten, die in nichtirdischen Sphären Licht oder Finsternis schaffen. Mancher hier auf der Erde hochangesehene Mensch hat drüben als Jenseitiger keine Bedeutung, und mancher hier mühsam durch die Lebenszeit dahinvegetierende, armselige Wicht wird drüben seine einstigen Verächter beschämen. Es gibt auch noch andere Gründe für die anscheinend minder wertvolle geistige Verfassung solcher der Erde Wiedergegebener.

Außer den Seelengruppen, die von manchen geistigen Lehrern erwähnt wurden, nämlich den früh Verstorbenen, den Selbstmördern, die sich an ausreichender Erfahrung hinderten, und den vitalen Erdenliebhabern, gibt es auch zusammengeflossene Seelen recht niederer Sphären. Es waren dies die weichlichen, harmlosen, zu keiner Eigeninitiative fähigen, aber gutartigen Wesen. Die Leiter und Missionare der Jenseitswelten fügen im Auftrage ihrer Oberen der lichten Welten solche Seelen zusammen, wenn es deren Liebewillen ersehnt. Ist auch dies nicht möglich, weil keine ausreichende Bewußtheit aufzukommen vermag, so geschieht es nach ewigen Gesetzen automatisch durch das Wirken der hohen Lenker der Sphären. Es ist dies ein Vorgang, der seit Beginn der Schöpfung alle Energien aus dem Mineral- und Pflanzenreich über die niedere und hohe Tierwelt dem Bewußtseinsgrad einer Menschenseele zuführt.

Von Stufe zu Stufe nimmt so die Bewußtheit der erst seelisch schwachen und fast nur im Traumleben dahindämmernden Wesen zu. In immer wiederholten Vereinigungen sammelt sich Erfahrung und steigt die Ich-Bewußtheit. Mit zunehmender Bewußtheit stärkt sich der Wille zur Vervollkommnung. Nichts erlischt auf dem Wege. Aus dem Nebeneinander wird ein Miteinander. Aus der Liebe zueinander, nicht nur bei Mann und Weib, wird ein Ineinanderleben. Das führt in nichtirdischen Welten schließlich auch einmal zum erscheinungsmäßigen Ineinander-Übergehen der Identitäten. Daraus resultiert eine Wesensform mit höherer Bewußtheit und dem Erfahrungsschatz der bisher einzelnen, nunmehr vereinten Wesen.

Aber weiter führt der Entwicklungsgang, der keinen Halt kennt, bis die Einheit im göttlichen Prinzip erreicht ist. Wohl lernen auch Erdenwesen das Licht und den Frieden Gottes vorübergehend kennen. Die dauerhafte Verwirklichung ist jedoch erst nach langer Wanderung im Kosmos möglich.

Nun sei noch gleich eine Frage geklärt, um die sich oft die Köpfe kluger geistiger Sucher erhitzen. Es ist dies die Meinung, daß ein Mann auch einmal als Weib geboren werden könne oder umgekehrt.

Es ist bekannt, daß ein Mann auch einen Anteil weiblicher Potenzen in sich trägt und auch die weiblichste Frau einen Anteil männlicher Potenzen besitzt. Nicht anders ist es in den Welten, die nicht zur groben Materie gehören. Ein Wesen, das überwiegend männliche Potenzen entwickelt, wird als Mann und eines mit überwiegend weiblicher Potenz als Frau auf der Erde geboren werden.

Nun fließen aber im Sinne des Strebens zur Vervollkommnung vor allem die Seelen von Männern und Frauen zusammen und bilden eine dauernde Einheit. Es ist völlig klar, daß solch ein Wesen, falls es auf der Erde mehr Erfahrungen zu weiterer Vervollkommnung sucht, also wiedergeboren wird, das Geschlecht haben wird, das seinen überwiegenden Potenzen entspricht. Hatte der Mann einen großen Anteil weiblicher Potenzen und die Frau ebenso, dann wird das sich inkarnierende Wesen weiblich sein. Dominierte der Mann bereits und war die Frau männlich betont, so wird auf der Erde ein Mann geboren.

Schon mancher Sucher nach Wahrheit wurde auf diese Vorgänge dadurch aufmerksam, weil Erinnerungsbilder von einzelnen Personen auftauchten, die von einem Leben als Mann sowie als Frau während einer fast gleichen irdischen Zeit stammten. Man glaubte dann an Irrtum oder Einspiegelung fremder Bewußtseinsinhalte. Es kann dies aber durchaus der reale Erinnerungsinhalt zweier vereinigter Wesen sein.

So wechselt also das Geschlecht einer gleichbleibenden Individualität fast niemals. Es sei gesagt «fast», denn es gibt ein «sowohl als auch» in allen Daseinserscheinungen. Nimmt nämlich ein Wesen, das dynamisch immer wieder zur Erde drängt, als Mann unentwegt weibliche Wesensmomente auf, dann wird es auch einmal, nach vielen Inkarnationen, als weibliches Wesen wiederkehren. Ebenso ergeht es der Frau, die sich vermännlichte. Wurde aber der Weg höherer Ordnung bereits beschritten, so wird ein Wechsel des Geschlechts in der dargestellten Ursache begründet sein.

Nicht das Verdienst des «Ich» ist es, wenn unser Weg Schritt für Schritt aufwärts führt. Der Wille der ewigen Macht, die wir Gott nennen, wirkt auch in uns wie überall. Einmal vereint sich das gewordene «Ich» mit dem Bewußtsein, das, in allen Wesen umfassender werdend, sich schließlich als all-umfassend erkennt.

Die Frage, warum bei den ohnehin seltenen Möglichkeiten der Rückschau keine oder nur sehr wenige Erinnerungen an ein Jenseitsleben auftauchen, sei auch mit kurzer Betrachtung geklärt.

Eine Individualität trägt oft so viele Bilder der vergangenen Erdenleben ihres vereinigten «Ich» in sich, daß zwischen den tatsächlichen Lebensabläufen der einzelnen zusammengeflossenen Wesen zeitlich kein oder nur ein geringer Abstand bleibt. Die Erdenleben hinterlassen – infolge der drastischen Lernmöglichkeit auf dieser Welt – bedeutend stärkere Eindrücke als die Jenseitsexistenz. Es findet also eine Erinnerungsüberdeckung statt, die zur Auffassung führen kann, es habe kein bewußtes Jenseitsleben stattgefunden. Nun prägt sich Menschen mit wenig Eigenerlebnisfähigkeit ein Erleben mit geringen Zwangserscheinungen nur mäßig ein. So wird der Jenseitsaufenthalt besonders vom weniger Entwickelten erlebt. Es ist nicht verwunderlich, daß der Fortgeschrittene später bei einer Rückschaumöglichkeit glaubt, ein Jenseitsdasein gebe es erst für den höher entwickelten Geist. Allerdings ist das Jenseitsdasein einer mangelhaft entwickelten Individualität bis zur dann eintretenden Vereinigung mit anderen Individualitäten ziemlich bedeutungslos.

Wir sehen also, wie irrtümlich es sein kann zu der Meinung zu stehen, eine Wiederkehr gebe es unter allen Umständen oder aber es gebe sie nicht. Der Reifezustand ist maßgebend, und diese Reife wiederum ist sehr relativ zu verstehen. Eine Individualität der lichten Sphären kann in ihrer Umgebung sehr gereift und vollkommen wirken – und hat mit der Wiederkehr zur Erde nichts mehr zu tun. Einmal aber – vielleicht nach Jahrtausenden – ersehnt diese Individualität weitere Vollkommenheit. Es kann sein, daß sie – in Gemeinsamkeit mit anderen – Schüler einer nächsthöheren Lichtsphäre wird. Nun zeigt sich, daß noch weiteres gelernt und geübt werden muß. Die gemeinsame Liebe zu Gott vereint die sich seelisch nahegekommenen Schüler der Lichtwelt – und eines Tages wird auf der Erde ein hochentwickeltes Wesen, vielleicht ein Anwärter auf Meisterschaft geboren, der Licht in die Dunkelheit der Erdenwelt bringen soll.

Nicht immer sind es Lichtträger, viel häufiger sind es Menschen, die gar nichts Besonderes darstellen. Es sind Wesen, welche die Erfahrungen vieler Leben in sich vereinen. Wesen, die nun doch wieder etwas mit der Erdenwelt zu schaffen haben, um Anwartschaft auf weitere Vollkommenheitsgrade zu entwickeln, die, weit über alle irdischen Sphären hinaus, in die Lichtwelten des Kosmos führen.»

Hereiam schwieg, und es schien mir, daß die Erklärungen beendet seien. Doch eine Frage drängte sich in meinem Geist stark in den Vordergrund. Ich sah das Buch lebhaft vor mir, in dem vor wenigen Jahrzehnten ein weiser Geistlehrer niedergeschrieben hatte, er lebe hier auf der Erde und gleichzeitig in einer Lichtwelt hoher Geistsphären.

Mir war das Wunder der Bilokation bekannt. Die Behauptungen des sehr bekannten Geistlehrers gingen mir aber über den Verstand.

Hereiam fuhr jetzt wieder in seiner Rede fort:

«Du hast auch von einem der berühmten Ärzte gelesen, daß er, wandernd außerhalb seines Körpers in den Jenseitswelten, sich selbst in einer blumengeschmückten Kapelle in tiefer Meditation sitzend gesehen habe. – Was ist schon eure geliebte Ich-Individualität? Eine Trennung vom ewigen Gott-Geist, der all-umfassend und ewig ist. Der getrennte individualisierte Gott-Funke aber sucht seit Schöpfungsbeginn Vereinigung. Diese Vereinigung geht seit Äonen über Teilvereinigungen willensstark gewordener Einzelwesen vor sich. Niemand hat Gott erlebt, der nicht zuvor die Gemeinsamkeit der Vereinigung unter seinesgleichen gesucht und gefunden hat.

Das äußere Erscheinungsbild der Menschen ist irdisch geprägt. Die Unterschiedlichkeit der Erdenwelt verliert ihre Wirkung, je höher die Wesen in die lichten Welten steigen. Wesen gleicher Geist-Interessen können sich schon auf der Erde auch äußerlich recht ähnlich werden. Es ist nicht erstaunlich, daß die Lichtwelt solche Wesen recht ähnlich gestaltet, die sich vorbereiten, eine Einheit nicht nur geistig, sondern auch erscheinungsmäßig zu werden.

Auch «drüben» ist eine völlige Übereinstimmung nicht leicht erreichbar. Es haben Vervollkommnung suchende Wesen Einheit in einer Form gesucht − und irdische Menschen würden sagen, daß es voll gelungen sei. Es ist in geistiger Dynamik, in Auffassung und Denkensart, in der Liebe zu Gott die gleiche Wesensart festzustellen. Und doch − es geht ein feiner Spannungsriß durch die Einheit. Es ist vorherrschend *ein* Gedanke, *ein* Wollen und Wünschen. Ja, es ist *eine einzige* Wesensgestalt möglich, die in völliger Freiheit und Selbstbestimmung ihr eigenes Schicksal formt und bei gewünschter Wiedergeburt auf der Erde auch dort zu formen vermag.

Was wird ein solches Wesen tun? − Es wird, um sich selbst zu fördern, und um den Gefahren der Erdenwanderung trotzen zu können, nur einen Teil seines Ich, das in den lichten Sphären gereift ist, zur Erde senden und somit in geistig-seelischer Gemeinsamkeit durch das Erdenleben wandern und zugleich in lichten Welten des Jenseits um den Erfolg dieser Wanderung bemüht sein.

Je nach erreichter Reife wird der für eine Lebenszeit der Erdenwelt übergebene Mensch bei nächtlicher Traumwanderung über eine Begegnung mit dem Ich-Anteil in den höheren Welten erschreckt, erstaunt oder beglückt sein. Nur den kosmisch

Erwachten ist Bewußtheit einer solchen Ich-Verfassung möglich. Die Welt bestaunt sie, beneidet sie – oder stellt sie als Lügner hin.

Halbwissen ist ein schwerer Stein auf dem Wege zur Vervollkommnung. Man kommt sich klug vor und achtet die Grenzen nicht. Halbwissende werden viele Gründe gegen die Vereinigung der Seelen vorbringen. Einige werden von der alten Formel des Verrats hoher Schöpfungsgeheimnisse reden. Andere werden von der Unvereinbarkeit mit dem Walten des Karmas sprechen, weil sie davon gerade nicht wissen, *wie* es wirklich waltet. Nur wenige werden zugeben, daß ihnen die Kenntnis der Zusammenhänge fehlt. Auch wird man darauf hinweisen, daß kein hoher Geistlehrer die hier gegebenen Erklärungen besonders betont hat. Einigen wird offensichtlich sein, daß dies in westlichen Bereichen der Erde auch nicht möglich war, da westliche Menschen die Ich-Betonung pflegen und zumeist große Angst empfinden, wenn es sich um den Vorgang des Zusammenfließens ins Einssein handelt. Der Verdacht auf Erlöschen der Ich-heit ist Grund genug, sich gegen eine solche Wahrheit zu wenden. Es wird sich jedoch auch mancher Mitmensch aus der Ungewißheit seines Denkens und Empfindens erlöst fühlen. Diese haben begriffen, daß hinter den Belehrungen, wie in der «Chymischen Hochzeit» oder in dem «Aufgehen im Christusprinzip», mehr zu suchen ist als nur ein vorübergehendes, unsagbares Glück des Ineinandergehens und eines sich als Einheit fühlenden Wesens.

Es ist nur natürlich, daß Denker und Dichter gerade das völlige Zusammenfließen der Seelenregungen zwischen Mann und Weib als Anlaß ihrer seligkeitspreisenden Aussprüche genommen haben. Ist es auch nur einige Herzschläge lang zum völligen Ineinanderaufgehen der Psyche von Liebenden gekommen und dieses klar empfunden worden, so ist das auf unserer Erde bereits eine Art Vorgeschmack des reinen unendlichen Glückes, das der Himmel den Vereinigten zu bieten hat. Ob diese Liebe sich auf ein Wesen des anderen Geschlechtes richtet, auf Eltern oder Geschwister der Erdenwanderung ist nicht von Bedeutung. Von Bedeutung ist allein, ob die reine Kraft des Strebens nach göttlicher Vollkommenheit, das Hervortreten des Christusprinzips aus uns, zum Glück des Zusammenstrebens der Seelen führt.

Jede Vereinigung sich miteinander identisch fühlender Seelen ist ein Schritt näher zur All-Einheit, zu Gott. Jede Seele, welche ihre Identität mit einer anderen geliebten Seele einmal empfand, wird sich mit dieser bald oder dereinst vereinigen können.

Unwichtig ist dabei, ob menschliche Vorstellungen ein Zusammenleben auf der irdischen Welt sanktioniert haben oder nicht. Ehen werden im Himmel geschlossen, wenn die Zeit der Reife für die sich vereinigenden Wesen gekommen ist. Das Gebaren auf der Welt irdischer Menschen hat nur dann Bedeutung, wenn damit das Innewerden echten Ineinanderseins der Seelen gefördert wird.»

Ich fühlte mich aufgefordert, weitere Fragen zu stellen, und so wollte ich eines Tages auch nicht mehr die Frage nach dem Verbleib der materiellen Welten unterdrücken – wenn dereinst ein Daseins-Zyklus beendet sei. Bereitwillig antwortete der strahlende Geist also:

«Das unscheinbarste Licht glimmt naturgemäß aus der Zeit der tiefsten Finsternis herüber, aus unserer kosmisch-geistig weitesten Entfernung von der Urkraft, die wir – Gott – nennen.

Die glühenden Gase, die nach dem Erkalten zunächst die Gesteinskörper der Materiewelten formten, waren der erste Ausdruck des Wirkens der Urkraft, die Halt geboten hatte, als die Wiederannäherung der gefallenen Wesen erfolgen sollte.

Mag uns auch der Gedanke erschrecken, daß wir – als Menschen warmen Blutes und hellen Geistes – in der harten Materie den gemeinsamen Ursprung unserer selbst sehen sollen, so dürfen wir doch folgendes nicht vergessen:

Wir wissen, daß es absolut nichts gibt, was nicht Projektion und Ausdruck der Imaginationsgewalt Gottes – der Urkraft – ist. Wir können uns denken, daß bereits das erste Wesen, das sich aus der Urkraft projizierte, Umgebung brauchte, sogar dann, wenn man sich dieses Wesen als selbstbewußten Leuchtpunkt im All vorstellt. Das letzte Wesen, das es dereinst irgendwann und irgendwo nach dem Aktionszyklus der Urkraft geben wird – auch das wird noch Umgebung benötigen.

Damit ist vorgegeben, als was wir die Gesteinswelt ansehen können. Nicht als unseren direkten Rückkehr-Ausgangspunkt für das animalische Dasein. Gesteinswelten, natürlich mit allem anderen Zubehör, gibt es entsprechend auch in den primären Sphären. Da sie wohl immer seit der Aktivität der Urkraft war und bis zuletzt sein wird, ist sie ein notwendiges Requisit; man könnte sagen, eine zusätzliche Emanation des Urkraftwillens, die zur Begleitung des Geisteswertes der Wesen ebenso notwendig ist wie die Körper als Gefäße der Ich-Kerne oder Seelen, die den Geisteswert entwickeln.

Das Ende eines Zyklus der Urkraft wird auch die Rücknahme dieser Projektion mit sich bringen, die Auflösung dieser Energieform in die «Einheit», aus der alles kam.»

Auf meine Frage über die Höherentwicklung der Tierseelen wurde geantwortet:

«Tiere haben, da sie dem Automatismus des Lebens mehr verhaftete Wesen als der Mensch sind, auch ohne ihren irdischen Körper ihre Rhythmen, die das gegengeschlechtliche Wesen suchen lassen. Nur findet dann in anderem Vollzug eine endgültige Hochzeit statt.

Das nun gebildete Wesen hat ein höheres Bewußtsein als der Rassendurchschnitt. Der Rhythmus, den die Urkraft gab, das «Näher-zum-Ziel», zwingt diese Tierseele zur Inkarnation in die Materienwelt.»

«Und wie kommt es zur Menschwerdung?» fragte ich dann mit recht gemischten Gefühlen.

Die umfassende Antwort schrieb ich dann folgendermaßen nieder:

«Irgendwann können sich Tierseelen nach dem Ende des irdischen Lebensganges nicht mehr vervollkommnen. Sie haben den Abschluß der Laufbahn jeglicher automatischen, unbewußten kosmischen Entwicklung erreicht. Doch der Rhythmus des kosmischen Befehls der Urkraft wirkt unentwegt weiter. Die vollkommenen Tierseelen drängen zueinander. Nicht mehr unter dem Zwang zur Erhaltung der Art! Nein! Das, was jetzt vor sich geht, ist ganz neuartig.

Ein seltsames Streben legt sich wie ein traumhaftes Bild über die Individuen ganz verschiedener Rassen zugleich. Es ist ein fremdes Bild, es läßt sie erstarren und dann auch wieder wie in wilder, ungezügelter Lust einander umkreisen, sich jagen und erhaschen.

Fieberndes, drängendes Streben treibt sie alle zueinander – ineinander – wie wirbelnder Nebel in einen kreisenden, turbulenten, sich verdichtenden Punkt.

Dann zieht sich das projizierte Bild – die Matrize – zurück. Lächelnd entfernt sich ungesehen ein Helfer auf kosmischem Weg, andere Arbeit gleicher Art im weiten Raume suchend.

Auf der irdischen Welt schwebt jedoch ein den irdischen Augen vorläufig noch zumeist unsichtbares Menschenbild dahin. Schwebt hierhin und dorthin, sucht sich einen Platz in der Natur, die ihm voll sichtbar ist.

Wälder und Berge, Büsche und Bäume interessieren diese Menschenbilder. Quellen, stille Täler, Seen und die Meere sind die vorläufigen Orte des Aufenthaltes. Die Natur gibt dem transparenten, hauchzarten Wesen Kraft und Frieden, den Menschen fliehen sie noch.

Manche sind schön wie die vollkommensten Bewohner der Erde. Manche scheinen nicht geraten, zeigen einen seltsamen Ausdruck und Bau ihrer Form, sind groß oder auch klein.

Mag es daher kommen, daß mit hellsichtigen Augen begabte Menschenkinder von Elementargeistern, Elfen und Feen redeten – und es heute noch tun.

Daher mögen wohl auch die Märchen und Sagen von Nymphen und Wassergeistern, Gnomen und Luftwesen stammen.

Unterschieden werden muß zwischen wirklichen Naturgeistern und den Gedankenerzeugnissen der Menschen. Es gibt viele aus Gedanken geschaffene Formen, die mitten unter wahren Naturgeistern als Erzeugnisse der Imagination existieren. Diese werden sich wieder auflösen: nur echte Naturgeister gehen den Weg des Gesetzes des Ewigen.

Wie dem auch sei, in einem irrten solche Berichtenden wohl zumeist alle. Sie sprachen solchen Erscheinungen die Seele ab, vielleicht weil die transphysischen Wesen es ihnen sagten oder weil man glaubte, daß es so sei.

Wie sollten die neu in das Menschenbild Geborenen auch wissen, ob man eine Seele hat – wenn man ja Seele ist?

So erklärt sich auch, weshalb man diesen Luft-, Wasser-, Baum- oder Erdgeistern ein Leben von begrenzter Dauer zuschrieb. Sie verschwanden eines Tages spurlos und man meinte, sie hätten sich in das einfache Element in dem sie lebten, dem man sie entstammt wähnte – wieder aufgelöst.

Verschwunden waren sie auch wirklich und werden es immer nach bestimmter Zeit sein.

Der Urkraftrhythmus ruft alles Geschaffene zu einer weiteren Aufgabe ab – und ein irdisches Kind geht zum ersten Mal den Weg in die materielle Welt.»

Das Ungewöhnlichste, was ein Mensch
je erfahren und beschreiben durfte

Robert A. Monroe
DER ZWEITE KÖRPER
Expeditionen jenseits der Schwelle.
Neue Forschungen und Erfahrungen
im Bereich des Unvorstellbaren
336 Seiten, mit Tabellen, gebunden
ISBN 3-7157-0097-1

Robert A. Monroe ist durch sein erstes Buch «Der Mann mit den zwei Leben»
weltweit bekannt geworden. Nach fünfzehn Jahren weiterer intensiver Forschungen und Experimente, an denen über 3000 Testpersonen mitwirkten, legt
er einen absolut neuartigen und bisher kaum vorstellbaren Erfahrungsbericht
vor, der alle bis heute bekannten Erkenntnisse und Aussagen über die jenseitigen
Welten an Genauigkeit und Glaubwürdigkeit weit übertrifft.

Monroe schildert zuerst ein revolutionäres Experiment zur Synchronisation
der rechten und linken Gehirnhemisphären (Hemi-Sync) und publiziert hier
zum ersten Mal die faszinierendsten Protokolle aus seinem Gateway-Pro-
gramm, wo gewöhnliche Testpersonen zu einem richtigen Sphärenerkundungs-
team ausgebildet wurden. Diese schildern oft einzigartige Begegnungen mit hei-
lenden Lichtwesen und berichten von rätselhaften neuen Welten und von bisher
unerschlossenen Bewußtseinszuständen. Sie bereiten den Leser vor auf das
Ungewöhnlichste, was jemals ein sterblicher Mensch erfahren und beschreiben
durfte.

Monroes eigene erstaunlichen, neuen Erfahrungsberichte bilden den Haupt-
teil dieses lange erwarteten Buches. Sie sind reichhaltig, tiefgründig, reif und
weise. Sein Bewußtsein durchdringt nunmehr Lichtjahre. An den äußersten
Grenzen eines übergreifenden Universums jenseits des Reichs der Materie
erfährt bzw. empfindet er die unaussprechliche Gegenwart und Berührung von
hohen geistigen Wesen, taucht in ihr Licht der Liebe, kommuniziert mit ihnen
wortlos und erlauscht von ihnen unergründliche Schöpfungsgeheimnisse. Es
gelingt ihm, diese beispiellose non-verbale Kommunikation in unsere menschliche Sprache zu übertragen: einfach, klar und wahr!

Was und wie es noch niemand zuvor aus eigenem Erleben beschreiben konnte,
wird hier fesselnd geschildert: die erstmalige Inkarnation eines jenseitigen
Wesens als ein Mensch. Monroe offenbart dem Leser dabei ungeahnte und kost-
bare Einzelheiten über den Zyklus einer menschlichen Existenz vor und nach
dem Leben – und jenseits des Todes. Seine tief menschlichen Schilderungen über
Herkunft, Erdenschicksal und Ziel einer jeden Menschenseele gehören zum
Beglückendsten und Ergreifendsten, was ein Buch heute zu bieten vermag.

Auf dem Weg zum wahren Sein –
jenseits von Tod und Zeugung

Ernst R. Waelti
DER DRITTE KREIS DES WISSENS
Außerkörperliche Erfahrungen –
eine Mystik der Naturwissenschaft
282 Seiten, mit zahlreichen Abbildungen
und 2 Farbtafeln, gebunden
ISBN 3-7157-0062-9

Zum ersten Mal wagt es ein in seinem Fachbereich anerkannter Naturwissenschaftler, sich uneingeschränkt zur Tatsächlichkeit außerkörperlichen Erlebens zu bekennen. Mittels seiner packenden, emotionell und bildhaft geladenen Sprache vermag er den in seinen Bann gezogenen Leser an einem der letzten großen Geistesabenteuer unseres Jahrhunderts teilnehmen zu lassen – die modernsten Erkenntnisse der Naturwissenschaften mit der Mystik zu vereinen.

Mit dem Interesse des kritischen und nüchternen Forschers beschreibt der akademisch ausgebildete Autor seine eigenen außerkörperlichen Erfahrungen als einen Weg, der sich ihm spontan eröffnete. Er weist konsequent nach, daß Astral- und Seelenreisen keine Traumprodukte oder Akte der reinen Imagination sind, sondern effektive feinstoffliche Vorgänge, die zum Teil von sehr dramatischen körperlichen Auswirkungen begleitet sind. Es gelingt ihm, sinnvolle Hypothesen zu den Zusammenhängen des Astralaus- und -eintritts und der verschiedenen Wirklichkeitsebenen zu formulieren.

Jahrtausendealte Erfahrungstatsachen wie das «dritte Auge», die psychischen Energiezentren oder Chakras sowie die Weisheit des tibetischen Totenbuches werden miteinbezogen. Die Möglichkeit der außerkörperlichen Raumüberschreitung bietet noch Zugänge zu ungeahnten inneren und äußeren Wirklichkeitsebenen an.

In seinen «drei Kreisen des Wissens» legt der Autor unmißverständlich dar, welche Schwerpunkte sich aus seinem eigenen Erleben ergeben:

– Unser sterblicher Körper ist nur *eine Realität*. Unser wahres Sein erstreckt sich über Tod und Zeugung hinaus. Es stehen uns mehrere Daseinsebenen offen.

– In diesen fernen und doch so nahen Erlebnisräumen gebieten wir über ein bisher unbekanntes kreatives Potential – als Eigenschaft eines übergeordneten Bewußtseins, in dem wir alle *eine* Einheit bilden.

– Das konsequente Vorwärtsschreiten in der außerkörperlichen Erfahrung führt zu Erlebnissen, zu denen sonst nur die Meditation oder der Weg der Mystiker führt: dem ekstatischen Erleben einer umfassenden Freude, der Einswerdung mit unserem Selbst – mit unserem inneren Licht...

Das Buch eines Erwachten –
ein Zeugnis der Selbsterfahrung
in neuen Erlebnisdimensionen

Werner Zurfluh
QUELLEN DER NACHT
Neue Dimensionen der Selbsterfahrung
432 Seiten, Leinen
ISBN 3-7157-0057-2

Werner Zurfluh's Weg geht über den ‹kleinen Bruder des Todes›, den Schlaf. Er zeigt auf, wie man zuerst mit einer richtigen Traumarbeit die Voraussetzungen für luzide (klarbewußte) Träume und Reisen außerhalb des Körpers schafft. Die Außerkörperlichkeit ist ein Zustand, in dem zwar der Körper schläft, aber nicht das Bewußtsein. Dieses ist dabei hellwach und hat alle Fähigkeiten des Denkens und Fühlens wie im Alltag, hat aber überdies die Möglichkeit, sich nach Belieben und augenblicklich überallhin in Raum und Zeit zu bewegen.

An Dutzenden von präzis geschilderten Beispielen erläutert er das bewußte Austreten aus dem physischen Körper und schildert in genauen Beobachtungen die Begleitphänomene des Austritts. Die Technik der Zustands- und Bewußtseinskontrolle wird beschrieben und liefert dabei reichhaltiges Arbeitsmaterial für Theorie und Praxis.

Zurfluh's Konzept der Außerkörperlichkeit zeigt deren innere Verwandtschaft zu schamanischen Reisen, Ekstasen und todesnahen Erfahrungen. Das Buch steht ganz in der Tradition der Totenbücher der verschiedenen Kulturen, reiht sich ein in die östliche Tradition, weil es uns westlichen Menschen wieder ein sehr bedeutendes Forschungsfeld eröffnet und zugänglich macht – eine geheime Disziplin, die im tibetischen Buddhismus zum höchsten Yoga-Tantra gerechnet wird. Eine so verstandene Außerkörperlichkeit ist nie symbolisch; sie existiert, ist erfahrbar und eröffnet außerdem ungeahnte und absolut neue Erlebnismöglichkeiten, die aber in den Überlieferungen vieler Kulturen bekannt sind.

Traumerfahrung und Alltagserfahrung dürfen nicht getrennt werden. Die enge Wechselwirkung mit der Tagesrealität macht die Traumarbeit zu einem wichtigen Bereich der Arbeit an sich selbst. Schließlich durchdringen sich beide Wirklichkeiten immer mehr, nähren und beleuchten einander, die eine erweist sich als der anderen Hintergrund, bis die Erkenntnis in der Mitte steht, daß in beiden dieselben Gesetze gelten und daß das *eine* wichtig ist: die Wachheit, die Bewußtseinskontinuität. In diesem Sinne ist der Autor ein Erkenntnistheoretiker, der aber die Sprache des Herzens spricht.

Dies ist aber auch das erste Buch eines Erwachten – ein eindrucksvolles und unvergeßliches Zeugnis der Selbsterfahrung in neuen Erlebnisdimensionen.